本书的出版获得重庆市社会科学规划博士项目（2012BS16）、四川外国语大学校级学术专著后期资助项目（SISU201427）及四川外国语大学新闻传播学重庆市"十二五"重点学科建设经费资助。

J&C 未名社科·新闻与传播研究丛书

Virtue of Journalism:
Principal Framework

新闻德性论

原则框架

王金礼 著

北京大学出版社
PEKING UNIVERSITY PRESS

图书在版编目(CIP)数据

新闻德性论:原则框架/王金礼著.—北京:北京大学出版社,2016.12
(未名社科·新闻与传播研究丛书)
ISBN 978-7-301-27728-7

Ⅰ.①新…　Ⅱ.①王…　Ⅲ.①新闻学—伦理学—研究　Ⅳ.①G210

中国版本图书馆 CIP 数据核字(2016)第 266247 号

书　　　名	新闻德性论:原则框架 Xinwen Dexing Lun: Yuanze Kuangjia
著作责任者	王金礼　著
责 任 编 辑	周丽锦
标 准 书 号	ISBN 978-7-301-27728-7
出 版 发 行	北京大学出版社
地　　　址	北京市海淀区成府路 205 号　100871
网　　　址	http://www.pup.cn　　新浪微博:@北京大学出版社
电 子 信 箱	ss@pup.pku.edu.cn
电　　　话	邮购部 62752015　发行部 62750672　编辑部 62765016
印 刷 者	北京大学印刷厂
经 销 者	新华书店 650 毫米×980 毫米　16 开本　16.75 印张　210 千字 2016 年 12 月第 1 版　2016 年 12 月第 1 次印刷
定　　　价	40.00 元

未经许可,不得以任何方式复制或抄袭本书之部分或全部内容。
版权所有,侵权必究
举报电话:010-62752024　电子信箱:fd@pup.pku.edu.cn
图书如有印装质量问题,请与出版部联系,电话:010-62756370

序

　　离别珞珈山七年之后,金礼兄终于在博士论文的基础上完成了对新闻人的德性的思考,对于在学术旅途中跋涉的人来说,这无疑是卸下了一个思想包袱。的确,他一直背着这个思想包袱,踽踽独行,殚精竭虑,现在放下了,我也为之感到轻松。可是,刚刚轻松下来,他又执意请我作序,我转而焦虑起来:六月徂暑,难觅清凉,不免心浮气躁,如何找回冷静地谈论新闻人的德性的感觉?谁知他的一句话让我只能忍受焦虑:没有序的书相当于"裸奔",难道老师想让我"裸奔"?

　　无奈之下,我不由自主地把焦虑转移给新闻界的几个老朋友。想到他们都是大忙人,没有时间精读,便通过微信先私聊一下,然后传上文本,请他们问问自己:你对这个话题感兴趣吗?在快速浏览中,你在什么地方停下来读了一下?有什么感觉?回应倒是在意料之中,除了一人懒洋洋地说"太深奥了,提不起兴趣"之外,其他人均表示了谨慎的兴趣。一方面觉得只有讲自律、讲新闻的职业精神和理想,新闻才不会死;另一方面又认为,不解决体制机制问题,光讲新闻道德框框是没有用的。目光停留之处主要在于"耙粪:社会正义作为新闻实践原则""毋伤害与新闻侵权",但觉得德性这个概念太形而上,一时对接不上。显然,学界与业界之间的"沟"在这里凸显出来,这本书所确立的基本问题"新闻伦理如何成为问题"并未引起记者的注意,记者们更急于知道"没有制度保障的新闻道德如何运作"。这些带着理想苦苦支撑的记者朋友看到了眼下的困境:在各种焦虑之下,新闻道德变成了一个"剪不断、理还乱"的问题,新闻道德抉择往往简化为守约。这样一来,关于新闻道德共识的讨论失去了,道德主体成为木偶,道德能力被消解,职业共同体也就名存实亡。

从这个意义上讲,这本书提出的"新闻伦理如何成为问题"是根本性的问题,它是面向道德主体进行反思的问题:我可以自主地进行道德选择吗?我可以不受阻碍地将道德选择付诸实践吗?我如何获得属于新闻人的道德能力?它也是新闻职业共同体的自省:如何把新闻从职业提升为志业,使之成为为理想与责任所召唤而从事的职业?新闻道德规范如何获得伦理学意义上的正当性?只有不断讨论这些问题,才能找回属于新闻人的道德共识与道德主体,拥有新闻人的道德能力。对于把新闻传播作为志业而又深陷困惑的人们,应该可以从这里得到某种启发。

作者聚焦普遍性的新闻伦理规则,试图寻找判断新闻实践是非、正误、善恶的原则与依据,在应然层面为新闻实践建立具有确定性和普遍性的知识。其视野对接上伦理学的义务论传统,针对新闻伦理中的基本伦理规则,梳理规则之间的关系和结构,并力图以契约论的方式说明这些规则的根据,直接回应新闻实践中的伦理失范现象。通过梳理与辨析新闻史中的具体伦理规范,作者将新闻自由、追求真相、维护社会正义和毋伤害归纳为具有普遍性的新闻伦理规则。这样就明确了新闻人的基本义务,在为新闻实践划出底线的同时,也标明了实践的自由度。义务论传统的思维特性也为作者所吸收,即并不完全依赖结果为行为进行辩护,体现了一种对义务本身的尊重与对功利的超越,以及道德价值本身的崇高和正当。然而,这一特性也暴露了义务论传统的弱点,即忽略道德的历史性与情境性。

如果普遍性是可能的,那么进一步的问题就是:如何确认规范的具体内容和形式?如何理解各民族文化传统中的伦理思想在普遍性中的作用与地位?如何看待和处理在运用同一准则时,源自文化差异、理解差异和具体运用所引发的分歧乃至冲突?为此,作者把我们带入德性伦理学的视野。

溯源而上,亚里士多德的德性论展现在我们面前:人有规定自身本质的功能,让这些功能得到良好发挥的品质就是德性,只有明确了人的本质功能,才能探寻德性(1098a13—18)。以德性伦理的视域来探讨新闻伦理,就会把目光投向这样的问题:新闻实践应具有怎样的社会功能?什么是好的新闻实践?新闻实践的内在目的是什么。然后,顺着这些问题进入历史情境探讨"合乎道德"的规定性,在不同的历史、情境和文化中,人们会自然地对"新闻实践应具有的功能"产生不同的"重叠共识",比如新闻实践的民主参与功能、信息传播功能、联系社会功能、文化传承功能等,进而提出不同的行为规范,赋予规范不同的重要性和结构,自然地显现出情境性和历史性。

可惜的是,作者过于迷恋新闻道德的确定性与普遍性,有点偏离德性伦理的思想理路,由此看来,把相互扞格的义务论与德性论结合在一起并非易事。如果作者能进一步觉察普遍性和情境性的辩证关系,在价值引导的抽象层面注重普遍性,在规范行为的具体层面关照特殊性和灵活性,把握道德思维的结构、层次与普遍性的关系,或许能更好地超越义务论传统的局限。

德性伦理事关道德动力的养成。在权力和资本的力量冲击新闻理想的时代,德性伦理关注品质,关注道德情感,能兼顾外在的行动和内在的动力,应在新闻伦理实践中发挥更多的作用,值得理论界给予更多的关注。具体而言,正义感召唤媒体关注社会公平,关注歧视和不平等,拒绝和揭露贿赂;同情心召唤媒体关注弱者,帮无声者发声,给无力者力量;勇气让媒体敢于面对挑战与危险;愤慨使人鸣不平。德性伦理努力将知行结合,促成德性的养成,培育道德情感,塑造相应的文化,使人们相互感染,形成稳定和持续的动机,让德性成为人的"第二天性"。

德性伦理着力实践智慧。在《尼各马可伦理学》中,亚里士多德强调有德性之人应善于把握"适当",分辨什么是适当的时间、适当的场合、适当的人、适当的原因,会用适当的方式感受各种感情,应在具体的环境中拥有分寸感和选取中道的智慧(1106b19—21)。应用伦理学不只是对道德规则的应用,更是对实践智慧的应用。它要求在经验中学习处理不确定性和进行反思,学会为具体实践建立原则,为原则寻找适用范围。我们如果不培养实践智慧,行动者就如同只学习了驾驶原则而从未开过车的驾驶员,和试图在岸上学会游泳的孩子。围绕实践智慧来践行原则,《孟子·离娄上》曾有精彩的辨析:"男女授受不亲,礼也;嫂溺援之以手者,权也。"这种处理好灵活性与原则性的方法,可以形成理论和实践的有机关联,或许能更好地推进对应用问题的探索与解析。

德性伦理能把我们带入以问题为中心而非以学科为界限的研究视角,让多种智慧与实践结合。就新闻实践而言,德性伦理要关注什么是好新闻,什么是新闻的理想功能。何为"好"、何为"理想",需要基于社会的整体观察,要综合各门学科的看法。与仅关注底线相比,关注理想的德性伦理会拓展视域,将更多的理论资源纳入思考,促成与实践的深度衔接。

自媒体的发展似乎使人人都能进行新闻生产,网络的发达逐步放大了媒介的影响,新闻伦理也因此和更多人相关。当这种相关变得意义深远且范围广泛时,新闻伦理或许会摆脱职业伦理的定位,被逐步并入社会公德。那么,作为社会公德的新闻伦理如何可能?这也许是当下必须面对的一个核心问题。

这样看来,新闻人的德性这个思想包袱还是放不下来。就当下的情势来看,这个思想包袱好似西西弗斯推着的石头,让人感到思想劳动的无效无望。但我和金礼兄还是相信西西弗斯的感觉,能与无效无望的命运抗争的心灵是充实的、幸福的。

是为序。

单 波

丙申夏于珞珈山

目录

第一章 作为方法的新闻德性论 / 1

第一节 新闻伦理如何成为问题 / 3

第二节 新闻德性的辨识与确认 / 13

第三节 新闻德性的逻辑论证 / 23

第四节 德性作为伦理方法 / 33

第二章 新闻的德性主体与新闻自由 / 37

第一节 新闻作为德性主体诸形式 / 39

第二节 自由作为新闻德性的逻辑论证 / 56

第三节 新闻自由的德性实践 / 74

第三章 真相：新闻德性实践的基本形式 / 85

第一节 作为价值的真理与作为事实的真相 / 87

第二节 报道真相的消极价值及积极意义 / 102

第三节 报道真相的新闻德性实践 / 119

第四章 正义：新闻德性与无声大众的公共权利 / 135

第一节 新闻的监督价值与社会正义 / 137

第二节 耙粪：社会正义作为新闻实践原则 / 153

第五章　毋伤害：新闻德性的最低限度　／167

　　第一节　新闻德性与人类普遍善之关系　／169

　　第二节　毋伤害与新闻侵权　／189

　　第三节　煽情性新闻的德性拷问　／204

第六章　新闻德性：基于自由的公共契约　／219

参考文献　／233

后　记　／255

第一章　作为方法的新闻德性论

在新闻社会控制诸形式中,道德或文化的控制是一种影响力内在而深远的控制方式。尽管新闻从业人员总体上是一个重于实践而并不强调哲学反思与伦理论证的社会群体,[①]但借助新闻伦理的正当性论证,社会对于新闻的道德控制作用于新闻从业者的价值认知与理性判断,最终将参与新闻从业者的自我建构过程。这是因为,不同于以事物的性质、规律等"实然"问题为研究对象的认识论,伦理(ethics)研究"应然",本就是研究行为正确与错误的判断原则和依据,并通过思考这些应然原则应用于实践的具体方式,最终实现对至善(the Good)的追求。古希腊的智者伊壁鸠鲁(Epicurus)最初把伦理定义为研究"应追求与应避免的事物""生活的方式和目的"的学问时[②],就同时从

[①] 多项研究提到了新闻从业者这种重实践而轻哲学反思的特征。如,Warren Breed, "Social Control in the Newsroom: A Function Analysis," *Social Forces*, Vol.33, No.4, 1955, pp. 326-335; John C. Merrill, *The Imperative of Freedom: A Philosophy of Journalistic Autonomy*, New York: Freedom House, 1990; J. Hebert Altschull, *From Milton to McLuhan: The Ideas behind American Journalism*, New York: Longman, 1990。Warren Breed 就说,"新闻人的确会谈论伦理、客观及报纸的种种价值,不过,这种事也仅仅发生在他们不去追新闻的时候。不过,新闻是第一位的,总是有新闻要去做。他们获取报酬是因为新闻,而不是因为分析社会结构。看来,似乎是这种工具主义取向消解了他们的道德潜能。"See Warren Breed, "Social Control in the Newsroom," *Social Forces*, Vol.33, No.4, 1955, p. 331.

[②] Sissela Bok, *Lying: Moral Choice in Public and Private Life*, New York: Hastings House, 1975, p. xix.

肯定性(应追求的)与否定性(应避免的)两方面规定了伦理的研究对象,而这里的目的(*telos*)也包含着最高目标与至善的意义。因此,所谓新闻伦理研究,实际上就是寻找判断新闻实践的是非、正误、善恶等的原则与依据,其目标是建立起某种关于"新闻的应然"的、具有确定性与普遍性的知识,以实践于新闻的道德或文化控制,最终实现新闻的最高目标,达致至善。

这种"新闻的应然",就是德性(virtue),就是一种新闻实践可以被称为"合乎道德"的规定性。亚里士多德说,德性是一种"使事物的状态好,又使那事物的活动完成得好"的品质(character),①他的伦理学就是辨析、确认与论证人的德性的学说。不过,诚如亚里士多德所说,德性是事物的品质(事实判断),但这种品质之能被称为德性,却不是因为它是事物的品质,而是因为这种品质在人的价值体系中被称为德性(价值判断)。所谓德性"使事物的状态好,又使那事物的活动完成得好",不是因为这种事物的品质具有"使事物的状态好,又使那事物的活动完成得好"的能力(事实),而是人们认为这种品质"使事物的状态好,又使那事物的活动完成得好",也就是说,是人们对这种品质以及事物的"状态"与"活动完成情况"做出了"好"的判断(价值判断)。因此,亚里士多德伦理学中的所谓"辨析、确认与论证德性",实际上建立了一种关于德性的知识与话语体系。依照这样的逻辑,新闻伦理研究也应该是一种关于新闻德性的研究,探究新闻的"状态好"与新闻实践的"任务完成得好"的评价体系,也就是规定一种新闻可以被称为"合乎道德"的知识与话语。新闻伦理研究何以需要这种关于"新闻的应然"、关于新闻德性的知识论路径,涉及"新闻伦理如何成为问题"这一根本性思考。

---

① 〔古希腊〕亚里士多德:《尼各马可伦理学》,廖申白译,北京:商务印书馆2003年版,第45页。

第一节 新闻伦理如何成为问题

思考新闻伦理如何成为问题,当然并不是指在具体的新闻伦理研究者、思考者那里,新闻伦理如何成为问题,也就是说并不是去问具体的研究者、思考者如何判断"新闻伦理成为问题"。实际上,每个人具体思考、研究新闻伦理都可能有其真切而现实的动机,这个动机促使新闻伦理在他那里成为"问题"。1888年,当《纽约太阳报》(*The New York Sun*)的主编查尔斯·达纳(Charles A. Dana)在报纸主编协会的年会上倡议建立一套指导新闻工作者行为的规约时,促使其进行新闻伦理思考的动机是"医生们有他们自己的伦理系统……律师也有他自己的道德规约,以及指导他行为的法庭行为条件和执业条例。但我从未见过一套规约能对新闻工作者的行为具有完美的普遍指导意义"。为此,达纳写下了"偶然想到"的八条原则。[①] 对于达纳和他的同道来说,"新闻伦理成为问题"的实质是如何把新闻从职业(trade,craft)提升为专业(profession)。新闻成为专业,意味着强调新闻从业所需知识的专门性,但更主要的是强调新闻的公共责任与公共服务特征,强调新闻的利他主义与社会良知,而其核心则是新闻专业化的道德规范建设。继达纳的新闻伦理八原则之后,各报纸(如《费城大众纪事报》《基督教科学箴言报》等)、报系(如赫斯特报系)及新闻职业组织,如美国各州的主编协会、全美报纸主编协会(American Society of Newspaper Editors,ASNE)、职业记者协会(Society of Professional Journalists,SPJ)等纷纷推出了自己的"伦理规范",一些著名人物如教育家沃尔特·威廉斯(Walter Williams)等都卷入了这场编写新闻职业规范的热潮。

[①] 见〔美〕利昂·弗林特:《报纸的良知:新闻事业的原则和问题案例讲义》,萧严译,李青藜、展江校,北京:中国人民大学出版社2005年版,第393—394页。

实际上，正是因为对"新闻伦理如何成为问题"的达纳式思考，作为一个专门学术领域的新闻伦理研究一开始就与以建立伦理规范、以伦理规范约束新闻从业者为主要特征的新闻专业主义(journalistic professionalism)实践走到了一起。包括纳尔逊·克劳福德(Nelson Crawford)、利昂·弗林特(Leon Flint)、威廉·吉本斯(William F. Gibbons)等在内的几乎所有早期新闻伦理研究者都把"新闻作为专业"作为其主要思考对象。针对当时盛行的关于报纸是职业还是专业的争论，他们一致认为，新闻是一种专业。① 不过，对于更多的新闻伦理研究者来说，"新闻伦理如何成为问题"的答案直接来自其对新闻媒介现实状况的深切忧虑。正如有着多年新闻实践经验的康拉德·芬克(Conrad C. Fink)所观察到的，关于"水门事件"的新闻报道出现以后，美国媒介陷入日益充满敌意的社会、法律与经济环境：民意调查中记者信誉度的降低、诽谤诉讼及败诉案例的增加、赔偿额度的倍增等。芬克认为，媒介与其环境，即政府、公众、受众之间形成了日益加深的"信誉裂痕"(credibility gap)。② 意味深长的是，媒介环境的恶化与美国新闻伦理研究的第二次勃兴(20世纪80年代初至今)几乎同时发生。这种时间上的同步显然不是偶然的。对于这些研究者来说，媒介环境的恶化实际上乃是其"新闻伦理如何成为问题"的答案。其实，最初的新闻伦理研究者所谓的新闻专业建构也是基于对新闻的社会环境与社会形象的考虑，他们希望通过专业建构提升新闻人的社会形象，使其能够获得医生、律师、神职人员等所谓专业人士所获得的社会尊重。不同的是，"水门事件"之后新闻业遇到的问题已经不是能否获

---

① Nelson Crawford, *The Ethics of Journalism*, New York：Knopf, 1924, Chap. 2;〔美〕利昂·弗林特：《报纸的良知：新闻事业的原则和问题案例讲义》，萧严译，李青藜、展江校，北京：中国人民大学出版社2005年版，第228—237页；William F. Gibbons, *Newspaper Ethics*, Ann Arbor, Mich.：Edwards Bros., 1926, Chap. 1。

② Conrad C. Fink, *Media Ethics：In the Newsroom and Beyond*, New York：McGraw-Hill, 1928, pp. xix-xxiv, 13-15.

得社会的普遍尊重,而是如何摆脱敌意的社会环境。新闻伦理研究因此而发展出伦理反应论(ethical-reactive journalism)与市场营销的质量控制(quality-control)理论来。

实际上,针对"新闻伦理如何成为问题"这一命题,还存在着另外一种思考方式。这些研究依据民主参与的社会功能要求,思考新闻在报道事实与公共辩论等领域的责任。研究者往往并不完全把自己的研究归类到新闻伦理研究,但他们思考新闻的社会责任时,实际上也正是在思考新闻伦理问题。对这些研究者来说,在新闻自由理念已经成为普遍共识的现代语境里,新闻伦理相当于新闻责任。所谓"新闻伦理如何成为问题"因而也被置换成新闻是否具有责任、具有何种责任、如何承担这些责任等具体问题。

但本章所称的"新闻伦理如何成为问题",乃是新闻伦理研究中具有方法论意味的根本问题,对此,既有的新闻伦理研究往往采取了新闻学而非伦理学的方法论思维。在这里,"新闻伦理如何成为问题"指的是新闻伦理的基本命题及其阐释、新闻道德控制的实施如何获得伦理学意义上的正当性,即新闻伦理如何成为伦理学思考与论证方式下的真正问题。伦理学思考与论证的正当性表现为逻辑的完整性。元伦理学(meta-ethics)认为,要证明一个特殊的判断,只能通过参考能够逻辑地衍生出这一特殊判断的某个普遍规则,而要证明这一规则,也只能通过将它从某个更一般的规则或原则中推演出来,从而形成一个推理链条。但既然每一个推理的链条都必然是有限的,因此这一个论证推理的过程也必然以断言某个不能给出进一步理由的规则或原理而告终。用理查德·黑尔(Richard M. Hare)的话说,就是,"对某一决定的完整证明,应由对该决定之结果的完整说明和对它所遵守的那些原则的完整说明,以及遵守这些原则之结果——当然,也正是这些结果(实际上遵守这些原则所带来的结果)给这些原则以实际内容——

的完整说明一道构成。"①

以隐性报道的道德评价与伦理论证为例。所谓隐性报道,是指记者为获取新闻在采访中隐瞒身份或采访动机,其实质是欺骗了受访人(判断1)。根据一般的道德判断(原则1),我们知道欺骗是一种不道德的行为(判断2)。为论证隐性报道中欺骗行为的正当性,我们首先要证明"使用这种欺骗所要获取的新闻是重要的"(判断3),然后需要引用公众知晓权(the public's right to know)理论(原则2)论证"当新闻是重要的且其他手段无法获得这种重要的新闻时,隐性报道满足了公众知晓权的要求,因而是正当的"(判断4)。但公众知晓权并不是自明的公理,因而我们又必须论证公众知晓权的正当性(判断5)。② 为此,我们又可能要引入民主政治理论(原则3)、公共利益理论(原则4)或是社会正义理论(原则5)……但这些原则也未必就是自明的公理,因此也需要进一步论证它们的正当性(判断6、判断7、判断8……),直至无法进行论证的伦理公理。在这个过程中,从引入公众知晓权原则开始,我们就已经开始运用一个伦理论证原则功利主义目的论,即通过行为目的的正当性来论证行为的正当性(原则6)。不过,这只是有关隐性采访的一种伦理论证。对于康德主义者来说,康德"你意志的准则始终能够同时用作普遍立法的原则"③这一绝对律令(categorical imperative)裁定,一个行为是否道德要看它是否具有普遍性,即它是否适用于每个人(原则7)。因此,如果新闻伦理论证隐性报道的欺骗是合乎道德的,那就意味着每个人的欺骗都是合乎道德的(判断9)。显然,康德主义的伦理论证给予了隐性报道否定的道德认定(如图1.1所示)。

---

① 〔英〕黑尔:《道德语言》,万俊人译,北京:商务印书馆2004年版,第68页。
② 实际上,伦理学家西塞拉·博克(Sissela Bok)就拒绝把公众知晓权作为可疑行为的伦理论证依据,并将其称为"华丽的废话"(rhetorical nonsense)。她认为,有关公众知晓权的真正伦理问题是论证它何时、如何具有了正当性。See Sissela Bok, *Secrets: On the Ethics of Concealment and Revelation*, New York: Pantheon, 1982, p. 254.
③ 〔德〕康德:《实践理性批判》,韩水法译,北京:商务印书馆2004年版,第31页。

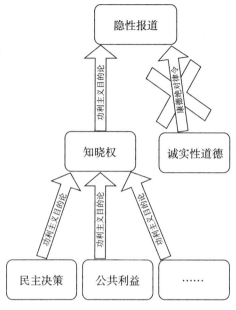

图 1.1 隐性报道的伦理论证

（箭头表示论证,加×表示否定论证）

然而,元伦理学的论证问题并不终止于如上演示的论证过程,贯穿于全部论证过程的还有一个基本问题。在关于隐性报道的论证中,这个问题是,我们何以得知隐瞒记者身份或采访动机就是欺骗（判断1）？隐瞒身份和动机是一个事实判断,而欺骗是一个附带着价值评判的判断,如何在事实判断与价值判断之间建立逻辑联系？这个问题的实质是说,原则1所说的一般道德判断之正当性从何而来？同样的问题是,作为论证可能的终端的原则3、4、5以及功利主义目的论、康德绝对律令的正当性又从何而来？欲探寻这些原则的正当性,我们将遇到伦理学中著名的休谟难题（Hume's problem）。

大卫·休谟（Davin Hume）在其《人性论》（*A Treatise of Human Nature*）中结束"道德的区别不是从理性而来的"这一论证时,突然提出一个附论,追问伦理论证体系的基本判断或原则的正当性从何而来。休谟发现,所有的伦理论证体系最终都要面对同"是"或"不是"联系的、关于事实的判断以及同"应该"或"不应该"联系的、关于伦理与价值的判断的逻辑联系问题,而关于事实的判断与关于伦理、价值的判断是完全不同类型的判断,它们之间无法进行逻辑论证。①休谟因此认为,关于善恶的判断并不存在于事实中,而存在于我们的"情感、动机、意志和思想"之中,"恶和德都不是对象的性质,而是心中的知觉。"②哲学家罗素(Bertrand Russell)进一步论述道:"关于'价值'的问题完全在知识的范围以外,这就是说,当我们断言这个或那个具有'价值'时,我们是在表达我们自己的感情,而不是在表达一个即使我们个人的感情各不相同但仍然可靠的事实。"③可是,我们每个人"心中的知觉"或个人感情总是各自不同、相互差别的,如何运用我们这各自不同的"心中的知觉"获得具有确定性与普遍性的伦理判断呢？这就是休谟难题揭露出来的进行伦理论证时必将遇到的尴尬问题,而这也是一切道德相对主义产生的根源。

如果以伦理学的方法论视角观察新闻伦理学研究,我们可能将如当年的休谟一样"大吃一惊":新闻伦理研究基本上都是将新闻采访与编辑等事实性判断直接纳入伦理论证的逻辑推演链条。尽管学者们也导入或自己设计了一些伦理推导模式,如克里斯蒂安(Clifford Christians)等人的经典著作《媒介公正:道德伦理问题真的不证自明吗？》(Media Ethics: Cases and Moral Reasoning)等,但这种改进并没有改变逻辑推演链条不完整的状况。克里斯蒂安等人引入拉尔夫·波特(Ralph Potter)的伦理推导模式作为所有案例分析的论证基础,但波特的基本论证过程也是从界定事实开始,进而导入适用的价值、原则并选择忠诚对象,完成伦理推导。在克里斯蒂安等人这里,一面是以自然主义的态度,把伦理判断与伦理原则的正当性寄托于其正当性自

---

① 〔英〕休谟:《人性论》,关文运译,北京:商务印书馆1980年版,第509页。
② 同上。
③ 〔英〕罗素:《宗教与科学》,徐奕春、林国夫译,北京:商务印书馆1982年版,第12页。

明或宪法的权威性(如《美国宪法第一修正案》所确立的新闻自由原则),一面又无视事实与伦理原则之间致命的逻辑断裂,以这些价值判断与伦理原则直接论证新闻事实判断,而这已经是教学导向的新闻伦理研究中最具伦理学色彩的了。从总体上看现有的新闻伦理研究,我们将发现其中存在着令人忧虑的"新闻伦理研究的伦理学冷漠或伦理学蛙跳"。如果无视这种伦理学冷漠,我们将发现,下述关于报纸的相互对立而又未论证其正当性的论断(其证明涉及专门的逻辑过程)在新闻伦理论证中的逻辑效力是相同的,而新闻伦理的实际逻辑论证往往基于这样的论断展开:

> 报纸的首要功能是传播人类的行为、感觉和思想,因此,新闻从业人员需要具备最深入的理解力、最广泛的知识和经验,以及先天而来和后天训练的观察和推理能力。新闻可能成为历史,同时承担着作为教师和解释者的不可分割的义务。①

> 报纸是一种私人企业,社会既没有给它任何特权,它对社会也不负任何义务。因此,它不受社会利益的影响。报纸很显然地是其业主的财产,报纸业主是自负盈亏地出售其产品的。②

这样,我们实际上并没有充分的信心面对道德相对主义对新闻伦理这一研究领域的根本质疑。面对诸如此类对立且未论证其正当性的伦理论断及因之推演的伦理论断,作为普通的行为者,我们实际上毫无手段去判断其伦理学价值,因而也无法在这些主张之间进行道德抉择,其结果是,我们只能或是摒弃无效的道德判断而随意地自行其

---

① 见〔美〕利昂·弗林特:《报纸的良知:新闻事业的原则和问题案例讲义》,萧严译,李青藜、展江校,北京:中国人民大学出版社 2005 年版,第 363—364 页。
② 《华尔街日报》发行人维廉·汉密尔顿语,引自〔美〕斯拉姆等:《报刊的四种理论》,中国人民大学新闻系译,北京:新华出版社 1980 年版,第 84 页。

是，或是放弃自己的道德抉择而遵从于某个特定的道德规训，从而走向所谓道德盲从（moralism）。在这种情况下，无论提供多少案例分析都是没有意义的。克里斯蒂安也注意到，"虽然案例研究能够说明道德推论中的特定概念，但它们在日常政策与实践中发挥的作用却更多地类似于那种导致无休无止的争论、责备，至多是微小调整的诡辩"①。这样，新闻伦理研究就不得不接受沃尔特·李普曼（Walter Lippmann）在其《道德绪论》（*A Preface of Morals*）中提出的批评："道德学家不能教授其所发现，而应该揭示其所能教授，他们必须是洞察而不是说教。伦理学家之所以招人厌恶，其原因实际上是他们未能认清时代要求他们的，并不在于劝导人们如何行善，而在于阐明何谓之善。"②

那么，对于新闻与媒介来说，何谓之善？如何阐明新闻与媒介之善？这即所谓"新闻伦理成为问题"。也就是说，新闻伦理之成为一个研究领域，其意义就在于对新闻之至善（the Good of journalism），或者说新闻德性的探索与追求。因此，新闻伦理研究的基本任务就是在有关新闻与媒介实践的目的与方式的各种价值判断中，辨识并阐明最具正当性的价值判断，从而达到对新闻至善的确认。然而，所谓新闻德性及其阐明同样是一种价值判断，其正当性论证也同样会遇到休谟难题的质疑。对新闻德性的辨识与阐释，我们不能求助于功利主义的目的论，也不能求助于康德的绝对律令或亚里士多德的"中庸之道"③，但我们可以求助于康德在其《判断力批判》中提到的"共感"（sensus communis）。康德关于共感的观点认为，人们在认识事物、判断事物与

---

① Clifford G. Christians (et al.), *Good News: Social Ethics and the Press*, New York: Oxford University Press, 1993, p. 53.
② Walter Lippmann, *A Preface of Morals*, New York: Macmilan, 1929, p. 318.
③ 亚里士多德认为，德性是一种适度。过度与不及是恶的特点，而适度则是德性的特点。见〔古希腊〕亚里士多德：《尼各马可伦理学》，廖申白译，北京：商务印书馆2003年版，第47页。

行为的善恶时具有某种共同意识或者说心理机制。① 这种共感为我们提供了检验作为价值判断的新闻德性的有效性因而也能确认其客观实在性的合理途径,也就是诉之于公众的讨论与协商。新闻德性必须是经过公众(包括新闻从业者与媒介管理者在内的公众)的讨论、协商并最终获得确定性的价值判断。

于是,我们可以说,所谓新闻德性,是一种主观愿望,一种普遍信仰,一种基于新闻与媒介实践的事实判断而产生、表达出来的,关于新闻与媒介应该具有的形态与应该追求的目标的规定,而新闻之至善则是新闻德性的整体和总和。新闻德性不是单个人或一群人的主张或愿望,而是在新闻传播的发展历史和演进过程中获得广泛社会认同的普遍信仰与共同价值主张;它不是对新闻媒介具体实践的细节的规定,而是总体观照与描述新闻媒介的基本形态与整体价值追求的信条、规范与原则。因此,新闻德性或新闻之至善应该是新闻伦理论证的逻辑起点与正当性依据。

实际上,界定新闻之善或新闻德性的关键在于它的客观实在性,即实证主义社会学家涂尔干(Emile Durkheim)所说的社会事实性。涂尔干曾把法律、道德、教义等信仰与惯例看作客观之物,并将其称为社会事实。新闻德性作为社会事实,或者说它的客观实在性证据必须是:第一,它是真实存在并被表达出来的愿望或信仰;第二,这种信仰获得了历史性的因而也是不可能逆转的普遍认同;第三,这种愿望与信仰是原发性的、独立自足的,无法通过其他愿望或信仰获得论证。强调新闻德性的客观实在性,也就是强调它从新闻实践的事实判断("是")经客观存在的新闻伦理价值判断的事实判断("是")而抵达新闻伦理基本原则或新闻德性的价值判断("应该")的逻辑过程,其目的是使其获得正当性。检视新闻实践与新闻观念的发展史,可以看到

---

① 参见〔德〕康德:《判断力批判》(上卷),宗白华译,《宗白华全集》第4卷,合肥:安徽教育出版社1994年版,第283—285页。

人们对新闻与媒介存在着一些相互之间并不完全相容的普遍信仰与价值主张。它们各自独立，只能相互阐明而不能相互论证，但在一起就构成了现代新闻伦理的基本理念，即新闻之善或新闻德性的核心价值。这些核心价值是：

1. 新闻应该自由地报道事实、表达意见、参与公共辩论。

2. 新闻应该探索并传播真知真理、事件真相，真实地再现人类行为、感觉和思想。

3. 新闻应该揭露权势集团的不义，维护弱势群体的权益，伸张社会正义。

4. 新闻应该尊重受访人、事件相关人、受众与公众，尽最大可能避免伤害。①

对于这些核心价值，我们可以用新闻自由、报道真相（truthtelling）、社会正义与毋伤害（nonmaleficence）来概括。新闻德性包含了对善的追求与恶的规避的双重限定，既包括以肯定性话语表达出来的对新闻至善的积极承诺（主动追求新闻至善的德性，如，报道真相、维护社会正义），也包括用否定性话语表述的对新闻至善的消极防护（避免新闻之恶，如毋伤害），而新闻自由则被确立为统摄这四种价值、信仰或者说新闻德性的第一原则。

---

① 这里参考了多家机构的伦理规范及众多相关研究，如，Deni Elliott, "All Is Not Relative: Essential Shared Values of the Press," *Journal of Mass Media Ethics*, Vol.3, No.1, 1988, pp. 28-32; Edmund B. Lambeth, *Committed Journalism: An Ethic for the Profession*, Bloomington: Indiana University Press, 1986; Thomas W. Cooper, *Communications Ethics and Global Change*, New York: Longman, 1989; Bill Kovach and Tom Rosenstiel, *The Elements of Journalism: What Newspeople should Know and the Public should Expect*, New York: Crown Publishers, 2001。Deni Elliott 反对新闻伦理的相对主义，提出三条"普遍的、规范的"原则: truth-telling, nonmaleficence, need to know; Lambeth 提出了 truth telling, justice, freedom, humanness, stewardship 等五项原则; Cooper 研究了100多种新闻伦理规范之后发现了各国新闻界对报道真相与防止伤害的普遍认同。

第二节　新闻德性的辨识与确认

进一步的问题是,我们依据何种正当性获得了这四种新闻德性?为什么是这四种新闻德性而不是其他?

作为一种价值判断的体系,新闻德性也是一种知识与话语,一种展示秩序的符号系统,"是依照由其起源为其规定的独一无二的秩序而被安排的知识"①。作为知识或话语,新闻德性同时表现为历史性延承与现时性建构两个过程,其中新的命题产生,既有的话语被颠覆、被置换、被赋予新的意义,话语的稳定性被破坏并不断地被重新整合和秩序化。在这样一个动态过程中对新闻德性进行话语阐释,必将遇到的困难是,如何为这种阐释建立基本坐标,即在新闻德性话语的意义流变过程中,选择何处作为其意义相对固定的参照点。适合做这个参照点的,或许只能是专业主义新闻道德实践的结果——成文的"伦理规范"。尽管不同的媒介和新闻职业组织撰写的规范表述并不一致,同一规范往往还出现过多种修订版本,但同一时期不同规范细节上的差别并不影响其总体精神的一致性。至于同一个规范不同版本的修订中表述上的差异,恰恰体现了专业主义新闻道德的自我反思及其向更具正当性的新闻德性的调整。成文的规范总体上记录了新闻德性话语的基本内容及其演变轨迹,新闻德性话语因此也表现为由前专业主义话语、专业主义话语与后专业主义话语组成的一个知识谱系,新闻至善的四种德性则是新闻伦理话语在这个谱系中的终端表现。

比起达纳的偶然反思和其他"伦理规范"来,全美报纸主编协会的《新闻规约》(*Cannons of Journalism*,1923)要晚出多年,但它是美国新

---

① 〔法〕福柯:《词与物:人文科学考古学》,莫伟民译,上海:上海三联书店2001年版,第111页。

闻史上影响最为深远的一种"伦理规范"。制作这一文本的,是由《纽约环球报》主编怀特(H. J. Wright)主持的全美报纸主编协会伦理标准委员会。1922年,这个委员会完成了《新闻规约》的文本制作,并在1923年将其提交到全美报纸主编协会年会讨论修改。1925年,全美报纸主编协会年会决定把《新闻规约》(1923)作为本组织的"伦理规范"。还在这一文本的讨论、修改过程中,它就获得了多个州级主编协会和类似团体的支持,美国另一个历史悠久的职业组织职业记者协会也全文采纳了《新闻规约》(1923)文本,只是把它改称为 Code of Ethics。① 因此,本书把《新闻规约》(1923)作为专业主义新闻道德规范的样本。② 这一文本的"绪言"认为,报纸的首要功能是传播人类的行为、感觉和思想,同时它"还承担着作为教师和解释者的不可分割的义务"。因此,新闻从业人员必须具有"最深入的理解力""最广泛的知识和经验""先天或后天训练而获得的极强的观察和推理能力"。为实现绪言规定的报纸的两大功能,文本进一步列出了"责任""新闻自由""独立""诚实、真实、准确""不偏不倚""公正"和"庄重"等七项条款。

《新闻规约》(1923)的"责任"条款提出的是一个抽象的原则,首先强调"除了对公共福祉的考虑外,报纸吸引和保有读者的权利不受任何限制",然后主张以负责的精神利用这种公众注意力。原则的抽象性导致误读,这个吸引受众的权利很容易被理解为媒介主张追求自身利益的权利。因为就社会效果而言,新闻的受众同时就是广告的消费者,吸引受众也就意味着吸引广告商,尤其是将这种权利与"公共福

---

① 1926年的职业记者协会威斯康星麦迪逊年会决定采用 Cannons of Journalism(1923)作为"伦理规范",随后在1973年、1984年、1987年和1996年,又对其进行了修订,全美报纸主编协会也在1975年修订了 Cannons of Journalism(1923),并将其更名为 Statement of Principles,沿用至今。

② 弗林特著《报纸的良知:新闻事业的原则和问题案例讲义》的"附录"全文收录了 Cannons of Journalism(1923),见中译本,萧严译,北京:中国人民大学出版社2005年版,第363—365页。文本原文请见 http://ethics.iit.edu/codes/coe/sigma.delta.chi.new.html。

祉"对照着使用,作为专业主义新闻德性主张的《新闻规约》(1923)似乎更显明地表达了对媒介利益的认可。不过,这种情况在媒介组织的"伦理规范"中也仅此一例,全美报纸主编协会和职业记者协会后来对其"伦理规范"的修订都取消了类似的表述,甚至媒介的内部伦理政策也往往并不表示这种明确的利益关怀,而是模糊地表述为对媒介组织的忠诚,如要求新闻从业人员关心和维护媒介和企业的声誉等(如在《纽约时报》目前仍有效的"伦理政策"),并在规定记者和编辑的行为时始终坚持客观、中立的原则要求。实际上,客观性成为新闻"伦理规范"正是专业主义新闻道德实践的主要特征,但将其理解为指向媒介利益的策略性话语也不乏其例。究其原因,作为客观性原则对立面的、带有政治派性和偏见的新闻限制了受众的数量,而中立、无偏见的纯事实(facts-only)则可以消除这种党派性的干扰,从而在最大程度上吸引和保持受众的注意力。不过,随着晚近的新闻理论对新闻专业主义的反思与批评,新闻从业者组织先后在其"伦理规范"中放弃了客观性的要求,如职业记者协会的《伦理规范》(1996)和英国新闻申诉委员会(PCC)的《实践规范》(*Code of Practice*,2007)等,取而代之的则是"准确"或"解释性的、准确的真相"等表述。但这些"伦理规范"并非就不再关心媒介利益,如职业记者协会的《伦理规范》(1996)强调信守对秘密消息来源的承诺。克里斯蒂安等人认为,这种承诺很可能使记者在新闻诉讼中陷入违抗法庭命令的境地,此时,记者拒绝公开消息来源和采访记录,其理由并非仅仅是信守承诺这种普遍的道德准则,更主要的是"根据如果不这样做的话,媒体所依赖的消息来源就会枯竭的理论"[①]。我们不否认专业主义伦理规范主张的所谓责任在很大程度上表现了对公共利益的关心,但媒介自身的利益在其伦理思考中究竟具有何等意义,实际上依然是个问题。

---

① [美]克里斯蒂安等:《媒介公正:道德伦理问题真的不证自明吗?》,蔡文美译,北京:华夏出版社2000年版,第21页。

《新闻规约》(1923)的第二款、第三款尽管分别名为"新闻自由"和"独立",但实际上都是在阐述新闻德性的自由原则。第二款称,新闻自由是一种至关重要的人权,是一种"对法律没有明确禁止的任何话题进行讨论"的不容置疑的权利。第三款则表明新闻除忠于公共利益之外,不应受任何义务的限制(freedom from all obligation),尤其是各种私人目的或党派偏见施加在新闻上的义务和限制。显然,这里的新闻自由依据的是霍布斯(Thomas Hobbes)以来在自由主义传统中占据主导地位的自由概念,即"每个人按照自己所愿意的方式运用自己的力量保全自己的天性和自由",也就是用自己的判断和理性认为最合适的手段去做任何事情的自由。① 这种免于(free from)限制和阻碍的自由被哲学家伯林(Isaiah Berlin)称为"消极自由",新闻获得这种消极自由经历了反对出版许可制度、反对煽动性言论罪等长时间的思想交锋与政治斗争。但正如费尔克拉夫在阐释话语理论时所指出的那样,话语的建构可能是异质和歧义共现的,异质性成分在话语中表现为一种对话性关系。② 在新闻德性诸话语中,新闻自由是使用频率最高同时也是最难确定其意义的一种话语,完整地阐释新闻自由的内容至少涉及三种不同的表述:免于事先审查的出版自由,对政府、官员及其他权力进行批评的表达自由,报道与公共利益相关的事件、参与公共事务管理的自由。第一种表述依据的是排除某种限制的消极自由(negative liberty/freedom,实际上,直译为"否定性自由"要准确得多,它指的是否定、排除某种限制)的理念,而后两种表述依据的则是主动做某事的积极自由(positive liberty/freedom,同样更应该译为肯定性自由)的理念,作为新闻德性话语的新闻自由话语包含着这两种异质性自由理念的建构过程。

---

① 〔英〕霍布斯:《利维坦》,黎思复、黎廷弼译,北京:商务印书馆1985年版,第97页。
② 〔英〕费尔克拉夫:《话语与社会变迁》,殷晓蓉译,北京:华夏出版社2003年版,第33页。

不同于消极自由对个人权利的防护,积极自由是个人主动要求的广泛的自由,即做……的自由(free for)。如果说《新闻规约》(1923)体现了新闻消极自由的权利,全美报纸主编协会的《原则声明》(1975)和职业记者协会的《伦理规范》(1973、1984、1987、1996)等多次修订则进一步主张了新闻的积极自由。全美报纸主编协会的《原则声明》(1975)要求记者必须始终警惕公共事务公开处理,并警惕媒介所有者为其自私目的使用媒介;职业记者协会的《伦理规范》(1973)中的"新闻自由"条款则把"讨论、质疑、挑战政府或其他公共与私人机构的行动与主张"同时表述为新闻的自由和责任,并要求新闻支持非主流意见的表达权利。职业记者协会的《伦理规范》(1996)更添加了"勇于讲述人类多样而广泛的经历""避免将自己的文化价值强加于他人""支持与自己相左的意见表达""让无声者发言"等众多责任论伦理主张。新闻自由话语之所以发生这种意义扩张,其原因就是积极自由理念的引入,而这种变化的诱因则是新闻社会责任理论的兴起。

同样受到社会责任理论影响的,还有新闻真实性的理念,即报道真相的新闻德性。《新闻规约》(1923)涉及真相报道的条款有两项,即第四款"诚实、真实、准确"和第五款"不偏不倚",真相报道因此体现为真实性、准确性和客观性这三条相关的原则。真实即不虚构,指新闻的事实性,意味着新闻内容是真实发生的新闻事件或真实存在的思想或意见;准确即不错误,指新闻叙述与新闻事实的一致性,不故意歪曲事件发生的过程与结果及新闻事件相关人的姓名、身份,不曲解新闻事件相关人的思想和观点。比较起来,客观性原则要复杂得多,它是和主观性相对立的一条原则,《规约》认为"正确的做法就是把新闻报道与意见表达明确地分开,新闻报道不应掺杂任何意见或任何一种偏向"。但这样的"正确做法"既是不可能的,也是有害的。其所以不可能,是因为新闻报道归根结底是人们理解、认识外部世界和自身的一种方式,而这种理解、认识很难排除李普曼所说的"先定义后理解"的"固定成见"(stereotype)的文化心理限制,所谓"不掺杂任何意见或偏向"的新闻根本不可能存在。这种做法之有害,正是新闻社会责任理论的核心观点之一。

社会责任理论并不否认客观性原则区分事实和意见的合理性,但它认为不能将这一要求绝对化。1947年提出这一理论的新闻自由委员会认为,客观性新闻更适宜于社会结构相对简单的社会,因为在那样的社会里,新闻报道的事件往往处于共同体的生活经验范围之内,人们将新闻与从其他途径获得的消息作比较,就可以形成对事件的全面理解,但在社会分化日益加深、国际信息传播日益频繁的现代情境下,"对一个孤立的事实的报道,无论它本身如何准确,也可能具有误导性,到头来就是不真实的"①。这种客观但不真实的新闻在新闻史中并不乏案例,最典型的报道就是麦卡锡参议员对所谓共产党渗透的指控。但这并不是唯一的案例,新闻在对关于社会公共事务的不同主张的报道中常常热衷于追逐极化观点,经常把一个公共讨论表现为两个极端观点之间的对峙,而忽视更多的并不极端的中间立场。这显然也是一种单独看客观但总体上失真的新闻。1926年,威廉·吉本斯首倡新闻责任的观点时就认为:"由于民主政府的正常运行依赖于公共舆论,这就要求为数众多的公众能够获得充分的信息以形成明智的公共舆论。如果有人选择性地提供这些形成公共舆论的材料,妨碍公民客观公正地判断相关议题的价值,民主必将因此受害。"②因此,新闻自由委员会理论上提出了"事实"与"真相"的区别:"可信地报道**事实**已经不够了,现在必须报道**关于事实的真相**"③,并向新闻界提出了旨

---

① 〔美〕新闻自由委员会:《一个自由而负责的新闻界》,展江等译,北京:中国人民大学出版社2004年版,第12页。
② William F. Gibbons, *Newspaper Ethics*, Ann Arbor, Mich.: Edwards Bros. 1926, p. 100.
③ 〔美〕新闻自由委员会:《一个自由而负责的新闻界》,展江等译,北京:中国人民大学出版社2004年版,第12页。

在报道出事实真相的五项建议,其第一条就是,"就当日事件在赋予其意义的情境中的真实、全面和智慧的报道",这就需要记者在报道新闻事实时,"连续不断地提供信息和解释,从而使读者能够将单个事件放在适当的视角之下予以观察"①。然而,委员会的建议很长时间里并未获得新闻界与新闻职业组织的认同,直到委员会的总报告发表五十年后,职业记者协会的《伦理规范》(1996)才采纳了它的建议,正式取消了客观性的表述,而代之以"探索真相加以报道"。这一规范尤其强调解释性报道的重要意义,其绪言把"探索真相并公正而富于理解性地描述事件和议题"表述为新闻实现其"启蒙公众、引导正义"这一总目标的基本手段。

实际上,《新闻规约》(1923)中并未出现我们所说的社会正义论新闻德性话语表述,倒是达纳的八条"伦理反思"认为,"永远不要攻击弱势群体或无助的人们,无论是通过辩论,还是恶意抨击都不可以"。但紧接着,达纳又奇怪地说,"除非绝对的公共利益需要这样做"②。很难想象,会有什么样的公共利益需要去攻击弱势群体。全美报纸编辑协会和职业记者协会系列的"伦理规范"对社会正义的关注最早出现在1973年职业记者协会的《伦理规范》中,其"新闻自由"条款中的"讨论、质疑、挑战政府或其他公共与私人机构的行动与主张"的说法继承了争取言论自由的历史中以言论自由反抗暴虐、腐败的政府的传统,体现了新闻追求社会正义的道德主张。不过,新闻的正义论德性并不直接来自任何思想体系的逻辑论证,它更多的是新闻从业者因其道德自觉而主动承担的作为"无声大众的武器"这一角色所体现的职业传统。在美国,这一传统的形成与普利策(Joseph Pulitzer)、赫斯特(William R. Hearst)、斯克里普斯(Edward W. Scripps)等

---

① 〔美〕新闻自由委员会:《一个自由而负责的新闻界》,展江等译,北京:中国人民大学出版社2004年版,第11—13页。
② 见〔美〕利昂·弗林特:《报纸的良知:新闻事业的原则和问题案例讲义》,萧严译,李青藜、展江校,北京:中国人民大学出版社2005年版,第393—394页。

几位著名报人的报业实践与办报主张有着紧密联系。虽然他们的报业生涯最初因黄色新闻而获得成功,但煽情、品位低并不是黄色新闻的唯一特征。这些报人反复表达的办报主张其实更是,"服务民众,告知、引导、娱乐,揭露美国生活中所有能发现的贪污和腐败,特别是当它隐匿在权力的保护伞之下时"①。进入 20 世纪,一批面向全国发行的杂志如《麦克卢尔》《世界主义者》《芒西》以及《柯里尔》《人人》等纷纷揭露垄断企业如美孚石油公司、药品食品生产者等的巧取豪夺,各级政府以及议员们的腐败,暴露工人与其他弱势群体所遇到的种种不公待遇,进一步推动了新闻对社会不公正现象的揭露与讨伐。这些报纸、杂志和当时社会各界要求社会改革的呼声汇集在一起,形成了以改善劳工的生活和劳动环境、保障其正当权益、合理分配社会财富、改革并实现社会正义为主题的进步主义运动,美国新闻业也在这个运动中形成了扒粪者(muckrakers)与看守人(watchdog)的传统,而社会正义则成为这一传统的核心价值。

所谓正义是一个涉及社会制度或者说权利与社会财富分配的价值问题,现代关于正义较被广泛认可的观点来自罗尔斯(John Rawls)。罗尔斯的总观念涉及对社会基本结构的综合考虑。他认为,一个体现正义的社会分配机制应该是,"所有社会价值——自由和机会、收入和财富、自尊的基础——都要平等地分配,除非对其中一种价值或所有价值的一种不平等分配合乎每一个人的利益"②。而将这一总原则应用于更为实在的社会和经济利益分配时,罗尔斯提出了"最大限度地增加最小受惠者的利益"的差别原则。③ 也正是出于同样的考虑,新闻德性的社会正义论话语要求新闻从业者在权势集团与弱势群体的

---

① Herbert Altschull, *From Milton to McLuhan: The Ideas behind American Journalism*, New York: Longman, 1990, p. 265.
② 〔美〕罗尔斯:《正义论》,何怀宏等译,北京:中国社会科学出版社 1988 年版,第 62 页。
③ 同上书,第 92 页。

利益冲突中站在弱势群体一边,以确保弱势群体获得最大限度的社会权益与经济利益。但这种价值追求往往并未充分体现在媒介与新闻职业组织的"伦理规范"中,职业记者协会的《伦理规范》(1996)也仅仅零星地表示了"让无声者发言""不对种族、性别、年龄、宗教、族群、地域、性取向、残疾、容貌与社会地位持有成见""对可问责的有权势者保持警惕和勇气"等内容。

《新闻规约》(1923)最后两款表达了我们所说的新闻德性毋伤害原则。这种伤害既是指错误的事实或评论对新闻当事人造成的伤害,也是指对隐私及私人与公众情感的伤害。实际上,错误的事实和基于错误事实的评论已经有悖于报道真相的德性要求,因此而来的伤害不仅仅是毋伤害的问题。毋伤害原则主要涉及隐私、对作为新闻当事人的妇女和儿童的特殊保护以及新闻品位的问题。《规约》把新闻的庄重看作是一个与人类"普遍善"(general good)有关的严肃问题。在《规约》看来,热衷于叙述犯罪与恶习的细节就形成了对公众感情与人类普遍善的伤害。

隐私权成为基本人权是一个相当晚近的现象,迟至1890年,隐私权的概念才由两位美国律师沃伦(Samuel D. Warren)和布兰代斯(Louis D. Brandeis)撰文首次提出来,而他们提出这一概念正是因为媒体对私人生活领域的侵扰:报纸充斥着对两性关系细节的详尽描写,充斥着只有侵入家庭生活才能取得的各种流言蜚语式的新闻。两位律师要求制定法律"确保个人才有权决定可以向别人传播多少自己的思想、感情和情绪"①。但这种主张在司法实践中却很少获得支持,1931年美国加州一起有关侵犯隐私的民事诉讼中,法庭甚至认为,

---

① Samuel Warren & Louis Brandeis, "The Right to Privacy," *Harvard Law Review*, Vol.4, No.5, 1890, p.198.

"在新闻和新闻事件的传播中并不存在"隐私权。① 目前的司法实践往往着力于限制在获取新闻的过程中侵犯私人生活空间的行为,但对于报道、传播从公开场合获得的涉及他人隐私的信息,司法实践往往并未加以限制。因此,尽管不少人认为侵犯隐私应该是法律问题而不是道德问题,但实际上隐私问题更多的只能依靠新闻人的良知或者说道德自律加以调节。

成文的新闻"伦理规范"与法庭、受众申诉、媒介批评等涉及新闻道德的批判或辩护所使用的话语,并不仅限于我们认定的这四种新闻德性,其他如客观性原则、公众知晓权、应知需要、公共利益等表述也一度被认为是甚至目前依然被认为是新闻伦理基本原则,但我们并不认为它们应该被称为我们所界定的新闻德性。客观性实际上仅仅是专业主义新闻理念盛行时代的产物,社会责任论等观念对专业主义的反思与解构已经终结了客观性作为一种道德理想的历史,当代的客观性话语已更多地沦为某种策略仪式。公众知晓权及其更精确的表达,应知需要(the need to know),也包括公共利益原则,之所以不能被接受为新闻德性,并不是因为它们不具有正当性,或者没有被准确地表述出来,而是因为它们实质上并非新闻或新闻媒介的内在价值。在一定意义上,它们是新闻或媒介价值主张的诉求对象或论证依据,不管这一对象是否具有独立的论证功能。因此,在应用知晓权或应知需要与公共利益进行伦理论证的地方,可以说都能用上述四种新闻德性加以论证。如果坚持用知晓权等进行论证,在逻辑上其实就是认定上述四种新闻德性不足以完成论证过程,从而在事实上否定了它们的正当性。而且,正如报刊申诉委员会的《实践规范》(2007)称"表达自由本

---

① Melvin v. Reid, 112 Cal. App. 285, 290(1931).这里所引美国新闻司法案例判词均为转引,转引已指明原文出处,如本案即为加州上诉法庭(Cal. App.)案例集1931年版。下文不赘。

身就具有公共利益"①时所表现出来的,知晓权或应知需要、公共利益等本身就是一个需要阐释与论证的表述,对它们进行论证与论证上述四种新闻德性一样,涉及人的个体性和社会性、人的认知能力与民主政治等更为基础而复杂的知识体系。

第三节　新闻德性的逻辑论证

我们界定新闻德性时,曾把一种信仰或愿望的原发性与独立自足作为其被称为新闻德性的条件之一,但在阐释这些德性话语时却发现,每一种新闻德性被表达时,它首先又是一些更为基本的价值判断的逻辑推演的结果。这些更为基本的价值判断基于人们对人性善恶、人的认知能力以及人类生活的基本需要等问题的基本认识,也来自依据这些认识对人类的基本权利与合理的生活组织形式做出的基本假定,它们往往成为媒介或职业组织的"伦理规范"中绪言或总纲表述的内容。如美国职业记者协会的《伦理规范》(1996)的"绪言"称,"公众启蒙乃是正义之先导,民主之基础。新闻记者的职责是探索真相和公正、全面地叙述事件和议题来增进这些目标"。这样,从伦理学的观点看,新闻德性就成为一个更为复杂的伦理学逻辑论证过程的中间环节。一方面,它们是对一系列逻辑上先于它们的价值判断所进行的话语建构或再建构;另一方面,它们又以逻辑前提的方式进入新闻实践的道德判断这一更为具体的论证过程。这意味着,有关新闻德性实际上存在着两种话语实践过程。第一种话语实践的实质是把人类的新闻传播活动放在个人、社会、媒介的关系架构中,依据新闻传播在人类社会生活中的价值和功能对新闻做出基本价值判断;第二种话语实践则是判断、比较四种新闻德性的内在价值,并在多元价值冲突的具体

---

① Press Complaints Commission, *Code of Practice*, 2007, http://www.pcc.org.uk/cop/practice.html.

新闻道德实践中建立起相对可靠的道德选择次序。作为第二种话语实践的逻辑基础,第一种话语实践涉及本体论认识论哲学、民主政治学说等众多的相关知识资源,这两种话语实践前后连贯,共同组成了新闻德性或新闻至善完整的逻辑论证与价值阐释过程。

新闻德性话语第一种实践的最早记录见于柏拉图的对话录。不过,它却不是来自苏格拉底,而是他的论辩对手普罗泰戈拉斯(Protagoras)。在题为《普罗泰戈拉斯》的对话录中,苏格拉底首先批评人人有权在议会里发言,普罗泰戈拉斯则引用了一则寓言作为回应。[1] 寓言把人类初始状态描述为独立而危险的个体或家庭生活(无法对付强壮的野兽),安全的需要促使人们联合起来,"创建城市",而城市的群体生活却催生了人们"互相作恶"的新问题。为了避免人类因此相互分散以致灭亡,宙斯传授给他们两种艺术——"aidos"(尊敬)和"dike"(权利)[2],让大家学会了运用"政治艺术"(politike techne),并终于能够"安全而和睦"地生活在一起。这种政治艺术就是人人都可以发表意见的议会协商。以现代的观念看,普罗泰戈拉斯寓言讨论的实际上就是人类的个体自由、群体生活的必然性以及随之而来的个体性与社会性的内在冲突、公共事务管理的迫切性与可能性以及公共治理的合理方式等议题,意见表达与公共辩论则处于这一系列问题的交汇之处:寓言将其视为协调个体自由与社会稳定这两个人类基本价值之间的内在冲突的最佳方式。现代新闻德性话语虽然不认同普罗泰戈拉斯寓言隐喻式的论证方式,但其论证新闻价值与功能的逻辑依据与普罗泰戈拉斯寓言并无二致。

在本体论、认识论意义上,新闻德性实践首先是以自由主义哲学话语形式表现出来的新闻与表达自由的价值论证,其逻辑基础是欧洲

---

[1] 见〔美〕斯东:《苏格拉底的审判》,董乐山译,北京:三联书店1998年版,第54—56页。

[2] 这两个希腊词的解释也来自斯东。斯东说,aidos 是羞耻心,也就是对别人的好评的重视,dike 是尊重别人的权利,它意味着正义感。

17、18世纪以来在革命与思想启蒙运动中形成的普遍理性和自然权利假说。正如斯塔尔夫人(Madame de Stael)所说,自由是古典的,专制才是现代的。① 在古希腊的雅典,言论与表达自由不仅是一种信仰,更是一种社会习惯或社会结构。② 如果说柏拉图关于哲学王(philosopher-king)、诗与意见表达的观点③还仅仅是一种不合时宜的主张,中世纪的教会与君主却实际垄断了思想与真理诠释的权力,并以严厉的惩罚禁止异端言论与思想自由。在这种思想史背景下,人类的理性能力,即普遍理性的观念如同普罗泰戈拉斯寓言中的 aidos 和 dike,成为新闻德性话语实践的第一个原始假定。这一假定实际上是无法论证,或者说是不具有普波尔(Karl Popper)所说的可证伪性的,但经由伽利略(Galileo Galilei)、培根(Francis Bacon)、笛卡儿(Rene Descartes)、洛克(John Locke)、牛顿(Isaac Newton)等数代人的科学与哲学实践,它最终成为一种关于人类本性的基本本体论信仰,因此也成为新闻自由价值论证的基本依据。这一假定相信知识或真理不是来自上帝、教会或国王、皇帝等人类自身之外的任何神或权威,而是来自人类自身,来自人类运用普遍理性的自我努力。基于这种普遍理性的信仰,从弥尔顿(John Milton)、密尔(John Mill)到霍姆斯大法官(Oliver Holmes)都相信,因为人类依据理性进行辨别,真理就可以在"意见的自由市场"中自动现身:"吾人所欲求的至高之善(the utimate good)唯有经由思想的自由交换,才比较容易获得——测试某种思想是否为真理的最佳方法,就是将之置于自由竞争的市场上,看它有无能力获得认可。"④ 同样是因为真理是人人都可以通过理性获得的,人人也就有了发现真

---

① 见〔意〕拉吉罗:《欧洲自由主义史》,杨军译,长春:吉林人民出版社2001年版,第1页。
② 古希腊的传播研究可参见〔美〕斯东:《苏格拉底的审判》,董乐山译,北京:三联书店1998年版;〔法〕库蕾:《古希腊的交流》,邓丽丹译,桂林:广西师范大学出版社2005年版。
③ 〔古希腊〕柏拉图:《理想国》,郭斌和等译,北京:商务印书馆1986年版,第255—256、387—404页。
④ Abrams v. United States, 250 U. S. 616(1919).

理的可能性,因此也就有了发表意见的权利和自由,而压制个人发表其发现的真理也就成了一种罪恶。这正是密尔1859年在《论自由》中说"迫使一个意见不能发表的特殊罪恶乃在它对整个人类的掠夺"时所阐发的观点。①

如果仔细辨识这些关于真理(truth)的表述,我们会发现,弥尔顿等人实际上与柏拉图并没有根本的区别。虽然掌握真理的过程在柏拉图那里被描述为某个特殊的洞穴囚徒悲壮的发现之旅②,弥尔顿等人则将其视为众多意见被自由表达后的甄别和选择,但他们几乎都把真理看作某种机械的近乎不变的客观存在,其区别仅仅是特殊的人还是普通的人可以获得真理。归根结底,真理是一种具有价值判断意味的意见或观念。但如果真理仅仅是一种意见或观念,新闻自由的正当性就不可能获得充分的论证,因为柏拉图反复主张限制意见和公共讨论的依据同样也是对真理的信仰,因此,这一论证的关键更在于普遍理性的运用,也就是看在探寻真理的过程中是否真正运用了理性或如何运用理性。如果真理是真正运用理性获得的,那么,柏拉图的哲学王所能获得的真理或知识,其他普通人运用同样的理性也应该同样可以获得。这才是普遍理性的信仰对于真理发现的实际意义。于是,理性的运用方式问题就突显出来。在这个问题上,英国哲学家培根、洛克等与大陆哲学家如笛卡儿、康德等又形成了经验主义与理性主义的区别。经验主义的洛克认为,"我们所有的知识都是建立在经验之上,知识归根到底导源于经验"③。这种经验是作为观察者的人针对作为观察对象的世界或心灵的感性认识,它们构成了人类运用理性的原始材料,经过归纳或演绎等适当的逻辑过程,经验性认识就铸成了知识。笛卡儿等人则认为可靠的、普遍的知识和认识不可能来自感性经验,

---

① 〔英〕密尔:《论自由》,程崇华译,北京:商务印书馆1959年版,第17页。
② 〔古希腊〕柏拉图:《理想国》,郭斌和等译,北京:商务印书馆1986年版,第272—276页。
③ 〔英〕洛克:《人类理解论》,关文运译,北京:商务印书馆1959年版,第68页。

而只能来自逻辑推理,其基础是一些自明的、先验的原则和知识。①当然,理性主义也并不是绝对否定经验的可靠性,它也认为毫无经验依据的纯粹思辨并不总能得出确切的知识,与可靠的经验相违背的思辨更不可能获得知识或真理。经验主义与理性主义的对立往往使人误解其本质上的一致性,实际上,它们同样都要求所有的知识、观点必须建立在可质疑和探究、可逻辑推导或论证的基础上,而不是诉诸无法论证的、因人而异的直觉或非理性的体验,它们在理性的运用方法上的区别更主要地表现为着重点、出发点的不同:是可以经验到的个别的具体事实和现象还是自明的原则和先验的逻辑形式。它们同样都不会认同1735年曾格诽谤案(Zenger case)的审判中"越是事实,就越构成诽谤"(the greater the truth, the more the libel)的表述,事实的可靠性与逻辑原则的自明性各自有着其不容置疑的极端重要性。如果进行粗疏的类比,我们可以把现代新闻中事实与意见的分立看作是哲学认识论上经验主义与理性主义的分离,而强调叙述与事实的一致性的经验主义真理观则成为现代新闻的主导性信仰。

新闻德性话语实践的第二个原始假定是个人主义的权利观念。这一假定包含着个人主义与自然权利两种意义,它们各自有所侧重,却又密不可分。这里的所谓自然是相对于社会化的人类状态,西方所有原创性思想几乎都是诉诸某种未经社会化的原始状态,启蒙运动前后的思想家如霍布斯、洛克、卢梭等人更是如此,最早对这种自然状态和自然权利进行阐述的是洛克的《政府论》(Two Treatises of Government)。洛克所说的自然权利是指每个人拥有生命、自由和财产的权利,它们是每个人先天就具有、不需要论证的。洛克说,"自然状态有一种人人所应遵守的自然法对它起着支配作用;而理性,就是自然法教导着有意遵从理性的全人类:人们既然都是平等和独立的,任何人

---

① 参见〔法〕笛卡尔:《谈谈方法》,王太庆译,北京,商务印书馆2000年版,第16页。

就不得侵害他人的生命、健康、自由或财产""人们在自然法范围内,按照他们认为合适的办法,决定他们的行动,处理他们的财产和人身,而无须得到任何人的许可或听命于任何人的意志"①。从洛克的描述看,自然权利首先依然是以普遍理性的观念为逻辑前提的,人类拥有依照自己的意志来行动的自由,原因在于他首先是一种理性的存在物;其次,这种自然权利的观念也是一种自由主义的话语表述,权利同时是一种依照自己的意志安排自己的生活的自由,妨碍了这种自由也就是侵犯了人的自然权利;最后,这一观念主张的权利和自由必然是一种个人的权利和自由。虽然个人参加社会时放弃了他在自然状态中所拥有的平等、自由和执行权,但洛克认为,个人把它们交给社会时"只是出于各人为了更好地保护自己、他的自由和财产的动机,社会或由他们组成的立法机关的权力绝不容许扩张到超出公众福利的需要,而是必须保障每一个人的财产"②。

　　洛克对思想或言论自由的论述和他的自然权利观念在新闻德性的话语实践中有着十分重要的基础意义,它是新闻与言论自由的价值论证最有力的正当性依据。因为每个人具有与生俱来的生命、自由和财产权利,每个有理性的人是其自身利益以及如何促进这些利益的最佳判断者,公开主张和表达个人的自然权利、在公开辩论中维护个人的利益就成了极其自然也极其合理的推论。自然权利理论赋予每个人以选择其自身目标和实现这些目标的手段以最大自由和责任,任何合乎理性的社会和政府权力都不应该侵犯个人的这种自由、妨碍其实现责任,相反,它们更应该为这种自由和责任提供保障和支持,这种保障和支持就包括不对新闻和表达自由施加法律之外的任何限制。显然,从这里开始,新闻德性的话语实践很快就转入了个人与社会(政府)之间权利与义务关系的政治学话语表述,新闻的社会价值和功能

---

① 〔英〕洛克:《政府论(下)》,叶启芳等译,北京:商务印书馆1964年版,第3—4页。
② 同上书,第79—80页。

与公开辩论、政治民主密切地扭合在一起。

政治学话语为新闻德性话语实践提供了第三个原始假定,即社会契约学说。与普罗泰戈拉斯寓言一样,这一假定也意识到由自然法支配的自然状态的重大缺陷,因此主张通过缔结契约、转让部分自然权利组成社会和国家,以弥补自然状态之不足。那么,社会契约理论是如何进入新闻德性话语实践的呢?实际上,社会契约论往往仅仅表述了契约的需要和目标,但对如何缔结契约本身却总是语焉不详,更遑论其中新闻的价值和功能。其原因自然是所谓社会契约只是一种理论假设,在这些思想家阐述这一假设时,人类社会并没有关于缔结这种契约的历史记录。直到美洲殖民地的革命者创建美国,社会契约理论才有了某种形式的实践验证。1831年,托克维尔(Alexis De Tocqueville)在美国进行了历时9个月的考察,并以这次访问为基础撰写了《论美国的民主》(Demorcatie en Amerique),其中关于报刊的描述大致揭开了这个过程。自然,托克维尔的写作目的并非展示社会契约,他的目的实际上直接就是探讨民主政治中新闻(报刊)的角色参与问题。这个过程的第一步是志同道合者的联合。显而易见,除了古希腊时代的城邦,一个社会共同体所包含的人群往往超出彼此相识、直接交往的范围,如果希望缔结契约、协调彼此的权利和利益,那首先就必须实现缔约者,尤其是代表着各种利益或主张的志同道合者之间的相识与结合。托克维尔写道:"大多数人希望联合和需要联合,但是办不到,因为他们每个人都微不足道,分散于各地,互不认识……但是,有了报纸,就使他们当中的每个人可以知道他人在同一时期,却是分别地产生的想法和感受。于是,大家终于会合而团结在一起了。"其次是共同行动。同样是由于人们散处各地,彼此之间没有巩固和永久的联系,尽管这些人可能具有相同的个人利益,但他们未必明了其利益的共同性,因此,就必须提供一种表达与交流方式,使他们明白有一种共同的利益"要求他们将自己的力量与其他一切人的力量自愿联合起来",共同行动。托克维尔说,"只有利用报纸,才能经常地和顺利地做到这一点。只有报纸,才能在同一时间将同一思想灌注于无数人的脑海"。他接着还说,"报纸的功用不仅在于向大多数人提出共同的计划,还在于向他们提供所拟计划的共同执行办法"①。有了这样的联合与共同行动,各个不同的志同道合者群体就可能相互交流与妥协,从而缔结彼此都可以接受的契约。这种契约可能是实体形式的代议制政府制定的政策或法律,也可能是无形的社会舆论。对于前者,报纸发挥着一种间接的功能,但对于后者,报纸的功能可以获得淋漓尽致的发挥:

> 它(报纸)使政治生活传播于这个辽阔国家的各地。它经常睁着眼睛不断地观察政治的秘密动力,把搞政治活动的人依次推上舆论的法庭。它把人们的注意力集结到某种主义或学说的周围,并为政党树立旗帜。它使那些彼此对话,但未见面的政党能够听到对方的声音,从而得以不断接触。当大量的报纸在同一道路上前进时,它们的影响久而久之就变得几乎是不可抗拒的,而始终被另一个方面控制的舆论,最后也将在它们的打击下屈服。②

托克维尔所描述的新闻在实现民主政治的过程中的参与功能成为新闻德性话语实践的政治学表述的先声,此后,这一问题受到众多学者和思想家的关注。尽管新闻实践在民主决策与公共讨论中的实际效果受到李普曼、新闻自由委员会、哈贝马斯(Juergrn Habermas)、贝戈蒂克安(Ben H.Bagdikian)、麦克马那斯(John. H. McManus)等人的批评,但几乎没有人会怀疑,健全的民主政治、活跃的公共舆论与自由而负责的新闻和评论三者之间相互依存、密不可分的关系。1922

---

① 〔法〕托克维尔:《论美国的民主》,董果良译,北京:商务印书馆1988年版,第641—642页。

② 同上书,第210页。

年,当李普曼因为新闻中充斥着固定成见和政治图谋而怀疑新闻是否具有报道真相、参与民主的能力时,杜威(John Dewey)立刻撰文称其为"文字所能表达的对民主最为有效的指控"①。杜威认为,舆论并非如李普曼说的那样只有在个人拥有外部世界的准确再现时才会出现,它其实只能在讨论中、当讨论在社会生活中变得活跃时才得以形成。新闻的主要民主功能就是使意见公开、使共同体的生活扩散出去并为公众知晓,以便公众能根据共同体的需要和利益去讨论、判断。② 数十年后,柯尔·坎贝尔(Cole Campbell)说,他最初也曾欣赏新闻的事实(fact-finding)、故事(storytelling)的模式,正是杜威才使他明白,新闻最大的民主意义却是其对话(conversation-keeping)功能。③ 现代传播技术已经使新闻越来越信息过载(information over-load),仅仅报道事实或真相往往会催生"心烦意乱的公众"(distracted public)。如何使公众重新成为民主政治的参与者而不是旁观的看客,就成为新闻改革的迫切任务,以及新闻德性话语实践的明确目标。

依据自然权利的假定,毋伤害的新闻德性作为新闻自由德性的一种限制被推论出来。实际上,毋伤害也是新闻德性唯一接受的对新闻自由的限制。弥尔顿所说的"诽谤、中伤与渎神的文字"可以被看作关于毋伤害德性重要的早期表述,在密尔阐述"社会所能合法地施用于个人的权力的性质和限度"时,这种德性再一次被强调。密尔认为,人类之所以有理有权可以个别地或者集体地对其中任何分子的行动自由进行干涉,唯一的目的就是自我防卫:"对于文明群体中的任一成员,所以能够施用一种权力以反其意志而不失为正当,唯一的目的只

---

① John Dewey, "Public Opinion," *New Republic*, Vol.30, 1922, p. 286.
② 见〔美〕凯瑞:《作为文化的传播》,丁未译,北京:华夏出版社2005年版,第57—60页。
③ Cole Campbell, "Journalism as a Democratic Art," in Theodore L. Glasser(ed.), *The Idea of Public Journalism*, New York: Guilford Press, 1999, p. xxii.

是要防止对他人的危害。"① 作为密尔这一观点的合理推论,防止"对他人产生祸害"或使这种祸害尽可能最小化,乃是维系和保护社会共同体的生存发展的必然要求,"文明群体中的任一成员",必须接受由此而来的外部约束,或就此形成道德自律。密尔其实也进一步指出,"每个人都要在为了保卫社会或其成员免于遭受损害和妨碍而付出的劳动和牺牲中担负自己的一分"②。作为新闻德性,毋伤害或最小伤害原则赋予了某些新闻限制以正当性,如涉及妇女、未成年人等特殊群体的新闻限制。通过这种限制,新闻德性协调着新闻与受访人、事件相关人、受众以及更为普遍意义上的公众等社会相关方面的相互关系。这其中最为复杂的议题是事件相关人的隐私,它展示了毋伤害德性与新闻自由德性等其他新闻德性之间的内在冲突,也充分展示了"德性的新闻"自身的伦理窘状。

出现这种窘状的原因在于,各个特定的德性话语均来自一种或多种理论假定或自明的价值判断,作为整体的新闻德性话语内在地包含着多元价值的冲突与对话性特征。但这种冲突与对话并不是一种不可调和的绝对矛盾,根据特定德性话语正当性依据的充分性与重要性差异,我们可以对这些德性话语进行价值优先性排序。概括地说,肯定性的话语表述的对新闻至善的积极承担优先于否定性话语表述的对新闻至善的消极防护,报道真相和社会正义原则优先于毋伤害,新闻自由则被确立为统领这四种新闻德性或者说新闻至善的第一德性。做出这样的判断是因为自由对于道德抉择的本体论意义,道德行为必然是一种道德自治(autonomy),道德行为中的抉择必然是道德主体在不受外在强制压力下的自由的抉择。这一基本设定并不专属于某个特定的社会环境与意识形态背景,在任何情况下,自由的道德抉择都是道德抉择本身的意义所在,受外在强迫的、不自由的道德抉择根本

---

① 〔英〕密尔:《论自由》,程崇华译,北京:商务印书馆1959年版,第10页。
② 同上书,第81页。

上就不是道德抉择。因此,新闻自由实质上乃是其他新闻德性的立身根基,也是一切新闻德性话语获得意义与意义阐释的话语背景。

依据这样的优先性排序,我们就可以判断某个新闻行为的德性水平。一般而言,一个行为的德性水平与其具有德性原则的多少直接相关。如果它同时符合四种德性原则的要求,它就成为新闻至善的典范。如果它仅仅符合部分德性原则的要求而与其他德性原则冲突,它就是一个可以接受,但不值得表彰的行为。当它与多个新闻德性冲突而仅仅靠新闻自由的抽象意义来支撑其正当性时,它很可能就是一个不具有德性意义的行为。具体到隐性采访使用欺骗手段获取新闻信息的问题,首先它违背了毋伤害的德性要求,因此就不可能成为值得表彰的至善行为。如果它获取的事实是一个有意义的真相或者具有社会正义意味,这种德性就补偿了欺骗的伤害,因而是一个可以接受的行为。但如果它获取的事实仅仅满足了媒介追求利益的要求,并以新闻自由作为遮羞布,如报道影视明星或政治人物的花边故事等,那它无疑就是一个不道德的新闻行为。这样的过程,构成了新闻德性话语的第二种实践。

第四节 德性作为伦理方法

从德性、"新闻的应然"的维度思考新闻伦理,即建立一种新闻德性论,本身具有一定的方法论意义。新闻德性论的目的在于建立一种用以评判新闻是否"状态好""活动完成得好"的知识,或者说观念或价值评估体系。它所涉及的材料,包括记者、编辑处理新闻事实过程中的道德思量,也包括新闻专业组织与新闻机构编制的伦理规范、新闻职业伦理教育、新闻批评、新闻评议人的相关活动、新闻奖、新闻投诉乃至司法诉讼(司法诉讼中涉及的道德评价)等表达出来的观念或者话语,从中可以找到一种新闻实践为了"合乎道德"而必须具备的品质、特征,而这种可以被称为合乎道德的、具有共识性的品质、特征,即为新闻德性。

新闻伦理研究之所以需要这样一种研究路径,乃是因为研究者意识到,新闻伦理研究的最大难题并不是针对某个新闻实践的道德判断做出自己的回答,而是展示回答这一问题的逻辑推论过程与推论所依据的基础判断。就新闻的道德控制作为一种社会控制而言,它不同于行政、司法与资本的强制,其效力依赖于新闻从业者对控制的自我体认与遵从,而控制的正当性或者说伦理论证的逻辑力量则是这种自我遵从的根本保证。新闻德性论在很大意义上正是对控制正当性的检讨。而其之所以需要在新闻思想史与新闻实践道德评价体系中进行,则是因为这种检讨最终只是一种价值判断,但伦理学的"休谟难题"又断定,价值判断不可能从对事物是否具有这一品质这一事实判断中推论出来。这一伦理论证逻辑起点上的不可推论性,迫使新闻伦理研究引入一种逻辑归纳方法,通过调查新闻伦理思想与道德实践,以获得一种新闻实践可以被称为"合乎道德"而必须具备的品质、特征。实际上,这是合乎逻辑地研究新闻伦理的唯一方式,至少是在新闻伦理论证的开端必须展开的一种研究。

当然,作为一种研究方法,逻辑归纳不仅工程浩大,而且不具有排他与证伪的功能。新闻实践的一种品质是否被辨识、确认为新闻德性,在很大程度上依赖于研究所选择的文献材料。李普曼曾经告诫我们,"必须牢记,过去时代最不易腐烂的文献和思想是那些关于人类本性的部分。在这个领域里,自古希腊哲学家以来还未曾有过什么革命性进步。这就是为什么尽管亚里士多德的物理学、生物学或动物学仅能引起古董收藏者的兴致,但他的伦理学对于那些熟知尼采(Nietzsche)或弗洛伊德(Freud)、罗素学说的人依然新颖如初"[1]。虽然现代新闻事业以活字印刷技术的运用作为开端,但是,关于新闻传播活

---

[1] Walter Lippmann, *A Preface of Morals*, New York: Macmilan, 1929, p. 157.

动的功能与性质、价值与意义的表述却可以追溯到柏拉图与亚里士多德。于是，真正辨识与确认新闻德性的知识考察也就不得不将整个新闻观念史乃至整个思想史作为考察对象，而这种考察显然是非常困难的，甚至是不可能完成的。因此，这里的所谓知识考察实际上是从现代专业主义新闻伦理规范的简化表述中获得需要验证的一般原则，再在新闻思想史与实践史的知识体系中确认其作为新闻德性的可靠性。这显然不是一个完全意义上的知识论研究，但就新闻伦理研究而言，这种头脚倒置的知识考察也不失为一个差强人意的研究路径。

本书的主要内容是考察四种新闻德性——新闻自由、报道真相、社会正义与毋伤害的形成及其在新闻事业史上的实践状况，并讨论其实现的可能途径。其具体操作主要是梳理相关文献关于特定新闻德性的多重表述，通过逻辑分析与分类，从而在相应德性的意义流变过程中获得对其现代意义的准确理解与阐释。根据这种梳理，研究者发现，新闻伦理语境中的新闻自由并不仅仅强调言论者与新闻人在排除外部控制的情况下自由表达其个体化的经验与意见，这种表达同时也涉及负责地、合乎伦理地运用这种自由；报道真相也不仅仅是客观性理论所强调的中立地、不偏不倚地报道事实，实际上需要通过连续报道的修正过程不断深入事实的表面以获得真理，真理因此也具有了明显的价值意味。这种文献梳理也表明了自由的新闻监督与新闻正义性德性的高度相关性。在18世纪的新闻人看来，监督、审查政府滥用公权力对社会正义的侵犯正是新闻自由的真正意义所在。至于黄色新闻、扒粪新闻对相互勾结的政治权力与经济权势劫夺大众的抨击与揭露，实际上也正是新闻正义性德性实践的集中体现，同时是新闻监督价值的全面社会化。在梳理毋伤害德性所涉及的诽谤与隐私侵犯的文献时，研究者发现，社会性与公共善构成了新闻德性的基础性价值，而毋伤害的德性强调了个体性、个体善以及公共善与个体善的权衡与协调。对文献的梳理与分析构成了讨论新闻德性的基本手段，当然,这种研究方法也是基于对新闻德性的基本设定,即新闻德性是人们关于新闻理想形态与基本价值的表述。

关于新闻德性的逻辑论证所依据的文献主要是思想家与新闻实践者对人性、对社会的本质、对人类传播与新闻事业的性质等命题的哲学表述或经验性反思,如,作为目的与自治主体的个体、社会的整合与共同体的建构、社会新闻传播的守望和教育等功能、公共权力的来源及其限制、个体价值与人格尊严等观点与理论。这些文献提供了新闻德性思考的逻辑基础,也构成了新闻德性论证过程的逻辑起点。这是本书第一个层面的内容。伦理的论证总是发端于对一些通识性论断的表述与阐释,伦理论证也就是描述从这些通识性论断逻辑地推演至规范性德性的具体过程。本书的第二个层面力求对这个过程做出全面综合的、多维度的再现。在此基础上,本书的第三个层面检视了新闻德性与新闻实践的关联性,即新闻实践与其理想形态的距离以及实现其基本价值的具体途径。在"有权无责的新闻自由""客观性的策略仪式"、煽情性新闻、肆无忌惮地侵犯公众隐私与人格尊严等现象不绝于新闻媒介的情况下,这一检视不可避免地将会表现为对新闻现实的一种社会与伦理批判。

第二章　新闻的德性主体与新闻自由

> 人类有自由去形成意见并且无保留地发表意见,这个自由若得不到承认,或者无人不顾禁令而加以力主,那么在人的智性方面并从而也在人的德性方面便会有毁灭性的后果。①
>
> ——密尔,1859

> 关键之处并不是每个人都可以说话,而是每件值得说的事情都可以说出来……决定某一问题的公民们在多大程度上不了解与这个问题有关的信息、意见、怀疑、批评与驳斥,结果就必定在多大程度上做出一个考虑不周、处理不当、不利于公共利益的决定。②
>
> ——米克尔约翰,1948

如果德性确如我们所界定的,是一种信仰或明确表达的愿望,以

---

① 〔英〕密尔:《论自由》,程崇华译,北京:商务印书馆1959年版,第59页。
② 〔美〕米克尔约翰:《表达自由的法律限度》,侯健译,贵阳:贵州人民出版社2003年版,第19页。

此审视西方哲学、政治学以及司法文献中有关表达、新闻议题的表述，自由的基础性意味立刻就会突显出来。这种基础性表现为，自由的新闻界往往被表述为西方文化与政治结构的基本要素。早在18世纪60年代，被称为"普通法之父"的英国法学家威廉·布莱克斯通（William Blackstone）在解读普通法时就得出结论："新闻出版自由（liberty of the press）是一个自由国度的实质精髓……任何自由人都具有在公众面前发表其喜欢的言论这一毋庸置疑的权利，禁止（forbid）这种权利就摧毁（destroy）了新闻自由。"[①]《美国宪法第一修正案》更在立法层面上约束公共权力减损（abridge）言论与新闻自由。此外更有不胜枚举的文献表达了政治家、思想家、新闻从业者以及一般公众对言论与新闻自由的珍视。因此，自由的德性不容置疑地乃是新闻德性的基础性价值。就本书所称的四种新闻德性而言，自由也是其他新闻德性"合乎道德"的前提条件。只有对新闻自由的信仰获得认可并获得切实保障，人类的新闻传播活动才可能成为一种具有道德意义的人类实践。因此，本书与美国当代著名新闻学者约翰·梅里尔（John Merrill）持有相同的观点："自由必须是新闻伦理思考中最优先也是最为核心的部分。"[②]当我们称一种新闻实践是"合乎道德的"时，我们必然是指一种不受外部强制的自由的新闻实践。虽然，一个不受外部强制的新闻实践不一定永远可以被称为"合乎道德的"新闻。不受强制的新闻，意味着新闻实践是新闻从业者依据其道德自觉而主动采取的行动，新闻从业者是新闻实践的主人，才可能对新闻是否"合乎道德"承担责任。在外力强制之下进行的新闻实践，无论其功能、效果如何，都与新闻从业者无关。外力强制剥夺了新闻从业者的道德主体性。在逻辑上，判断一种没有道德主体的新闻实践是否道德，实际上是一种悖论，如同判

[①] William Blackstone, *Commentaries on the Law of England*, in Near v. Minnesota, 283 U. S. 697(1931), Justice Hughes' opinion of the Court.

[②] John Merrill, *The Imperative of Freedom: A Philosophy of Journalistic Autonomy*, New York: Hastings House Pub., 1990, p. xi.

断一只失去翅膀的鸟儿飞起来是否优美。要求受到外部强制的新闻实践"合乎道德",也就如同要求没有翅膀的鸟儿优美地飞翔一样荒诞。

不过,这种以"免于限制"为表征的消极自由是道德的必要条件,而不是其充分条件。也就是说,"合乎道德"的新闻必然是自由的新闻而自由的新闻未必是"合乎道德"的新闻。但在康德看来,自由必然是指向道德法则的,自由必然以体认与实践道德律令为目的,称一种新闻实践是自由的新闻实践,必然也是指它是一种体现了"新闻的应然",即新闻德性的新闻。即使不进入对自由观念史的细致考察,单凭"自由是道德的必要条件"就可以判定,自由不仅是一种关于"新闻的应然"的信仰或愿望,自由本身正是新闻德性之为德性的本质特征——自由使新闻成为新闻德性的主体。按照这种理解,新闻观念史与实践史中关于新闻自由的不同表述,实际上也就是描述新闻德性主体的不同形态。从弥尔顿的《论出版自由》到当代公共新闻运动,几百年的新闻自由话语史展示了人们对新闻的德性主体及其自由的各种界定,而其关键问题则是,新闻自由究竟是谁的自由,它又是何种自由。

第一节 新闻作为德性主体诸形式

单以权威性来看新闻自由,其最引人注目的表述无疑是法国《人权宣言》第十一款(1789)和《美国宪法第一修正案》(1791),两者都是具有国家根本大法性质的纲领性文件。《人权宣言》由法国革命之后的最高权力机关国民大会颁布施行,其第11条称,"自由传达思想和意见是人类最宝贵的权利之一;因此,每个公民都有言论、著述和出版的自由,但在法律所规定的情况下,应对滥用此项自由负担责任"。两年后的《美国宪法第一修正案》更以不容置疑的语气规定,"国会不得制定法律……减损言论自由,或新闻自由(abridging the freedom of speech, or of the press)"。如果仔细研读这两个凝聚着西方新闻自由核心理念的经典表述,我们可以发现《人权宣言》和《第一修正案》在话语形式、具体意义上的明显差别。首先,《第一修正案》是一个以否定性句式表述的绝对话语,它表明"言论或新闻自由"具有一种超越国会制定的其他法律的优先性,其权威性不容侵犯,任何法律都不可以"消减"而只能促进"言论或新闻自由"。《人权宣言》却不同,它虽然认为"自由传达思想和意见"是最宝贵的人类权利,但又认为这种权利和自由并不具有优先于其他法律的绝对性,普通法律可以"规定"(define)"自由的滥用"这一例外情况,因此也就可以对传达思想和意见的自由施加限制。其次,《人权宣言》保护的"自由传达思想和意见"是一种基本人权,其权利主体是泛称的人,或公民。公民可以自由地使用这一基本权利,不管他是以演讲或写作的方式向特定人群进行口头或文字传播,还是通过印刷技术和印刷机器出版、发行印刷品,向不确定的读者传播"思想和意见"。《第一修正案》并不界定"言论或新闻自由"的性质,只是规定了"言论或新闻"的行动自由。但这一表述中并列了两种自由,言论(speech)和新闻(press),自由权利的主体因此就既可能与《人权宣言》一样属于泛称的人或公民,也可能专属于拥有印刷设备等传播工具的特定的人。这个区别在制定《第一修正案》的18世纪并不明显,但在媒介已经演变成"一种力量、一种标准,以及超越一切的一个实体"[①]的今天,其意义却非同寻常。它意味着,如果坚持对宪法修正案的字面意义理解,作为现代社会独立体制的现代媒介如同普通公民一样拥有受到《第一修正案》保护的高度自由。

这样,仅仅在法国《人权宣言》与《美国宪法第一修正案》这里,我们就读出了新闻自由所蕴含的多种意义分歧。当我们把眼光投向更

[①] 见〔美〕德沃金:《自由的法:对美国宪法的道德解读》,刘丽君译,上海:上海人民出版社2001年版,第262页。

加广阔的新闻自由话语史,自由与新闻自由的这种多义性就表现得更为明显。历史地看,新闻自由话语首先表现为斯塔尔夫人所说的"古典"自由,即古希腊城邦公民大会中意见表达与公共讨论的自由,也包括戏剧与其他艺术形式记录与批评社会现实生活的自由;经历了中世纪蒙昧时代教会与君主的思想与知识垄断,新闻自由话语从宗教改革运动中各新教教义所阐发的以天赋理性自主地读解经典、探索真理的观点中再一次萌芽,信仰与思想自由成为新闻自由话语重建的起点。17、18世纪的人文主义与思想启蒙运动中一大批思想家阐述的个体自治与代议民主理论为新闻自由的话语建构建立了坚实的理论基石,不受事先限制(previous/prior restraint)的出版自由成为公民民主权利的基础和重要内容。18世纪晚期的法、美革命与19世纪大众化报纸的兴起不断扩张新闻报刊在社会生活中的影响力,作为独立社会体制的报刊等媒介代理了公民与公众的意见与表达权利;进入20世纪,建立在社会分裂与个体自利性基础上的古典代议民主成了社群主义者(communitatians)与激进民主论者(radical democrats)的反思对象,公共协商理论(public deliberation)进一步扩张了新闻自由话语的意义空间,以公共辩论与民主参与为目标、以知晓权与接近权等形式表述的积极自由与社会责任意识进入新闻自由话语体系,新闻自由话语逐渐弥合了与公民表达自由的分离与裂隙。因此,即使不考虑古希腊的古典自由,现代新闻自由话语也包含着个体的信仰与思想自由,公民通过口头、书写和传统的出版形式表达信息与意见的自由,新闻媒介搜集、获取、了解、传播各种事实和意见的自由等多重意义的对峙与对话,公民与媒介同时成为新闻自由话语的主体与承担者。

无论以何种方式理解,新闻自由的基础和最内在的意义必然是指一种不受任何外部干预的思想和信仰的自由。用霍布豪斯(Leonard L. Hobhouse)的话来说就是,一个人自己头脑里形成的想法不受他人审讯,是"必须由人自己来统治的内在堡垒"①。思想和信仰的自由的要旨是,任何人不因思想和信仰获罪,不因其信仰与主流观点的差异而"蒙受生命、人身、房屋和财产上的任何形式的损害"。这正是现代新闻自由话语早期文献如洛克的《论宗教宽容》(1689年)等所阐述的核心观点。在这封写给友人的信中,洛克依据其社会契约论的基本观点,认为教会是一个"自由的、自愿的团体"。教会对其人民拥有的权力,来源于信众的自愿和皈依,因此,它对信众和人民并不具有民事的管辖权,无权"迫害、折磨、屠杀和毁灭"那些怀疑或不信奉其教义的人。②但中世纪的教会并不仅仅是在思想与信仰上控制着信众和人民,正如洛克所愤怒指斥的,这种控制实际上是使用"火与剑"的强力获得的。洛克说,"我用这个火的字眼,指的是它的字面含义,即用火和干柴来烧"③。洛克认为,信仰是一个应该"留归人们自己的良心去决定"的领域,人们在信仰方面"存在着各式各样的不同意见"是不可避免的,教会和政府应该对"那些持有不同意见的人实行宽容"。洛克坚信,"这是能够做到的"④。只要拥有这种思想的自由,人类即使被剥夺了言论和出版的权利,也不至于沦落为真正的奴隶,他至少还拥有沉默的权利。如果失去了这种思想和信仰的自由,人类就成了真正的奴隶——这正是法国思想家贡斯当(Benjamin Constant)所时刻警惕的绝对奴役状态:"强迫人们讲话,它一直追查到他的思想最隐秘的栖身之处,迫使他对自己的良心撒谎,从而剥夺了被压迫者最后这一点安慰。"⑤令人痛心的是,这种绝对奴役在人类社会进入20世纪后依然并未绝迹,因此,当我们追溯新闻自由的话语史时,重述构成其基础

---

① 〔英〕霍布豪斯:《自由主义》,朱普汶译,北京:商务印书馆1996年版,第11页。
② 〔英〕洛克:《论宗教宽容:致友人的一封信》,吴云贵译,北京:商务印书馆1982年版,第8页。
③ 同上书,第2页。
④ 同上书,第47页。
⑤ 〔法〕贡斯当:《古代人的自由与现代人的自由》,阎克文等译,北京:商务印书馆1999年版,第294页。

的思想与信仰自由并非毫无意义。

洛克强调信仰与思想的自由,不过,他并不认为它是某个人单独的信仰和思想的自由。对于宗教的异端邪说和其他思想谬误,洛克也认为"每个人都有责任去规劝、勉励、说服谬误者,并通过说理引导他领悟真理"①。只不过,洛克把这种"规劝、勉励、说服"看作是一种道德义务,而不是一种权力。洛克相信,改变他人的思想和信仰,只能"晓之以论证",而不能"强之以刑罚"。从这种"规劝、勉励、说服谬误者"的道德义务里,信仰自由延伸出了思想交流和表达自由的积极意义。正如霍布豪斯所表述的,尽管思想自由是一个"内在堡垒",但"要是没有思想交流的自由,思想自由就没有什么用处,因为思想主要是一种社会性的产物;因此,思想自由必须附带有言论自由、著作自由、出版自由以及和平讨论自由"。实际上,这些附着在思想自由基础上的言论、出版和讨论自由,早在洛克写作《论宗教宽容》的45年前就成为弥尔顿《论出版自由》的讨论内容。在这本被称为新闻自由思想奠基之作的小册子里,弥尔顿指斥议会《出版管制法》理论与操作上的野蛮、荒谬,诗情澎湃地为出版自由与"宗教与世俗界的学术"辩护。值得注意的是,弥尔顿并不在根本上反对《出版管制法》禁止"诽谤性和煽动性的书籍"污染人们的精神生活,问题是,这一法律通过出版前的审查来禁绝它,根本就"达不到目的"。② 弥尔顿认为,更为有效的方式则是放手让"各种学说流派可以随便在大地上传播",真理将亲自上阵与其交锋。弥尔顿相信,"我们如果怀疑她(真理)的力量而实行许可制和查禁制,那就是伤害了她""她的驳斥就是最好的和最可靠的压制。"③这样,新闻自由话语的核心理念,也是新闻自由赖以存在的先决条件——免于事先约束的表达和出版自由便在弥尔顿的雄辩论

---

① 〔英〕洛克:《论宗教宽容:致友人的一封信》,吴云贵译,北京:商务印书馆1982年版,第7页。
② 〔英〕弥尔顿:《论出版自由》,吴之椿译,北京:商务印书馆1958年版,第5页。
③ 同上书,第46页。

述中第一次被表述出来。

在英国,所谓"事先约束"起始于1529年亨利八世开列禁书单及翌年施行的针对书籍、小册子等的出版许可证制度。1534年,亨利八世又规定,印刷商在开张营业前须先行获得皇家许可,1557年,女王玛丽一世建立了文具商公司(the Stationers' Company),授权这家垄断机构定期检查所有的印刷所,掌握印刷所的雇员、书目、印数、顾客身份等具体资料。这样,何种文字可以出版、出版的书籍或小册子可以发行到什么范围都受到政论和官吏的严格控制。在这种情况下,反对"事先约束"就成为新闻自由话语的第一要务。所谓免于事先约束(free from previous restraint),就是取消出版许可证制度,从而把决定何种文字可以出版的权力从政府和官吏那里转给公众和出版商,也就是弥尔顿所说的"各种学说流派随便在大地上传播",并把检验这些学说流派的真理性或者说是否具有价值的权力交给公众和时间,即霍姆斯大法官所说的"意见的自由市场"。免于事先约束的实质是思想试验和允许发表错误言论的观点。在弥尔顿那里,之所以需要思想试验,是因为"关于善的知识和关于恶的知识之间有着千丝万缕的联系和千万种难以辨识的相似",[①]密尔也认为,"人类的真理大部分只是半真理,意见的统一,除非是对立诸意见经过最充分和最自由的较量的结果,是无可取的,而意见的分歧,在人类还未达到远比今天更能认识真理的一切方面之前,也并非坏事而倒是好事"[②]。所以,言论是否错误失当实际上很难在出版之前,或者说通过言论交锋使真理性认识获得确认之前认定。没有思想试验与言论试错的自由,就很难有真正的新闻自由。

不过,无论是弥尔顿还是其他关于新闻自由的论述,都并未主张一种毫无限度的绝对自由。对于弥尔顿来说,渎神和无神论的文字、

---

① 〔英〕弥尔顿:《论出版自由》,吴之椿译,北京:商务印书馆1958年版,第16页。
② 〔英〕密尔:《论自由》,程崇华译,北京:商务印书馆1959年版,第60页。

诽谤中伤的文字都不在言论和出版自由权利的保护范围之内,只不过这些文字不应在出版前被禁止,而应该在其发表、出版之后施加惩罚。法学家布莱克斯通对弥尔顿这一未曾明确表示的观点就深为认同,他说,"如果谁发表了不合适、有害或是违法的言论,那么他就必须承担这种鲁莽行为的后果"。① 贡斯当对此说得更加直截了当:"为了捍卫出版自由,我始终主张惩罚那些诽谤性和颠覆性的作品。让作者对他们的作品负责——如果它们要发表的话,因为任何人都应对自己的言论和行为负责。"②这也就是说,政府不得阻止公众按其意愿自由地发表文章或出版书籍,但是,如若这些出版物滥用了这一自由,那政府就有权力在出版物发表以后惩罚他们(这也正是法国《人权宣言》的主张)。显然,新闻自由话语几乎在其诞生之日起就内在地具有作者和出版者对其自由发布的信息或言论的传播效果负责的内容,随着"事先约束"和出版许可证制逐渐被废除,弥尔顿对自由的合理限度这一隐而未显的否定性界定也就成了新闻自由思想的重要方面。

正如不受限制的思想/信仰自由、不受事先限制的出版自由两种思想的话语形式所表明的,自由首先意味着排除某种限制,"freedom"意味着"freedom from"。自由的观念中这种被伯林等人称为消极自由的意指(signification)是新闻获得其德性主体性的第一步,思想/信仰自由确立了新闻作为德性主体的内在基础,不受事先限制的传播自由提供了新闻成为德性主体的制度条件,它们在实践上也是新闻能够实现自由的基本保证,是"对于统治者所施用于群体的权力划定一些他所应当受到的限制"。不过,新闻真正成为新闻的德性主体,即否定性意义上的新闻自由真正能够实现,还需要一个重要的物质或经济前提,即传播工具如印刷机、纸张等的可获得性,以及新闻出版事业经济

---

① See John D. Zeleny, *Cases in Communications Law: Liberties, Restraints, and the Modern Media*, 北京:北京大学出版社2004年影印版,p. 10。
② 〔法〕贡斯当:《古代人的自由与现代人的自由》,阎克文等译,北京:商务印书馆1999年版,第181页,注释2。

上的独立。实际上,物质与经济的限制从来就与法律的限制同等严重地限制新闻自由,文具商公司早期对印刷机器的垄断,18世纪晚期以来沉重的印花税、纸张税、广告税,以及对逃税的重惩,都使免于事先限制的新闻自由很难成为真正不受限制的自由,以至于19世纪30年代一位报纸出版人(Hetherington,海瑟尔顿)就感慨地说,除非"有什么办法,能够不用排字和印刷来出版报纸,或者是能够不被军警找到",否则报纸就无法摆脱印花税的限制。① 重税增加了报纸出版的成本,迫使报纸涨价从而限制、隔断了报纸通达读者的渠道。不能实现有效传播的新闻无疑同样不能说是自由的新闻,没有受众的表达也不可能具有伦理意义上的主体性。

但就其肯定性方面,即伯林等所说的积极自由(positive liberty/freedom,同样更应该译为肯定性自由,即自由的主体主动做某事的自由)方面,新闻自由究竟是何种自由,也就是在合理限度之内新闻自由究竟有些什么具体内容,弥尔顿等人并未仔细思量。直到密尔写作《论自由》思考"社会所能合法施用于个人的权力的性质和限度",也就是"公民自由或称社会自由",新闻自由才不再是空洞而抽象的原则而有了具体意义,米克尔约翰(Alexander Meiklejon)的《言论自由及其与自治的关系》②中关于公言论(public speech)与私言论(private speech)的细分进一步明确了新闻自由的实质。

密尔关于思想自由和讨论自由的总观点见于他的一条注释,他说,"作为一个伦理信念来讲,关于任何教养,无论认为它怎样不道德,都应当有最充分的宣奉它和讨论它的自由"③。在密尔看来,人类思想和人类经验主要可以分为三类。其一是自从开天辟地直到今天早已经过尝试而被判决的一些事情,只是经验早已表明为对于任何人的

---

① 〔英〕卡瑞等:《英国新闻史》,栾轶玫译,北京:清华大学出版社2005年版,第8页。
② 即 *Free Speech and Its Relation to Self-Government*,初版于1948年,中译本为侯健译,贵州人民出版社2003年版。但书名译作《表达自由的法律限度》,不确。
③ 〔英〕密尔:《论自由》,程崇华译,北京:商务印书馆1959年版,第16页,注释。

个性都不会有用或不能适合。在这个领域里,经过一段时间和积累起一定数量的经验之后,道德和智虑上的真理已经树立起来,人们已经没有必要再使用物质和智力资源进行尝试,因此与此相关的言论或思想也就不再具有一般意义上的表达自由,"人们所要求的只是防阻一代又一代人的后人不要在他们的先人曾经失足致死的同一悬崖边上再坠落下去"①。其二则同样是与公认的意见相悖离,但也并未被证实为谬误的思想和言论,这在密尔那里被称作"首创性"或试验性言论。密尔认为,"首创性"或试验性言论需要在公共讨论中加以特别保护。他说,不论实在的、设想的精神优异性怎样宣称崇敬甚至实际上予以崇敬,现在世界中事物的一般趋势是把平凡性造成人间占上风的势力,因此,"在仅仅是一般群众的意见到处都成为或者正在成为支配势力的今天,对于这种倾向的一个平衡和矫正方式,正是要那些在思想方面立于较高境地的人们愈来愈多地发挥其断然的个性"②。其三是种种消除了意见分歧、达到无可争辩的程度的"真确的知识",这些知识可以自由地向其反对者进行解释和辩护。密尔一方面承认意见分歧界限的逐渐缩小在"既属不可避免也属不可缺少的双重意义下有其必然性",一方面又认为这种意见凝固化并不永远是有益无害的。为了避免真理因凝固而消亡,密尔说,"总要想些办法把问题的困难之点提呈在学习者的意识面前"③。

总体来看,密尔几乎不考虑统治权力对新闻自由的直接侵犯。这是因为当时言论和出版自由作为政治自由或政治权利,在多数欧洲国家已经获得了程度不同的承认。他所关心的,是如何避免多数人压制少数人、如何申明个人的思想以及言论与出版自由的问题,也就是在公共讨论中如何实现自由。密尔认为,在公共讨论中,"对于每一个

---

① 〔英〕密尔:《论自由》,程崇华译,北京:商务印书馆1959年版,第87—88页。
② 同上书,第71—72页。
③ 同上书,第46—47页。

人,不论他自居于辩论的哪一方面,只要在其声辩方式中或是缺乏公正或者表现出情绪上的恶意、执迷和不宽容,那就要予以谴责,但是不可由其在问题上所选定的方面,纵使是与我们相反的方面,来推断出那些败德;而另一方面,对于每一个人,也不论他抱持什么意见,只要他能够冷静地去看也能够诚实地来说他的反对者以及他们的意见真正是什么,既不夸大足以损害他们的信用的东西,也不掩藏足以为他们辩护或者想来足以为他们辩护的东西,那就要给以应得的尊敬"。密尔说,这样的宽容和尊敬乃是"公共讨论的真正的道德"①。

在新闻自由观念的理论开拓方面,唯一能够与弥尔顿、密尔相提并论的理论家,是美国宪法学者米克尔约翰,他的两种言论自由的观点极具启发性。所谓两种言论自由,是指美国宪法体系为两种不同性质的言论提供了不同程度的保护。第一种言论是在公共讨论领域发生的,就公共事务安排、公共福利筹划等集体行动而发表的言论,米克尔约翰将其称作"公言论"。他发现,早在《权利法案》(宪法第一至第十修正案)出现之前,公共讨论自由的原则就已经明确地得到了承认和采纳。美国宪法第一条第六款规定了国会议员"不得因在各自议院发表的演说或进行的辩论而在任何其他地方受到质问"。米克尔约翰认为,议员在议会中发言这种无条件的绝对免责并非因为其身份,而是因为其言论的性质,即它是一种公共讨论的言论。但米克尔约翰认为,民主制度的精髓在于,"不是代表们在统治着我们。我们统治着自己"。因此,这种完全免责的言论自由就并不专属于议员等人,而是属于全体公民。美国宪法之所以在第一条第六款业已确认了公共讨论自由的原则之后还要进一步提出《第一修正案》,就是要确认全体公民在公共讨论中享有与议员相同的免责权。接下来,米克尔约翰又发现,《宪法第五修正案》规定了另外一种"不经正当法律程序不得被剥夺"的言论自由,或者说,就是可以通过正当程序加以消减的言论自

---

① 〔英〕密尔:《论自由》,程崇华译,北京:商务印书馆1959年版,第58页。

由。这种言论无关乎公共讨论和公共生活,而是公民表达个人思想、主张自我利益要求的言论,米克尔约翰将其称作"私言论"。"私言论"像生命、财产一样,是公民个人的私人所有物。尽管这个私人所有物被视为私人物中最珍贵的,但它无法像公共讨论那样享有不受限制的绝对免责权。米克尔约翰认为,"私言论"是受《宪法第五修正案》保护的内容,也就是说,在宪法意义上说,它是一种在特定情况下可以加以规制的言论,虽然这种规制必须依照正当的法律程序来施行。①

不同于密尔依据具体言论与公认意见的关系为言论自由合理限度划定的界线,米克尔约翰关于"公言论"和"私言论"的理论所依据的是言论的功能性、工具性价值。根据"公言论"和"私言论"的区分,米克尔约翰认为,商业广告或说客为其委托人开展的游说活动就完全不同于一个公民筹划公共福利时发表的言论,两者应该拥有的自由程度也完全不同。这样的区分批驳了诸如"明显且即刻的危险""言论式行动"等观点对新闻自由的限制,从而对何种言论应该不受任何限制、何种言论可以加以适当限制做出了颇具操作性的界定,在很大程度上厘清了言论自由及其合理限度的理论混乱。不过,无论是米克尔约翰还是密尔甚至包括弥尔顿在内,他们所探讨的都是个体的言论自由而非我们所说的新闻自由。虽然新闻或报刊的自由归根到底隶属于言论自由范畴,但19世纪以来,报刊在欧美各国先后成为一种重要的独立社会力量,新闻自由与言论自由的主体差异随之便不能再忽略不论了。

考察言论自由与新闻自由的关系,要点并不在于报刊是否在社会生活中发挥了重要作用,而是报刊言论与公众及其言论的关系,但报刊取代书籍和小册子成为公众舆论的主要手段却又是新闻或报刊自由成为公共话语的前提条件。迟至18世纪中叶,对于报刊的重要性

---

① 〔美〕米克尔约翰:《表达自由的法律限度》,侯健译,贵阳:贵州人民出版社2003年版,第26—28页。

尚未形成一种社会共识,启蒙运动中的几位法国思想家对报刊都颇为不屑。其领袖人物狄德罗(Denis Diderot)在《百科全书》中写道:"所有的报纸都是无知者的精神食粮,是那些想不通过阅读就说话和判断的人的对策,是劳动者的祸害和他们所厌恶的东西。这些报纸从来没有刊登一句杰出人物所说的话,也不阻止一部劣等作者的作品。"①卢梭更满是鄙夷地说,"一本周期性出版的书是怎么回事呢?那就是一本既无价值又无益处的昙花一现的著作。文人们以轻率的态度诵读这些东西,仅仅是给未受教育的女人们和为虚荣心所驱使的蠢人们听的"②。不过,新闻史家让纳内(Jean-Noel Jeanneney)却认为,这一时期实际上恰恰也是"报纸、'信使'以及各种期刊的第一次飞跃发展时期,也是读报成为欧洲杰出人物的习惯和必需的时期"③。在接下来的几十年里,欧美社会飞速发展,"突发性新闻事件的重要性以及这些事件在越来越多的公众中引起的浓厚兴趣",使得"报纸在社会生活及各种政治势力的角逐中,占据头等重要的位置。"④这里的问题是,这种日益重要的报刊(以及后来的电视等其他媒介)与公众的意见、言论有什么关系呢?在报刊的不同发展阶段,这一问题有着不同的答案。

单以报纸而论,其早期形态——"为了登载关于贸易、商品船舶船期之类的消息而创办的,提供新生的资本主义制度所必需的服务"⑤的早期报纸与公共讨论和公众意见,因此也就与言论自由和出版自由几乎毫不相干,但进入被哈贝马斯称为"个人的新闻写作"阶段之后,

---

① 引自〔法〕让纳内:《西方媒介史》,段慧敏译,桂林:广西师范大学出版社2005年版,第42页。
② 引自〔法〕阿尔贝等:《世界新闻简史》,许崇山等译,北京:中国新闻出版社1985年版,第12—13页。
③ 〔法〕让纳内:《西方媒介史》,段慧敏译,桂林:广西师范大学出版社2005年版,第32页。
④ 〔法〕阿尔贝等:《世界新闻简史》,许崇山等译,北京:中国新闻出版社1985年版,第13页。
⑤ 〔爱尔兰〕麦克布赖德等:《多种声音一个世界》,中国对外翻译出版公司第二编译室译,北京:中国对外翻译出版公司1981年版,第9页。

报刊就成为公众意见的主要表征了。哈贝马斯的下述观点虽然大体不差,但也不是没有商榷之处:"一份报刊是在公众的批判当中发展起来的,但它只是公众讨论的一个延伸,而且始终是公众的一个机制:其功能是传声筒和扩音机,而不再仅仅是消息的传递载体。"①哈贝马斯如此这般界定的报刊与公众关系仅仅是在他的语境中才可以成立,他所说的"公众"并不是指市民或民众的全体,而是"资本家、商人、银行家、出版商、制造商"以及知识阶层等特殊市民群体,而并不包括不具有阅读和文字表述能力的绝大部分民众。这些公众出于政治说教或政治动员的目的,自己或与他人合作以"私人新闻写作"的方式将他们的批判意见或政治主张公之于众,于是便有了以政论为主要内容的报纸与期刊。由于这一时期报刊上刊载的意见或政论往往来源于特定的社会或政治群体,报刊与政治,尤其是政党随即产生关系,这一时期因此也被一般新闻史称为政党报刊时期。尽管政党报刊的宣传性、战斗性常常被西方的新闻史家们所不齿,甚至被他们称为报刊最黑暗的时期,但黄旦先生对其在新闻自由观念发展中的意义所展开的分析却更为精当:"恰是由于报刊的政治功能和在政治势力角逐中,才使报纸变成了意见和思想传播的主要工具,承担起以前主要是由书本或小册子肩负的任务。于是,就像原来禁止书籍、小册子印刷流传一样,当局或执政者打击的目标也转向了报纸。由此,报纸和传统的言论自由、出版自由联系在一起,新闻报道的自由与否,就是言论自由、出版自由的原则问题。"②换句话说,正是由于政党报刊因为充分表达了哈贝马斯所说的"公众"对公共事务的关心而登上政治舞台,报刊就自然而然地成为弥尔顿等人所论述的人类言论或出版活动的一部分,他们关于言论自由、出版自由的观点顺理成章地延伸为报刊自由或新闻自由。

---

① 〔德〕哈贝马斯:《公共领域的结构转型》,曹卫东等译,上海:学林出版社1999年版,第220页。
② 黄旦:《传者图像:新闻专业主义的建构与消解》,上海:复旦大学出版社2005年版,第53页。

作为言论、出版自由的延伸,关于新闻自由,西方长时间里流传着"第四等级"(the fourth estate)的说法。一般认为,最早提出这个说法的是英国政论家爱德蒙·柏克(Edmund Burke)。① 1855年,《泰晤士报》的亨利·里弗(Henry Reeve)也在《爱丁堡评论》上撰文称,新闻界已经真正成为一个国民等级,甚至比其他任何的等级都更为强大。"第四等级"的说法源于西方"国民等级"的概念,传统意义上的三个等级分别是上议院中的神职人员、世俗议员和下议院议员。所谓"第四等级"实际上是一个关于新闻自由或新闻权力的隐喻,报刊报道新闻、反映甚至引导公众意见,可以为那些寻求表达的思想或者国家急需回答的问题提供陈述和征询的机会。由于新闻界所发挥的社会职能类似于议院议员,"第四等级"的表述因此是在强调新闻界应该拥有议会议员的权力和自由。不过,这种表述在柏克或里弗的时代也仅仅是一种隐喻,或者仅仅初现端倪,直到19—20世纪之交,英美各国的报纸产业结构发生了重大变化,大众报纸所有权和控制权迅速集中,报业大亨们纷纷建立起规模庞大的报业王国,并将其用作调节政党种种政治分歧的杠杆,甚至用作对抗政党的工具,第四等级的表述因而接近于实现。② 但这种"真实的第四等级"与其说是新闻界获得了像议员一样超乎寻常的权力,倒不如说是报业大亨个人获得了有权无责(power without responsibility)的自由。作为整体的新闻界真正能够作为"第四等级"发挥社会职能,有赖于社会对其编辑权的认同。

一般认为,编辑权是一个相对于媒介所有权的概念,使用这一概念意在强调媒介组织内部新闻部门尤其是编辑、记者独立于发行人而

---

① 〔法〕阿尔贝等:《世界新闻简史》,许崇山等译,北京:中国新闻出版社1985年版,第14页,其中"柏克"译作"比尔克";〔法〕让纳内:《西方媒介史》,段慧敏译,桂林:广西师范大学出版社2005年版,第32页。
② 〔英〕卡瑞等:《英国新闻史》,栾轶玫译,北京:清华大学出版社2005年版,第39—40页。

在报道方针、编辑政策上的决策权,因此仅仅属于新闻内部自由的范畴。①但在西方新闻传统里,编辑权是一个来自个人新闻业和政党新闻时代的文化遗产,在媒介产业化的今天,它更为"第四等级"这一隐喻和新闻自由观念提供了有力注解。查尔斯·比尔德(Charles Beard)认为,"新闻自由意味着这样的权利:新闻栏和社会栏发表的东西既可以是公正的也可以是不公正的,既可以是有党派性的也可以是没有党派性的,既可以是真实的,也可以是虚假的"②。1974年,美国联邦法院伯格大法官(Justice Burger)在关于"《迈阿密先驱报》诉托尼罗"案发表的法庭意见中重申了这种意义上的新闻自由:"报纸远不是新闻、评论和广告等报纸内容的被动接收器或发布渠道。对报纸刊登材料的选择,报纸版面、内容限制等决策的制定,对公众问题和公职人员的处理和对待——无论公平与否,都是主编职权范围内的事。"③需要指出的是,伯格大法官的法庭意见发表于"红狮广播公司诉联邦委员会案"(该案确立了关于广播电视的公平原则,即对公共议题的争论各方"都要给予平等的报道",也就是所谓接近权)之后,因此它实际上否定了接近权在报纸等领域里的适用性,因而意义非同寻常。它赋予报纸主编对新闻内容的绝对掌控权力,编辑权因此不仅意味着相对于发行人所有权的相对独立,也意味着它作为一种独立的体制性权力获得社会认可。④ 新闻自由因此也就不再仅仅是一种源于个人(公民)的言论、著作、出版等表达自由的延伸性权利,它实际上已经接近于行政、立法、司法这三个传统权力部门所拥有的制度性权力。

但也正是由于新闻业发展成第四等级、新闻自由发展成制度性权

---

① 黄旦:《传者图像:新闻专业主义的建构与消解》,上海:复旦大学出版社2005年版,第153页。
② 引自〔美〕新闻自由委员会:《一个自由而负责的新闻界》,展江等译,北京:中国人民大学出版社2004年版,第77页。
③ Miami Hereld Publishing Co. v. Tornillo, 418 U.S. 241(1974)。
④ 但广播、电视等媒介中由"红狮"案所确立的公平原则依旧有效,其中的编辑权因此也就是一个有限权力。

力,责任意识开始作为自由的内在意义进入新闻自由的话语体系,西方新闻理论的社会责任论应运而生。需要指出的是,所谓社会责任理论并不是指新闻应该具有责任感、道德义务等只言片语的表述,而是指一种在自由与责任的辩证关系中全面思考新闻本体特征的理论话语,因此,它与西方新闻伦理的学院式研究(弗林特、吉本斯等人的研究)有很大程度的重合,而其理论旗帜则是美国新闻自由委员会及其发表的《一个自由而负责的新闻界》等研究报告。委员会认为,新闻自由这个概念涉及三个与其利益相关的主体,但这一短语的传统使用仅仅强调了其中的一方——发布新闻、意见的新闻界,却并未考虑到作为新闻、意见等新闻产品的消费者的受众以及由这两个利益主体构成的第三方,即共同体本身。在市场发育充分的条件下,多元化的新闻市场提供的多种信息与意见可以保证消费者不去消费特定新闻产品的自由,这种新闻发布者单方面自由的新闻自由尚可接受,但当新闻自由成为一种垄断性的体制性安排,消费者因此失去了不消费的自由(因为别无选择)时,自由放任的新闻就成为一个有问题的体制。委员会因此对新闻自由和自由的新闻做出了自己的界定:首先,如传统新闻自由的定义所表明的,新闻自由意味着不受制于政府的、社会的或者是新闻界内部的或外部的任何力量。但它也指出,不受强制并不是不受压力,但如果这种压力变成了一种强制,那新闻界和它的公众就必须联合起来去恢复。其次,新闻自由所服务的不应该仅仅是新闻界自身的目标,而应该将其理想与共同体的要求结合起来,把共同体为新闻界设定的目标当作它自己的目标,并充分运用现有的技术实现这种服务。再次,自由的新闻界必须做到"向一切有话值得向公众诉说的人提供自由……凡是值得公众倾听的思想观点都让公众倾听"[①]。

这样,在委员会这里,新闻自由实际上成了一种"负责任的自由"

[①] 〔美〕新闻自由委员会:《一个自由而负责的新闻界》,展江等译,北京:中国人民大学出版社 2004 年版,第 75—76 页。

(responsible freedom),自由的新闻界也就成了一个"可问责的新闻界"(accountable press)。在这种约翰·梅里尔所谓"适度而具社会关怀的运用"①的新闻自由观点的引导下,自由的新闻界同时也就成了一个以向公众提供高质量的新闻服务为社会目标的公共传输者(common carrier)。委员会向新闻界提出并为我们所熟知的五项建议也正是为了促使新闻界达到这一目标。作为公共传输者,新闻既是公众各取所需地获取信息的信息集散地,也是他们畅所欲言的渠道。显然,委员会的主要意图就是弥合新闻自由与公众的表达自由之间的鸿沟,从而在一定意义上是对"第四等级"和编辑权理论所倡导的过于强势的新闻自由的一种调整,甚至纠偏。在新闻自由观点史上,以委员会的总报告为代表的社会责任理论推动了新闻自由回归公众的思想及表达自由的原始目标,以合目的性、合道德性为基本特征的康德主义的自由观也因此成为新闻的基本伦理关怀。

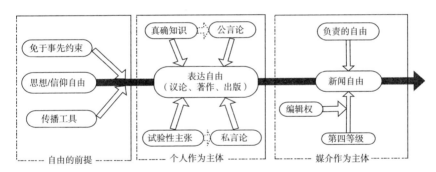

图 2.1 新闻自由的主体与形式

新闻自由的思想发展演变的过程也是自由作为新闻德性的主张不断获得共识、不断被深化理解的过程(如图2.1)。如果割裂两种自由主体(公众与媒介)之间复杂的政治与社会伦理关系,片面强调媒介有权无责的自由,新闻很可能会成为媒介霸权的工具而自由也就不再

---

① John C. Merrill, *The Dialectic in Journalism: Toward a Responsible Use of Press Freedom*, Baton Rouge: Louisiana State University Press, 1993, p. 7.

成为一种新闻德性。因此,就作为新闻德性的自由而言,消极自由固然重要,但它应该仅是新闻成为"合乎道德的新闻"的必要前提,在很大程度上,当自由被称作新闻的基本德性时,我们实际上是在主张一种负责任的自由。

第二节 自由作为新闻德性的逻辑论证

新闻自由思想的线性发展史仅仅表明人们对思想/信仰自由、表达自由与报刊自由的关切与愿望,但这种愿望的完整表达并不仅仅止于将自由作为一种话语标榜,更重要的是,它必须对"新闻为什么要自由、新闻如何自由"这两个基本问题做出回应。前者的实质是关于新闻自由的正当性论证,即依据何种逻辑前提和逻辑过程,新闻(表达)[①]的自由主张才是合理的、正当的,即如何逻辑地论证自由是新闻的一种德性;后者的实质是新闻自由的道德实践方式,即新闻实践中何种因素制约了新闻成为一种自由的表达以及如何克服这种制约以使新闻实现自由。不过,虽然新闻自由话语诸形式业已展示了新闻(表达)领域里自由的多种意义形式,但它们并未回答在我们所要讨论的伦理学意义上自由究竟所指为何,而这实际上却正是思考新闻自由的伦理意义之前必须思考的更为本质的问题,即何谓自由?

对于自由(freedom/liberty)这个思想史基本话语,美国历史学家埃里克·方纳(Eric Foner)认为,其定义和有权享有自由的共同体的定义从来不是固定不变的或终极意义上的。[②] 追溯其源头,阿克顿勋爵(Lord Acton)认为它是一种成熟文明的成果,"两千四百六十年前在

[①] 正如第一节所考查的,新闻自由的德性主体,既可以是个人的表达,也可以是报刊等媒介,因此,从本节开始,"新闻"一语将专门对应于报刊等媒介,以示区别。
[②] 〔美〕埃里克·方纳:《美国自由的故事》,王希译,北京:商务印书馆 2002 年版,第 461 页。

雅典被播种"①。阿克顿准确地给出了人类播种下自由的思想种子的时间,他指的是公元前6世纪由梭伦领导的雅典民主改革。这场改革废除了公民以人身作抵押的一切债务,禁止再以人身作抵押借债,禁止把欠债的平民变为奴隶;废除世袭贵族对政治权力的垄断,不再以出身而是以财产的数量来划分公民等级,最低等级——第四等级虽然不能担任官职,但依然可以参与公民大会等政治活动。正是通过这场民主改革,公民的人身自由和政治参与权利在人类历史上第一次获得了正式确认。阿克顿认为,这场改革"颠覆了人间统治者的观念,依靠同意的统治取代了依靠强迫的统治,倒立的金字塔被颠倒了过来。通过每一个公民都成为其自身利益的看守者,梭伦将民主的因素引入了国家"②。梭伦的民主改革引导阿克顿对自由做出定义:自由是一种承诺,即每个人在履行他所信奉的职责时,将会得到保障,可以与权威和多数、流俗及舆论的影响抗衡。③ 在这里,阿克顿列举了两种极可能侵犯自由领域的社会势力——国家权威或多数派的舆论压力,所谓自由则是指获得与这两种强权相抗衡的保证以及实现这种保证的社会体制。因此,虽然阿克顿不是第一个给自由下定义的人(自然也不是最后一个),但他所定义的自由代表了一种关于自由的本体思考的基本方式:一种作为政治伦理的自由,即以个人人身自由与政治参与权利为基础的区别于他治(governed-by-others)的政治自治(self-government)。虽然这种自由在贡斯当、伯林、哈耶克(Friedrich Hayek)等人那里又进行了细分(消极自由和积极自由),但对于他们来说,所谓自由总是相对于社会性的外力限制而言的,它指的总是自由的行为主体用自己的判断和理性认为最适合的手段去做任何事情的行动自由

---

① 〔英〕阿克顿:《自由的历史》,王天成等译,贵阳:贵州人民出版社2001年版,第3页。梭伦于公元前594年被选为首席执政官,开始民主改革,阿克顿的论文写于19世纪90年代。故称。
② 同上书,第8页。
③ 同上书,第5页。

或政治自由。

不过,在洛克和康德看来,自由主要是在精神领域发生的伦理问题,自由是与必然相对的,并在与作为道德法则的善的统一中被体验。洛克说,"我们是生而自由的,也是生而具有理性的"①。自由因此是一种与理性能力密切相关的能力,理性能力把握心中先天具有的支配人的各种动作和其范围,自由能力在这种把握的基础上做出主动选择:"一个人如果有一种能力,可以按照自己心里的选择和指导来思想或不思想,来运动或不运动,则他可以说是自由的。"②另一方面,正是因为这种主动选择是自由的,那么在洛克看来它就一定是趋向于善的:"自由的目的,正在于达到我们所选择的好事。""人既然是一种含灵之物,所以他便受了自己组织的支配,不得不受自己思想和判断的决定,来追求最好的事物。""一个人如果只是自由行傻事,使自己蒙羞被难,那配得上说是自由吗?脱离了理性的束缚,而且不受考察与判断的限制,只使自己选择最坏的,那并不是自由。"③善作为一种必然约束着自由,这种似乎矛盾的表述并不止于洛克。康德同样认为,"自由诚然是道德法则的存在理由,道德法则却是自由的认识理由","如果道德法则不是预先在我们的理性中被明白思想到,那么我们就决不会认为我们有正当理由去认定某种像自由一样的东西(尽管这并不矛盾),但是,假使没有自由,那么,道德法则就不会在我们内心找到。"④(着重点原有)康德这段天书般的文字必须被放在他的理论体系里来理解。在康德看来,人作为感情性的存在物,受自然必然性的制约,没有自由可言;但是人作为理性的存在者,则能摆脱自然必然性的制约,因而人在道德领域是绝对自由的。所以,道德法则最终以人的自由为

---

① 〔英〕洛克:《政府论(下)》,关文运译,北京:商务印书馆1964年版,第38页。
② 〔英〕洛克:《人类理解论(上)》,叶启芳等译,北京:商务印书馆1959年版,第208页。
③ 同上书,第234—235页。
④ 〔德〕康德:《实践理性批判》,韩水法译,北京:商务印书馆1999版,第2页,注释1。

前提。凡人都有意志自由，都知道什么是人的道德行为的最高法则，并按照它去行动。所以，愈自由便愈能遵循道德法则去行动，道德便愈发展；人愈按照道德法则行为，道德愈发展，他本身就愈自由。

因此，西方思想史中关于自由实际上存在着两种伦理话语：在政治或社会领域里，自由意味着相对于他人或社会的自治；在精神领域里，自由意味着相对于必然与道德生活的体认与主动认同。表达和新闻的自由话语同样表现为这两种并不完全相容的道德目标的综合体。一方面，新闻（表达）的自由对应于外部政治性的、经济性的或社会公众性的以及媒介内部制度性的压力，它是指不受这些压力强制，在政治、经济等方面不具有依附性的媒介自治或新闻自由；另一方面，新闻（表达）的自由对应于普遍善而言，是新闻（表达）对普遍善的法则的主动认同。新闻（表达）如果肆意背离普遍善的法则就构成了对自由的滥用，也就不再是真正的自由。在这个意义上，新闻自由意味着自由与自律的同一性，用新闻学的话语表示，也就是对社会责任的主动承担，即自由与善、与责任的统一。这两种自由话语不能相容，是因为前者表现出不受约束的绝对性，而后者则表现为向一种约束（普遍善）的屈服甚至主动追求。这两种自由也正是现代自由主义话语经常涉及的消极自由和积极自由。但作为一种伦理话语，新闻（表达）的消极自由往往依据服务于民主政治的工具性伦理获得论证，而新闻（表达）的积极自由的正当性则更多地直接诉诸善的目的。

所谓工具性伦理，也可以称为功利论伦理，它指的是通过事件、行为的后果来判断事件、行为的价值或伦理意义的逻辑论证方式。用美国宪法学者德沃金（Robert Dworkin）的话说，新闻（表达）自由的工具主义论证是一种策略性的"集体赌注"，即新闻（表达）自由"从长远角度看对我们利多弊少"[①]。作为一种工具性伦理，新闻（表达）自由往

---

① 〔美〕德沃金：《自由的法：对美国宪法的道德解读》，刘丽君译，上海：上海人民出版社2001年版，第282页。

往通过在个体表达与政治自治的民主话语之间建立关联而获得论证,它更多地涉及政治性言论或者米克尔约翰所说的公言论的正当性问题。按照洛克以来所形成的基本理解,因为所谓民主根本上是一种"根据同意的统治",也就是统治者统治的合法性依赖于被统治者的同意或认同,被统治者知情与表达的权利因此也就自然地内在于民主话语之中,即一个民主政治体制的健康运作必将依赖于公众对公共事务的充分知情和充分表达、依赖于一个充分发育的公共领域——作为哈贝马斯的杰出贡献,这个概念指的是一个独立于政府的、通过公众对政治问题进行辩论而组织起来影响公共政策的领域——从而实现人民对自己的统治。于是,在民主的政治体制下,自由的新闻(表达)一方面承担着向公众传递公共信息的使命,其目标是培育明智的公众舆论;另一方面又作为公共领域表达公众的思想和意见,参与公共政策的制定与公共事务的安排。按照这种工具性伦理,新闻(表达)之所以需要自由,并不是因为人们具有本质上的道德权利来诉说心声,而是因为新闻(表达)自由会施惠于政治民主并进而施惠于普遍意义上的公众与公民自治。德沃金对此论述道:如果政治讨论是自由和无限制的,那么政治运作更可能会发现真理,排除错误,或是产生善良的而非邪恶的政策;或者说,新闻(表达)自由有助于保护人民自我统治的权利;或者说,如果政府对批评意见的力量采取温和的惩罚措施,那这个政府就比较可能免于腐败。① 正是因为新闻(表达)自由有着如此这般的利益或好处,米克尔约翰认为,政治讨论或者说公言论应该具有完全免责的表达自由:"如果他的积极言论是参与到有关公共政策的公共讨论和公共决定中的言论,这些言论的自由就不应受到限制。"②

依据"根据同意的统治"理论,新闻(表达)自由是作为公民的一

---

① 〔美〕德沃金:《自由的法:对美国宪法的道德解读》,刘丽君译,上海:上海人民出版社 2001 年版,第 282 页。

② 〔美〕米克尔约翰:《表达自由的法律限度》,侯健译,贵阳:贵州人民出版社 2003 年版,第 33 页。

种政治权利而获得正当性论证的。不过,尽管米克尔约翰极力论证公言论的绝对自由,但这种观念与论证在新闻(表达)自由观念演进过程中的很长时间里并不占据主导地位。米克尔约翰所援引的美国宪法第一条第六款以及《第一修正案》脱胎于英国1689年的《权利法案》,其第九条规定"国会内之演说自由、辩论或议事之自由,不应在国会以外之任何法院或任何地方,受到弹劾或讯问",但这种完全免责的表达自由权实际上仅限于国会议员,"广大平民百姓却不在此列"。阿特休尔解读这一条款时认为,其"言下之意便是,无论口头的或印刷的言论自由的权利只是针对那些享有特权者,以及那些善于巧妙地运用这项权利的人"①。但美国宪法的创建者却也并未满足于这种特权化的言论自由,由詹姆斯·麦迪逊(James Madison)起草、后来成为《第一修正案》的宪法补充法案明确指出,这种权利属于人民:"人民表达、书写或出版他们的意见之权利不得遭到剥夺或损害。"②这一文献同时还指出新闻的自由(the freedom of the press)是自由本身的伟大堡垒,因而"神圣不可侵犯"。几乎在同时,另一位著名的政治人物托马斯·杰斐逊(Thomas Jefferson)也认为,"人民是其统治者唯一的监督者,甚至他们的错误也有助于促使统治者恪守他们的制度的真正原则"。在麦迪逊和杰斐逊这两位美国建国之父看来,人民的表达和新闻媒介的出版自由是关系到美国基本政治结构的重要原则,杰斐逊坚信,"民意是我国政府赖以存在的基础",因此,哪怕是"人民的错误",或者说,错误的"民意"也于民主政治极其有益,因而不应该施加惩罚而压制公共自由。相反,杰斐逊认为,应该"预防此类对人民的不合常理的干预",其方法就是"通过公共报纸的渠道,向人民提供关于他们的事务的全部信息,并且力争使这些报纸渗透到全体人民中间"。杰斐逊接下来的

---

① 〔美〕阿特休尔:《权力的媒介:新闻在人类事务中的作用》,黄煜、裘志康译,北京:华夏出版社1989年版,第24页。
② 引自上书,第30页。

话更是被广为征引,甚至成为关于新闻自由的最有力的表述:"若要我来决定我们是要一个没有报纸的政府,还是没有政府的报纸,我会毫无迟疑地选择后者。"①

值得注意的是,麦迪逊和杰斐逊关于表达自由和新闻自由的政治功能与价值的论述并不是一般意义上的学理式探讨,他们的表述实际上构建了美国政治理念的基本框架。在麦迪逊看来,正在创建中的新国家不仅仅应该施行民主,而且应该建成为一个较民主更为自由的共和政体。麦迪逊已经注意到作为普遍权利的自由和作为一种政治运作的民主之间实际上存在着一种紧张关系,因为民主政治从根本上说往往只能是一种多数统治,而多数统治往往意味着排挤和压制少数派。因此,麦迪逊十分警惕民主的政治发生独裁或滥用权力的可能。他认为,民主制度之所以往往"夭折和狂暴",原因是一种"共同情感或利益"在那里被大多数人所感受,没有任何东西能够制止大多数人的宗派活动。麦迪逊坚决认为,解决的方法在于一个多元化的社会和多元化的新闻界:为了抵制多数派对少数派的压制,美国就需要保留众多的党派相互制约与平衡,也需要相互冲突的派系平等而自由地运用新闻媒介表达意见。麦迪逊因此写道,报纸、小册子和大张印刷品越多越好,"把范围扩大,就可以包罗种类更多的党派和利益集团;全体中的多数侵犯其他公民权利的共同动机也就随之减少;换言之,即使存在着这样一种共同动机,所有具有同感的人也比较难于显示自己的力量,并且彼此一致地采取行动"②。所以,在麦迪逊这里,自由而多元的新闻实际上已经被视为保护人民的权利、抵制权力包括人民自己的权力对权利的侵犯的有力工具。

---

① 引自〔美〕埃默里等:《美国新闻史:大众传播媒介解释史》,展江译,北京:中国人民大学出版社 2004 年版,第 100 页。

② 〔美〕汉密尔顿等:《联邦党人文集:关于美国宪法的论述》,程逢如等译,北京:商务印书馆 1980 年版,第 55 页。并参见〔美〕阿特休尔:《权力的媒介:新闻在人类事务中的作用》,黄煜、裘志康译,北京:华夏出版社 1989 年版,第 30—31 页。

在密尔的表述里,麦迪逊所说的"全体中的多数"形成共同情感或共同动机侵犯其他公民表达意见权利的行为被直接定义为专制,他因此从根本上拒绝承认任何控制、压制他人发表意见的行为的正当性,不管这种控制或压制是由人民"自己来运用或者是由他们的政府来运用"。密尔甚至认为,"应合公众的意见来使用它比违反公众的意见来使用它,是同样有害,或者是更加有害"①。在密尔看来,民主政治所谓自治、所谓人民施加于自身的权力等词句所表述的并不是事情的真实状况。他说:"运用权力的'人民'与权力所加的人民并不永是同一的;而自治政府亦非每人管治自己的政府,而是每人都被所有其余的人管治的政府。至于所谓人民意志,实际上只是最多的或者是最活跃的一部分人民的意志,即多数或者那些能使自己被承认为多数的人们的意志。于是结果是,人民会要压迫自己数目的一部分"②。(着重号原有)密尔因此认为,以公众名义施行的压制或控制实际上是"多数的暴虐"、一种"社会所须警防的灾祸"。

不过,密尔并没有沿着麦迪逊等人的思路继续分析思想与讨论自由对于民主与政治的意义、功能或价值,他更多地是沿承弥尔顿的思路在自由与真理的关系中展开新闻(表达)自由的价值论证。正如我们所熟知的,在密尔的思想世界中并不存在着一种绝对的真理或没有错误的意见。他相信,人类的真理大部分只是半真理,因此,他宣称,"假如全体人类减一执有一种意见,而仅仅一人执有相反的意见,这里人类要使那一人沉默并不比那一人(假如他有权力的话)要使人类沉默较可算为正当"。因此,自由地表达意见也就成了通过意见交锋而发展出真理的唯一途径。正是从密尔这种半真理的思想中,霍姆斯法官进一步发展出"意见的自由市场"的理论。

---

① 〔英〕密尔:《论自由》,程崇华译,北京:商务印书馆1959年版,第17页。密尔说,凡是压毁人的个性的都是专制,不论管它叫什么名字,也不论它自称是执行上帝的意志或者是自称是执行人们的命令。见密尔:《论自由》,第68页。

② 同上书,第4页。

但对于密尔或霍姆斯大法官等人仅仅把新闻（表达）自由视为"探索真理"的手段的工具性论证，米克尔约翰却提出了极其严厉的批判。他说，没有人可以否认获得真知对于自治目的的重要性，但它不是"最根本的目的"。如果认为言论自由（因此也包括新闻自由）仅仅是为了追求知识或真理，那无疑是把《美国宪法第一修正案》的运用局限于保障"那些知识贵族的自由"或某些人"个人的好奇心"了。在米克尔约翰看来，保护言论和新闻自由的《美国宪法第一修正案》的目标远不限于此："它的目的是为致力于一般福利的思考扫清障碍，为那些为了公共利益而计划、拥护、鼓吹共同行动的人们提供保障。"[①] 这些"计划、拥护、鼓吹"的言论，即是米克尔约翰首次加以定义的所谓"公言论"，这些言论体现了民主政治体制下"人民统治自己"的实际意义。只要一个政治体制宣称它是民主的，言论自由就自然地成为其政治运作的一个组成部分。米克尔约翰同时认为，政治自治之能够形成，也极端依赖超越各种利益的社会共同判断和充分知识能够形成、得到承认并发挥效力。他因此坚持认为，"在观念领域中的地位平等的理由深深地根植于自治过程的基础"[②]。这就是说，如果人们是自我统治的，那他们而不是其他人才需要同时也必须判断何为不明智、不公正和危险的观点。因此，一个观点，无论是明智的还是不明智的，公平的还是不公平的，安全的还是不安全的，都必须有一个被表达出来因而能够被听取的机会。米克尔约翰说，决定某一问题的公民们在多大程度上不了解与这个问题有关的信息、意见、怀疑、批评和驳斥，结果就必定在多大程度上做出一个考虑不周、处理不当、不利于公共利益的决定。所谓言论自由就是要达到"每一个行动计划都必须予以倾听，每一个相关的事实或价值都必须得到充分的考虑，不论这些活

---

① 〔美〕米克尔约翰：《表达自由的法律限度》，侯健译，贵阳：贵州人民出版社2003年版，第33页。
② 同上书，第19页。

动可能引起什么危险"①。应该看到,对米克尔约翰来说,提出这一主张并不是偶然的,它实际上是贯穿于米克尔约翰所有关于言论自由的论述的基本线索。米克尔约翰并不认为这些"计划、事实、价值"是因其正确才可以而且必须被表达出来,而是因为它们与政治民主,即公民自己处理政治事务的原则、与公民所要处理的问题是相关的。相关而不是正确,就足以成为一种言论获得表达的基本条件。基于这样的思想,米克尔约翰极其推崇霍姆斯大法官的观点:"如果将来有一天无产阶级专政的信念注定要被社会多数势力所接受,言论自由的唯一含义就是必须给予这些信念表达的机会和传播的途径。"②他认为,这才是美国式言论自由的真谛。

可以说,关于新闻(表达)自由与政治自治的关系,我们很难找到比米克尔约翰更充分、更有力的论述。然而,尽管米克尔约翰极力论证民主政治是"人民统治自己"的自治,但在真实的政治运作中,它实际上更多情况下反倒是密尔所说的"每个人被所有其余的人管治",米克尔约翰对于言论自由(主要是公言论的自由)的道德论证因此也就更多带上了理想主义色彩。这种论证如德沃金所指出的,并不支持艺术、社会或私人决定等方面的言论和表达的正当性。换句话说,米克尔约翰关于言论自由的正当性论证由于过于理想化地强调了公言论,无形中却又贬低了他所定义的私言论表达的正当性意义。在他看来,无关于政治自治的私言论的表达自由是一种类似于物权和人身自由的私人自由,探索、传播真理和知识也仅仅是作为公共讨论的必要条件和公共安全的必要保障而具有意义。但实际上,正如弥尔顿、密尔所论证的,真理与知识更是作为独立的价值支撑着表达与新闻及其自

---

① 〔美〕米克尔约翰:《表达自由的法律限度》,侯健译,贵阳:贵州人民出版社2003年版,第33页。有意思的是,新闻自由委员会几乎同时也提出应该把"凡是值得公众倾听的思想观点都让公众倾听"当作新闻自由的基本目标。两者是否具有某种互动性、启发性关系,或许也是个值得考察的问题。

② Schenck v. United States, 249 U.S. 47(1919), J. Homes' dissenting opinion.

由的正当性,同时,正如美国最高法院大法官布兰代斯(Louis Brandies)所说,"自由同时具有目的性及手段性之价值"①。在新闻(表达)自由的正当性论证过程中,任何一种纯粹工具主义的理路都不免失之偏颇。康德哲学所建构起来的西方道德哲学的一个基本观点是,人本身就是目的,而不仅仅是他人完成某种目的的工具或手段。依据这种道德哲学,独立存在的个人尊严以及自由活动的自主权是一种无须论证的基本假定,而个人的言论自由也就源自于他作为人这一个简单事实所赋予他的独立自主、自由决断的权利。

对于这种作为权利的新闻(表达)自由,我国台湾学者林子仪作过十分精彩的表述。林子仪认为,工具主义的新闻(表达)自由的论证,如追求真理或增进知识只是一种中介的价值,其最终的目的仍是个人的自主尊严,因此,言论自由的存在"乃为表意者本身之目的,而非完成他人目的之工具"。换句话说,个人是独立自主的本体,他因而就有权利自由地安排、决定他自己的一切事务,其中也就包括自由地表达自己而不受政府的任何干涉。某种言论之所以应该受到保护,乃是因为它对于发表这一言论的人本身具有价值,而不是因为它对他人或他人集体的社会具有某种功用。按照这种论证,一种言论、意见或信息的表达、传播是否值得受到保护,并不在于它是否对他人和社会有用——例如,有利于探索真理或促进民主,也不一定在于它是否能够帮助这一言论、信息的发布者达到某种高超的目的,而在于这种言论是否是表达者、发布者独立自主且自我决断的一种自我表现。"固然表意人自由地发抒较具深意的言论,或能借此人而发展更高尚的人格,及更知性的自我,或能借而充分地发挥自我,成就实现自我,而值得予以言论自由保障。但表意人之不具有任何深意的言论,只要是表意人自主的表现,亦应予以保障。此种不具深意的言论之自由发抒,使表意人享受到作为一个独立自主的自由人,自由表达的满足,而能

---

① Whitney v. California, 274 U.S.357, 375(1927), J. Brandeis' concurring opinion.

有某种程度的自我成就之感。"①

　　林子仪这段论述无疑是相当精辟的,不过,这一论断依然未能穷尽在"人本身作为目的"的道德原则之下言论自由的道德意义。实际上,密尔在论述试验性言论的自由表达权利时对此已经做出了更为深刻的表述。众所周知,密尔的道德哲学基本思想是所谓功利主义(utilitarianism),即以行为结果之于最大善的增损来判定行为的价值和道德意义。在讨论人类自由的问题时,他声称"凡是可以从抽象权利的概念引申出来的而有利于我的论据的各点,我都一概弃之不用",而将继续诉诸功利。②但他接着却修正了一贯的功利主义道德原则而采取了"最广义的"功利概念,即"必须是把人当作前进的存在而以其永久利益为根据",从而与一般意义上的功利主义拉开了距离而靠向责任论的道德论证。尤其是在完成一般性言论自由的讨论之后,密尔对于首创性或试验性言论的价值论证则基本上采取了责任论的立场。③密尔说,"在人类正当地使用其生命以求完善化和美化的工作当中,居于第一重要地位的是人本身"④。而对于这个"人本身"的价值衡量,密尔设置了个人自主性和首创性这两个准绳,而其核心概念就是个性。为论证个性的价值,密尔首先采取了功利主义话语形式的表述说,"个性的自由乃是福祉的首要因素之一""也是个人进步和社会进步中一个颇为主要的因素。"⑤但这种功利主义仅仅是其表述的形式,密尔很快就放弃了"福祉""进步"等功利性目标而直接追问"作

---

①　林子仪:《言论自由与新闻自由》,台北:元照出版公司1999年版,第47、35—36页。
②　〔英〕密尔:《论自由》,程崇华译,北京:商务印书馆1959年版,第11页。
③　阐释以康德和密尔为代表的这两种道德哲学不在本书的研究范围之内,但它们所确立的伦理基本论证方式却将在本书考查的众多伦理思考中反复出现。这里假定阅读者对这两种伦理方式都有一定的理解,因此只是简单地复述其关键性表述。密尔的《论自由》一书实际上同时运用了两种伦理论证,第二章《论思想自由和讨论自由》主要是在意见与真理的关系之中对自由进行功利主义论证,而第三章《论个性为人类福祉的因素之一》则主要是通过个性的首创性责任来论证试验性意见的道德意义。
④　〔英〕密尔:《论自由》,程崇华译,北京:商务印书馆1959年版,第63页。
⑤　同上书,第60页。

为一个人类,他的相对价值是什么"。密尔给出的答案即是个性的自主与首创精神。他说,"人性不是一架机器,不能按照一个模型铸造出来,又开动它毫厘不爽地去做规定好了的工作;它毋宁像一棵树,需要生长并从各方面发展起来,需要按照那使它成为活东西的内在力量的趋向生长和发展起来"①。当一个人缺乏自主性而听凭世界或者他自己所属的一部分世界代表自己选定生活方案时,他实际上只具有"猿一般的模仿力"。但是,人类绝不应该自甘于这种"猿一般"的智识和精神状态,追求善,成为"人本身",或者用密尔本人诗意的话说,"成为思考中高贵而美丽的对象",就必须把他的"个人性培养和发扬出来"。其标志就是人的首创性与首创性意见的"断然发挥"。密尔认为,只要人们意识到个性不仅是与"所称文明、教化、教育、文化等一切东西并列的一个因素,而且自身又是所有那些东西的一个必要部分和必要条件,那么,自由就不会有被低估的危险"②。

　　对于种种不依据功利性或工具性目标而展开的对表达自由的逻辑论证,德沃金将其称为一种"结构性"论证。之所以如此称谓,是因为他认为这种思考是把言论自由看作了一个正义的政治社会的基本的、"构组上"的特征。"在这样的政治社会中",德沃金说,"政府将它的成年公民(不具备行为能力的人除外)看成是富有责任心的道德主体。"③德沃金接着说,这个道德责任包含着"两个层次":第一,具有道德责任心的人们强调按照他们自由的意志对生活中或政治中的善恶做出判断,或者对信仰的真伪做出判断。当政府颁布命令、声明它不能放任公民听从危险或大逆不道的蛊惑之言时,这实际上是在侮辱公民,并否定他们的道德责任。第二,这种道德责任不仅是为了建立个人本身的信念,而且是出于对他人的尊敬和关怀,或是出于一种不可

---

① 〔英〕密尔:《论自由》,程崇华译,北京:商务印书馆1959年版,第63页。
② 同上书,第60页。
③ 〔美〕德沃金:《自由的法:对美国宪法的道德解读》,刘丽君译,上海:上海人民出版社2001年版,第283页。

抗拒的愿望来揭明真理、实现正义、保护他人的利益,并将这些信念传达于他人。当政府认为某些人的信念没有价值,并以此为理由取消他们行使这种责任的资格(限制他们传播这种信念)时,政府便是阻挠了、剥夺了他们这种积极意义上的道德人格。在德沃金这番表述中,我们首先可以看出他把理性视为一种道德责任的基本立场。对某种思想、言论或者某种关于事实的陈述的真伪善恶做出判断无疑只能诉诸人类普遍理性的信念。在德沃金看来,这一信念的意义并不仅是标示公民具有这种判断能力,更重要的,做出这种判断也是他们固有的一种权利和责任。作为权利,做出这种判断的只应该是他们自己;作为责任,这种判断又必须由他们自己做出来,而不能由他人和政府越俎代庖。他人或政府如果代理了这种理性判断的过程,其实质就是在蔑视和侮辱公民和他们的理性和道德能力。因此,没有任何人或任何机构包括政府有权力认为我们不适合倾听或思考某一观点,或者取消我们的观点,承认我们可以倾听和思考任意一种观点的资格乃是肯定我们具有独立人格和人格尊严的试金石。为了阐明和坚持这一基本的道德立场,德沃金不惜对色情文学的传播自由进行了艰难的正当性论证。他认为,言论自由的必然含义在于它意味着必须保证人们拥有面对所有的,哪怕是那些误导性的思想的机会。对于色情文学这种明显具有不良后果的表达和传播,德沃金同意对其采取宪法允许的任何手段加以抵制,但他依然反对因此而剥夺色情文学作者的言论自由。①

其次,德沃金对于言论自由的正当性论证并不仅仅依据纯粹个人主义的权利论伦理,他并不是仅仅在个人的自我表现、自我发展等个体价值的合理性中建构言论自由的合理性证据,而是同时将其诉诸个人与他人的互动关系的社会性价值,即向他人传播、与他人分享一种信念也被其视为作为道德主体的个人的责任心的表现形式,言论自由

---

① 〔美〕德沃金:《自由的法:对美国宪法的道德解读》,刘丽君译,上海:上海人民出版社2001年版,第306—318页,尤其是第317页。

因此而成为个体具有积极道德人格的一个表征。以此为开端(但这个开端是逻辑的,而不是时间的),人作为社会性存在物的责任被视为基本价值进入言论自由的正当性论证过程。这样的论证理路在美国新闻自由委员会那里表现得更为明显。不过,委员会强调表达自由的正当性实际上采取了多种价值的综合立场,如个体的权利、社会自治与公众的需要等,其对"个人思想家对其思想的义务"的表述则是其中最值得关注之处:"公共讨论是维系一个自由社会的一项必要条件,而表达自由则是展开充分讨论的一项必要条件。公共讨论能激发和拓展心智的力度和广度,它是培养心智强健之公众的基础。如果没有这种东西,一个自治社会就不可能运转。这个过程的本源是个人思想家对其思想的义务,在此构成了其权利的首要基础。"[1]委员会总报告称,如果一个人拥有某种观点,那他不仅想要说出来,而且应当说出来——这是他对自己的良知和共同体所承担的一种责任。这种责任并不一定对应于共同体组织或政治管理程序的民主性,而仅仅是因为这人隶属于这一共同体本身,作为共同体的成员的个人对于共同体的存续、内部和谐、文明进程等共同体自然的、本质的需要就存有义务。作为社区或社会的成员,个人思想家发表言论的义务如同一个普通居民为其邻居临时照看儿童一样极其自然而表现出极其普通的道德水准,相应地,其发表言论的自由也如同帮助邻居照看儿童一样不容任何外人予以干涉。委员会认为,与照看儿童这种日常行为不同的是,一个社会共同体或者文明社会,"是一个思想观点的运作系统,它靠消费思想观点来维系和变革"[2],而这个思想观点的运作系统得以运行的先决条件必然是"个人思想家"对其思想承担起义务而将其充分表达出来。这样看来,委员会之所以提出新闻社会责任理论,确保"个人

---

[1] 〔美〕新闻自由委员会:《一个自由而负责的新闻界》,展江等译,北京:中国人民大学出版社2004年版,第5页。

[2] 同上书,第4页。

思想家对其思想的义务"无疑是一个十分重要的原因。

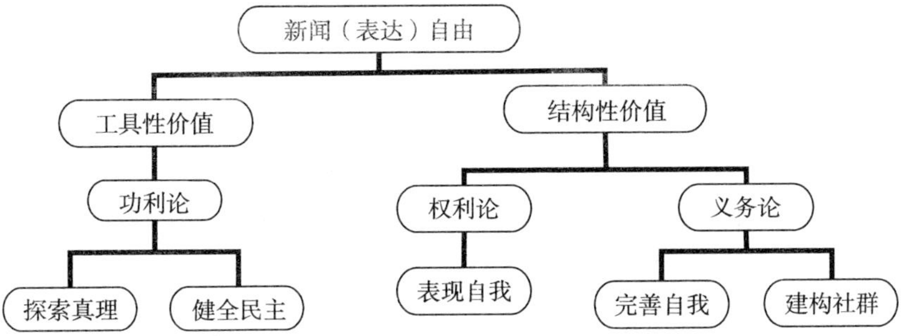

图 2.2　新闻(表达)自由的价值论证

```
                    新闻（表达）自由
                   /              \
            工具性价值            结构性价值
               |                  /      \
             功利论            权利论      义务论
             /    \              |         /    \
         探索真理  健全民主    表现自我   完善自我  建构社群
```

委员会关于表达义务的思想主要来自其成员威廉·霍金(William E. Hocking),早在进入委员会之前,霍金就一直主张说话的责任是人类的首要义务。霍金认为,除非用普通语言表现出思想的形式,否则思想无法认识自己或者赋予种种来自日常世界的感知以意义。除非使用语言表达这种人类符号化行为,否则任何社会秩序哪怕仅仅是两个思想的微小秩序也不可能存在。现实对于自我认识、意义和社会组织化的需要向人们提出了参与表达的义务性要求。① 这是一个带有明显社群主义(Communitarianism)色彩的表述。所谓社群主义的原始思想来自亚里士多德在《政治学》中做出的"人是社会性动物"的论断。现代以麦金太尔(Alasdair MacIntyre)、桑德尔(Michael Sandel)、泰勒(Charles Taylor)、沃尔泽(Michael Walzer)等为代表的社群主义者认为,个人自由主义"没有充分考虑到社群化社会对于个人在社会中的地位的重要性,也没有考虑到它对道德与政治理念和关于当今世界的价值判断的重要性"②。在社群主义看来,社群既是一种善,也是一种必需,人们应当努力追求而不应当放弃。理解人类行为、判断其价

---

① See Clifford G. Christians(et al.), *Good News: Social Ethics and the Press*, New York: Oxford University Press, 1993, p. 93.
② 〔美〕丹尼尔·贝尔:《社群主义及其批评者》,李琨译,北京:三联书店 2002 年版,第 5 页。

值与道德意义唯一正确的方法是把个人放到社会、文化和历史的背景中去考察。克里斯蒂安等人认为,真正的社群不是诉诸政治关系的权利语言,而是强调情感相依、利益互惠的承诺;不是将社会生活功能性地视作物质与服务的外部交换,而是强调其移情与信托功能;不是将社群视为基于纯粹自身利益的个人的集合,而是致力于培植稳健的伙伴关系。① 在社群主义者的观点里,多种声音并不是自由主义所说的人声嘈杂、充满竞争性的意见市场,而是一个开放而多元的公共论坛。② 说话或表达作为一种参与社区对话的公共行为,本身就是一种参与共同体建构、自身就具有积极意义的契约性活动。这种判断也成为当代各种关于公共新闻(public journalism)的理论表述的共同观点。

显然,人们主张新闻(表达)自由时,很可能各自有其价值追求,因而会依据不同的价值和逻辑原则对作为新闻德性的自由进行价值阐释和伦理论证。在新闻自由观念发展史上,新闻(表达)自由的伦理论证主要是诉诸功利主义的工具性价值和由权利论、义务论所形成的结构性价值(如图2.2)。需要指出的是,这些新闻自由伦理论证过程中的价值与逻辑原则之间并不是一种相互冲突、相互排斥的竞争性关系,它们之间更应该是相互重叠、相互补充的合作性关系。在实际的伦理论证过程中,人们也往往并不依持单一的价值与逻辑原则。作为一个经典的表述,美国最高法院大法官布兰代斯1927年就"惠特尼诉加州案"(*Whitney v. California*)所发表的附议书几乎涵盖了新闻自由价值论证的所有立场。布兰代斯称,"吾国立国先贤秉持有一信念,即国家的最终目的乃是协助个人自由地发挥其天赋才能,并且国家在治

---

① Clifford G. Christians (et al.), *Good News: Social Ethics and the Press*, New York: Oxford University Press, 1993, p. 102. 导论中对西方新闻伦理学研究的基本判断是其漠视纯粹伦理学的思考,但克里斯蒂安等人的 *Good News* 以及梅里尔的 *The Dialectic in Journalism*、兰贝斯的 *Committed Journalism* 等作品却能够摆脱依托案例分析的主流范式而对新闻现实进行伦理分析、论证,表现出令人惊叹的理论深度。

② Clifford G. Christians(et al.), *Good News: Social Ethics and the Press*, New York: Oxford University Press, 1993, p. 99.

理国事时必须深思熟虑,切不可仅凭一己之喜怒而恣意行事。他们认为,自由同时具有目的性及手段性之价值。他们相信快乐的秘诀在于自由,而能够享受自由的秘诀在于勇气。吾国之立国诸贤同时也相信自由自在地思考以及把你思考之物自由地表达出来乃是发现及散布真实政治之不二法门。如果缺少了言论及集会自由,讨论即不具有任何意义。有了言论自由及集会之自由,公众讨论即能发挥其平常之功能,提供大众一适当的保护以对抗邪说之散布横行。立国先贤也告诫吾人,对自由的最大危害就是人民的消极、冷漠。他们认为参与公共讨论乃是人民之政治义务,这也是美国政府运作时之一项基本原则。虽然他们承认任何一种人为之制度都存有一些风险,但是立国先贤却强调,社会秩序之维持不能仅依持人们对刑罚的惧怕,对人们的自由思想、未来的希望及想象力的吓阻是危险的;恐惧会导致对自由的压抑;长期之压抑将导致怨愤;而怨愤将威胁政府的稳定。欲求长治久安,必须给予人们机会以自由地讨论、表达即存的委屈以及补救之道"[1]。布兰代斯综合考虑了政治民主、传播真理抑制邪说、个人发挥自我、申诉怨愤等众多理由,坚称自由的公共讨论哪怕"存有风险"也必须加以维护、保障。在美国宪法学者(如米克尔约翰、德沃金等)看来,布兰代斯在这里阐明的言论自由原则实际上取消了霍姆斯大法官1919年在"申克诉合众国"案的异议书中所确立的"明显而即刻的危险"原则对新闻(表达)自由的限制,新闻自由的道德理想得以充分发扬。通过各种价值诉求和伦理论证而展开的对新闻自由的价值阐释让我们看到,新闻自由作为新闻德性逐渐得以确立。当我们总体上把握了西方新闻伦理体系时,我们可以清晰地看到,新闻自由不仅是一种价值追求,同时成为一个具有义务限定意义的伦理原则。它将如康德所谓的道德法则,无时、无处不在主导着新闻伦理的基本思考与新闻实践的道德选择。

---

[1] Whitney v. California, 274 U.S.357, 375(1927), J. Brandeis' concurring opinion.

第三节 新闻自由的德性实践

在新闻自由的价值阐释过程中,新闻自由与言论或表达自由往往被认为可以相互替代,但我们清楚地知道,在现代媒介组织化的情境下,表达自由与新闻自由实际上各自有其话语主体,两者并不是可以不加区别性界定就互换使用的同一性话语。按照20世纪最为经典的政治哲学作品之一——《正义论》的作者罗尔斯的说法,自由的解释需要参照三个方面的因素:自由的行动者、自由的行动者所摆脱的各种限制和束缚、由自由的行动者决定去做或不做的事情。① 以此为参照,我们对新闻自由的价值阐释似乎一开始就在逻辑上发生了问题:以一般意义上的公众为行为主体的表达自由与以媒介所有人或其从业人员(包括媒介组织之外的撰稿人,这里将他们统称为新闻人,news people)为行为主体的新闻自由未能被充分地加以区别。然而,这种安排却也有其不得已之处,因为表达和新闻的行为主体从来就不是一成不变的,在不同的历史情境中和媒介发展的不同阶段有着不同的公众与新闻人概念,它们之间的关系因此也就不可能进行简单的限定。但是,如果把新闻自由作为一种新闻德性并诉诸新闻实践,我们的目标必然是公众,即不考虑其种族、性别、年龄等自然性差异和出身、财产等社会性差异的最广泛的成年居民的表达自由与新闻人的表达自由在最大程度上的重合。这一目标意味着,作为新闻德性的新闻自由本质上不可能不是一种自由与责任的统一体。

当我们使用公众这个概念时,我们对其施加了"不考虑其种族、性别、年龄等自然性差异和出身、财产等社会性差异"与"成年"这两个限定。但无差别的、普遍的公众仅仅是一个很晚近的现代观念。在中文中,公众(public)可以被理解为公民之众(collection of citizen),这在

---

① 〔美〕罗尔斯:《正义论》,何怀宏等译,北京:中国社会科学出版社1988年版,第199—200页。

英文中并非绝对就是一种强解,自由且拥有政治权利的公民应该是组成公众的一个基本条件。但如果以"自由且拥有政治权利"这两个基本要素回顾"公众"的话语史,我们会发现,卢梭所谓"人生而自由"在很大程度上只是一个浪漫的表述,在人类历史的很长时间里,并非总是被如此限定的成年人就自然地被理解为公众,所谓公众实际上是一个不断扩大其外延的历史性范畴,数量巨大的成年人曾经被严格排斥在公众范畴之外。如在古希腊的雅典,在梭伦改革之前,拥有世袭特权的贵族和毫无权利的奴隶不可以被称为公众,公众仅仅是自由的平民。梭伦改革的意义就在于一方面削弱了贵族的特权,另一方面阻止平民沦为奴隶,从而保证雅典男子"生而自由"并能够成长为"公众"——女性与通过战争、贸易获得的奴隶依然不在其列。再如建国之初的美国,其宪法就明确地把黑人和印第安人排除在公众之外,他们甚至根本不被看作独立或完全独立的人而计入人口总数。[①] 白人妇女虽然拥有人身自由,但其自由仅被限制于家庭和其他私人生活,其政治权利并未获得宪法的支持。迟至1868年,《宪法第十四修正案》才规定"所有在合众国出生或归化合众国"的人即为美国公民,这实际上赋予黑奴后裔公民身份。但这种公民身份实际上与政治权利并不是同一个概念,这些新被接纳的公众并不拥有作为政治权利象征的选举权。两年后,即1870年的《宪法第十五修正案》才规定选举权不得因种族、肤色以及前奴隶身份而被拒绝或受限制,但女性公民的选举权却直至1920年《宪法第十九修正案》才获得确认。[②] 这样简单地列举美国宪法关于公民及其权利的宪法规定演变过程,远不能揭示

[①] 美国宪法第1条第2款有个"五分之三"原则。该原则称,各州总人口数,按自由人总数加上所有其他人口的五分之三予以确定。这里所谓"其他人口"指的就是非洲黑奴及其后裔。宪法接着规定自由人不包括印第安人。

[②] 见〔美〕伯恩斯等著《美国式民主》所附录的《美利坚合众国宪法》,中译本见中国社会科学出版社1993年版,谭君久等译。附录见第1158—1178页。美国公民与公民权利的演进史详见〔美〕埃里克·方纳:《美国自由的故事》,王希译,北京:商务印书馆2002年版。

出公众一语的历史发展所凝结的人类心酸、血与火的斗争惨烈,但如果相当一部分成年人甚至未被确认其组成公众的公民身份,抽象地谈论公众与公众的表达自由无疑是一个讽刺,可这恰恰又是我们所看到的表达自由与新闻自由的观念得以形成、发展而寄居于其中的社会历史事实。

不过,关于公众的另一个问题是,在法律上获得公民身份、公民权利并不意味着自然地就成为有表达需要,因而需要表达自由的公众。公民成为公众依赖于两个条件,其一是公民对其个人意识与个人利益有清醒的认知,其二是所谓市民社会(civil society)及其功能,即哈贝马斯所说的公共领域的功能的发挥。实际上,当我们说公众,其实际意义应该是指哈贝马斯所说的"具有批判精神的公众",也就是与公共领域密切相关的公众;说表达,其意义也应该是指米克尔约翰所说的有"值得说的事情要说"的表达——虽然人们对于如何才是"值得说"会有不同的观点。思想史上所谓自由和奴役并不仅仅相对于公民身份和公民权利而言,奴役实际上也是一种精神,一种放弃自我判断与价值追求的生存状态。处于这种精神状态中的人,往往会在知道某些命令之前就觉得有义务服从这个命令,自觉地、完全不受限制地被这个命令所束缚。霍布斯说,那个如此被约束的人,就是奴隶。① 这种奴隶并不一定在政治上被给出了奴隶的身份界定,他们常常如哲学家杜威说的那样,是一种"惰性的民众"(inert people)。② 因此,哈贝马

---

① 〔英〕霍布斯:《论公民》,应星、冯克利译,贵阳:贵州人民出版社2003年版,第89页。
② See Herbert Altschull, *From Milton to McLuhan: The Ideas behind American Journalism*, New York: Longman, 1990, p. 249. 这些惰性的民众对公共事务或其他与己无直接关联的事情缺乏批判意识,甚至根本上漠不关心。这种惰性即布兰代斯大法官在针对惠特尼案发表的法庭意见(前引)中指出的对自由构成最大危害的"人民的消极冷漠"。把这种消极冷漠理解为人民放弃自由的权利而主动接受奴役,应该并未偏离布兰代斯的本意。当然,放弃自由的自由也是一种自由,毕竟世界上还存在过种种剥夺真正的自由的奴役,甚至存在着贡斯当所说的"强迫人们说话"的奴役(前引),因此,冷漠和沉默的权利无疑是一种最基本的也是最后的自由。

斯认为,使用公众一词都是和国家乃至公共利益联系在一起的。① 界定公众需要考虑到,一方面它是私人的集合,另一方面它又总是具有就"基本上已经属于私人,但仍然具有公共性质的商品交换和社会劳动领域中的一般交换规则等问题同公共机关展开讨论"②的特征。也就是说,公众是作为行动的个体并且通过其行动,即参与讨论从而形成相对于公共权力的公开批判而被界定的,这些个体也通过参与讨论而彼此形成讨论伙伴关系,甚至组成稳定的团体。这些活动,按照哈贝马斯的说法,最初是在咖啡馆、沙龙和其他社交聚会等公开场所通过有形的交往发生的,不考虑其参与者各自的社会地位差异,而仅仅"单纯作为人"平等地参与公共对话。正是通过这种活动,"公众观念才能被称为观念,进而成为客观要求",私人才成为公众,这些公共场所也就成了哈贝马斯所说的公共领域(public sphere)。③

因此,至少在哈贝马斯看来,公众是通过讨论与交往来界定的。这种界定也成为其对报刊的起源的一种解释——报刊只是公共领域的最典型机制,"它只是公众讨论的一个延伸"。或者说,在哈贝马斯看来,在报刊发展的初期,新闻人与公众在实质上是同一群人——这不是说,每一位公众都在写作、办报办刊或者通过其他方式在报刊上发表意见,而是说,新闻人和公众都对一般性的公共议题具有了解与表达看法的愿望。议题的这个"一般性"在哈贝马斯讨论文学性公共领域时被解释为不仅是就其意义而言(基本的,而不是仅仅涉及一些细枝末节的具体问题),也是可以理解的(不是专深的,需要专门的研

---

① 〔德〕哈贝马斯:《公共领域的结构转型》,曹卫东译,上海:学林出版社1999年版,第60—61页,注释4。
② 同上书,第32页。
③ 同上书,第40—42页。不过,哈贝马斯也指出,在早期的公共领域之外,还存在着"比较杂乱的大公众圈"以及广大的农业人口与城市居民,但这些人之不能具有批判精神并非因为其个人的消极冷漠或"惰性",而是因为学校教育发展不充分导致他们不具备识字能力,同时在经济上也普遍处于赤贫状态,因此,这些人不应该对其主体意识与批判精神的缺失承担责任,相反,对他们的启蒙倒是公共领域的目标之一。

究和知识准备才能够理解),所有人因此都能加入讨论行列。当公共领域发挥其政治功能,即针对一般的政治性议题形成公共领域时,这样的特征同样存在。但哈贝马斯也认识到,报刊成为公共领域的典型机制主要是其发展的中间阶段,即以传播思想、信念等为主要目的这一阶段的特征。在报刊发展的第一个阶段,也就是以纯粹地传播商业性信息、报道政治或其他方面的社会事件为主的早期阶段和第三个阶段,即专业化新闻活动阶段——此时,对素材的选择变得比社论更重要,对新闻的加工和判断,对新闻的筛选和组织,比通过写作来鼓吹某种"路线"更为紧迫——报刊主要成为牟利性投资行为,因而具有浓厚的商业性特征,作为公共讨论载体的报刊受到了特权集团的私人利益的严重侵蚀,①新闻人与公众之间的身份同一性关系因而瓦解。20世纪20年代末,德国社会学家布林克曼(C. Brinkman)对这个过程评述道,"现代报纸把自己的'公共性'毫不动摇地推广到生活中的所有领域,由于它们贪婪地追求信息,结果在新闻机构中培养起自己的对手,或许甚至是自己的主人:这些新闻机构认为有必要建立起所有面向公众的或希望获得名声的活动中心,现在都认为需要有信息部门或新闻发布专家"②。

在报刊发展史上,承认或不承认这种委托、代理关系都有其悠久的历史。早在1775年,报人吉米·里文顿(Jimmy Rivington)就公开表示要把办报当作一种公职,他的报纸向"所有党派的出版物开放,任何人都有权求助于他的报纸"③。基于这样的报纸定位,里文顿并没有

---

① 当然,这里指的是报刊发展的第三阶段,因为在第一阶段,公共领域尚未形成,自然不存在私人利益侵蚀公共领域的问题。同时需要明确的是,这里并不是要否认有特权的私人利益在公共领域里有其表达或者获得表现的权利和必要性,但问题在于,这样的权利和必要性只有在成为公共领域的一部分而不是取代公共领域时才是正当的。

② 引自〔德〕哈贝马斯:《公共领域的结构转型》,曹卫东译,上海:学林出版社1999年版,第231页。

③ 引自〔美〕埃默里等:《美国新闻史:大众传播媒介解释史》,展江译,北京:中国人民大学出版社2004年版,第60页。

像很多激进的反英人士那样用报纸鼓吹一种激进观点,鼓动人们为了某项事业去行动,而是经常讨论政治问题的两面,或者说,他更是把自己的报纸当作一面镜子,努力公正、准确地报道事件和观点。但另一方面,早在1838年,作家、时事评论家詹姆斯·古伯(James Cooper)就撰文称,假如报纸对推翻暴政有用,它也只是建立了另一个暴政:"新闻媒体对公众……甚至私人生活尽情施暴。在保护公共道德的假面具下,其实是在彻底腐化它们;在保障自由的外貌下,其实是在建立一个暴政……无礼、贪婪、粗鄙。大声呐喊意见自由却缺乏容忍,打着爱国主义的旗号却不愿牺牲自己的利益。"①古伯所说的正是党派报刊盛行时期的情形。党派把报刊当作其党争的工具,多数报刊也以党派私利画线,罔顾事实和公义,肆意攻讦,谩骂大行其道。如果说黄旦指出了党派报刊对于新闻自由的观点的演进所发挥的积极意义,那么古伯的批评则揭示了当时报刊自由的另一个真实面相,即其实质是政党而非普遍的公众的表达自由。19世纪50年代以后,商业性报刊取代政党报刊成为新闻的主流模式,新闻人成为报业公司的所有人或职员(或者合作者),报刊的自由又随时有可能成为报纸出版人而非公众的表达自由。面对这种危险,一百多年来,平民主义(populism)、进步主义、社会责任论、公共新闻等众多新闻思潮反复强调一般公众的表达权利。作为一种主流意识形态,公众的表达自由被视为新闻自由的正当性的主要来源或其核心内容。

  源起于20世纪80年代末期的公共新闻是作为一个开放的理念和实践方向而被提出来的,因此,目前还很难对其做一个定义式的归纳。艾克斯特罗维茨(Anthony Eksterowicz)说,"公共新闻描述了一种把记者联结到他们运作于其中的社区的尝试,它把公民放到了记者关

---

① 引自〔美〕舒德森:《探索新闻:美国报业社会史》,何颖怡译,台北:远流出版公司1993年版,第16页。

心的中心位置"①。这样的描述应该是把握了杰·罗森(Jay Rosen)等人倡导的公共新闻的主要目的。罗森本人称,公共新闻还在发明中(inventing),所以他也不知道它究竟是什么。不过,他也对公共新闻做出了接近定义的描述。他说,"公共新闻通过号召记者如此行动以完成这一职业的日常事务:(1)把人们表述为公民、政治事务的潜在参与者,而不是牺牲者和旁观者;(2)帮助政治社区解决而不仅仅是了解其问题;(3)改善公共讨论的氛围,而不是仅仅看着它恶化;(4)促进公共生活顺利发展,使其值得我们加以关注"②。在罗森的想象中,公共新闻与其说是一种新闻理论,不如说是一种行动计划,一个"理念的行动"(action of the idea),其目标是把新闻建设成公民参与政治对话、政治协商的一种形式(form)。尽管在公共新闻的理念中,公共生活被更多地看成政治生活、公众被更多地看作政治性的公民,因而二者的丰富性被低估。罗森的想法虽然不免失之偏颇,但其重要之处在于它对公众的而非新闻人的表达这一中心意义的坚持和强调,并努力在新闻实践过程中探寻如此行动的具体方式。以我们探讨的主题来看,它实际上也正是努力在将自由作为新闻德性贯透于新闻实践过程。半个世纪前的新闻自由委员会建议大众传播机构接受自己作为信息和讨论的公共传输者的责任,承担起在它们的领域中资助试验性新活动的责任,③公共新闻实践也正是对这一建议的积极响应。但正如委员会的总报告所表明的,在新闻过程中践行公众的而非新闻人的表达自由,并以此作为新闻自由话语的基本要义,远不仅仅是依靠新闻人单方面的行动就能完成的(但这种主动行为又是自由的德性获得实践的

---

① Anthony Eksterowicz (et al. ed.), *Public Journalism and Political Knowledge*, Lanham, Md.: Rowman & Littlefield Publishers, 2000, p. 3.
② Jay Rosen, "The Action of the Idea:Public Journalism in Built Form," in Theodore L. Glasser(ed.), *The Idea of Public Journalism*, New York: Guilford Press, 1999, p. 22.
③ 〔美〕新闻自由委员会:《一个自由而负责的新闻界》,展江等译,北京:中国人民大学出版社2004年版,第56页。

绝对前提),政府、公众都需要以积极的态度投入新闻自由的实践。对这样一种主张或试验,反对者尽可以用"一个'自由的新闻界'(希特勒式)找上美国门来"①这样激烈的言辞进行批驳,但其实践与伦理意义远不应该被如此低估。

在自由主义者看来,罗尔斯所说的解释自由的第二因素,即"自由行动者所摆脱的限制和束缚",仅仅指政府,即权力机关对新闻与表达施加的行政干预和政治操纵,但在新闻自由委员会看来,这种限制和束缚却可能还是"财政的、教权的、大众的和制度的"②,而委员会的研究目标也就是,"考察美国新闻界正在取得成功或失败的领域和所处的环境;发现表达自由在何处受限或不受限,以及这种限制是来自政府的检查制度、来自读者和广告商的压力、来自业主的不明智还是来自其管理上的畏首畏尾"③。这里的教权是指教会等宗教势力对新闻自由的限制,这种限制在现代已呈日渐式微之势,已经可以不予太多的重视。④ 所谓制度性束缚则是指作为现代企业组织的媒介所有人对编辑和新闻部门的日常新闻事务有形无形的侵扰和约束,并由此而形成了关于新闻内部的自由的讨论。实际上,媒介所有人对于新闻内部的自由往往并没有统一的态度,在西方的新闻传统中,在一般情况下,主编掌握编辑权是一种共识。⑤ 因此可以说,新闻自由委员会所关注的压制新闻自由的主要限制和束缚还是来自政府的政治操纵、广

---

① 弗兰克·休斯(Frank Hughes)1947年3月27日发表在《芝加哥论坛报》上的新闻评论。见〔美〕新闻自由委员会:《一个自由而负责的新闻界》,展江等译,北京:中国人民大学出版社2004年版,第104页。
② 同上书,第75—76页。
③ 引自上书,第89—90页。
④ 但笔者并不身处西方宗教文化氛围,对其实际情况缺乏研究,而教权的约束在文献中也未有多少展现。笔者认为这一判断过于武断,存疑。
⑤ 不过,新闻史上也留下了诺斯克利夫(Northcliffe)、瑞思摩尔(Rothermere)、比弗克鲁克(Beaverbrook)、默多克(R. Murdoch)等多个媒介大亨粗暴干涉报纸编辑方针的记录。见〔英〕卡瑞等:《英国新闻史》,栾轶玫译,北京:清华大学出版社2005年版,第33—43、59—65页。

告商的经济控制和大众的舆论压力,其中政治与经济操纵并不难理解,值得深入讨论的是大众的舆论压力对于新闻自由的侵扰。

不过,我们一方面主张新闻自由伦理意义的重要来源是其对公众表达自由的一种代理,另一方面又把舆论对于新闻的批评看作是对新闻自由的侵扰,这似乎构成了一个自相矛盾的表述。但早在密尔那里,群体施加于个人表达的压力几乎就是其论述表达自由时主张必须排除的唯一的限制因素。其原因在于,正如群体心理学研究所表明的,大众(mass/crowd)并不自然地就等于公众(public),大众的舆论或者说群体意见(opinion of the mass/crowd)并不自然地就等于公共舆论或公共意见(public opinion)。1895年,法国人勒庞(Gustave Le Bon)在其《乌合之众》一书中对大众(群体)的心理、行为特征进行了这样的概括:"群体并不进行推理,它对观念或是全盘接受,或是完全拒绝;对它产生影响的暗示,会彻底征服它的理解力,并且使它倾向于立刻变成行动……对群体给予恰当的影响,它就会为自己所信奉的理想慷慨赴死……它只会产生狂暴而极端的情绪,同情心很快就变成崇拜,而一旦心生厌恶,也几乎立刻会变成仇恨。"① 莫斯科维奇(S. Moscovici)则援引了一句罗马谚语——"议员们都是好人,但元老院是邪恶的野兽"进一步论证了群体的"缺乏智慧、同情和道德活力"。② 具体到群体意见对现代新闻自由的压力,最为明显的表现是其对待记者或新闻犯错的态度。一般而言,由于截稿期、成本计算以及李普曼所说的固定成见等众多原因,相当部分的新闻总是存在着这样那样的问题,甚至会错误地报道新闻事实。按照密尔和霍姆斯的理论,表达自由也包含错误意见(更准确的称呼是试验性意见)的表达自由。对于发生事实错误的新闻报道,媒体承认并更正错误,应该说已经切实履行了

---

① 〔法〕勒庞:《乌合之众:大众心理研究》,冯克利译,北京:中央编译出版社2004年版,第52页。
② 〔法〕莫斯科维奇:《群氓的时代》,许列民等译,南京:江苏人民出版社2003年版,第18页。

新闻的自由与责任,但现代民众对于新闻犯错却表现出越来越不宽容的趋势。1983年间,美国两起几乎同时发生的新闻诉讼——"威斯特摩兰诉哥伦比亚广播公司"案和"沙龙诉《时代周刊》"案对记者和媒体犯错即采取了极其严厉的态度。两位原告均严词拒绝了媒体更正错误的建议,坚持通过诉讼对媒体施以"惩罚"——他们分别提出了高达1.2亿美元和5000万美元的赔偿要求。值得一提的是,威斯特摩兰(Westmereland)的诉讼还获得了一家基金会(Capital Legal Foundation)的财政支持。显然,尽管这两起诉讼的原告只是单独的个人,但其行为却体现了对媒介和新闻自由一种充满敌意的群体态度。在这种群体氛围中,1991年,一项受全美报纸主编协会委托开展的民意调查居然得出结论称,如果在现代情况下以无记名投票的方式决定是否批准《第一修正案》(是否支持新闻自由),大部分美国人将很可能会投出反对票。① 对于新闻自由理想的信奉者来说,这无疑是一个令人恼火也令人沮丧的结论。很难相信,真正理智而具有批判精神的公众会如此看待人类历经多次血与火的斗争才获得的这项基本自由与权利。

　　如果新闻自由仅仅意味着摆脱政治、宗教或经济势力对新闻人的压迫或收买,一个政治上不依附于党派并对政府的公关、"释放试探气球"等手段时刻保持警惕,经济上保持独立自主、不屈服于广告商压力和诱惑的新闻人和媒介基本上就可以维持其自由的报道事实与意见的道德立场(虽然这也是难的),但当这种与具有批判精神的公众在人口学意义上高度重合的大众要求新闻人或媒介满足其表达与阅听的愿望而侵扰新闻自由时,新闻自由的道德实践立刻成为一个高难度的伦理问题。1925年,弗林特在力主把报纸看作一种公共事业之后,也清醒地意识到这一理念中隐藏的危险。他认为,作为公共事业的新闻如同其他公共事业如铁路、邮政、电报电话等一样,必须尽可能满足大

---

① 见〔美〕史密斯:《新闻道德评价》,李青藜译,北京:新华出版社2001年版,第13—14页。

多数顾客的意愿,而这就必然会导致"公众通过新闻检查控制报纸"①。显然,"公众控制报纸"与新闻人主动承担起作为公共传输者与公共论坛的责任是两种看似无甚差别但实质上迥然不同的伦理态度,新闻人向公众承担责任并不意味着向具体的特定个人或群体承担责任,特定新闻报道的相关人相对于媒体拥有的接近权(the right to access)也不意味着分散的、泛称的大众平等地具有在媒体上发言的权力。如果泛称的大众控制报纸(媒体),这种控制的实际控制者必然是具体的特定利益群体而不是真正的公众。但在大众与公众这两个抽象的表述所形成的悖论之下,践行新闻自由的伦理原则就必须考虑罗尔斯所说的解释自由的第三个要素,即作为自由行动者的具体行动,也就是说,信奉新闻自由的新闻人究竟如何在其行动中体现自由原则。对此,新闻自由委员会与当代公共新闻运动已经提供了建设性的回答。

---

① 〔美〕利昂·弗林特:《报纸的良知:新闻事业的原则和问题案例讲义》,萧严译,李青藜、展江校,北京:中国人民大学出版社 2005 年版,第 228 页。译文如此。这个"公众"应该理解为这里所说的"大众"。弗林特因此进一步提出了新闻作为专业的主张。

第三章　真相：新闻德性实践的基本形式

> 你们必晓得真理，真理必叫你们得以自由……我为此而生，也为此来到世间，特为给真理作见证；凡属真理的人就听我的话。
>
> 真理？彼拉多说，那是什么？
>
> ——《新约·约翰书》
>
> 除了我们有理由坚信是真实的以外，不能刊登任何东西，只有真实是我们经常光顾的最佳消息源泉。一旦在采集的资料中出现错误，就必须马上改正。①
>
> ——本杰明·哈里斯，1690

在前章关于自由的新闻德性讨论中，真理（truth）一度被当作一种目的性价值诉求参与了新闻自由的工具性价值论证。概括地描述这一论证过程，就是说，人们之所以需要自由地对话、交流，以及后来的

---

① 见〔美〕利昂·弗林特：《报纸的良知：新闻事业的原则和问题案例讲义》，萧严译，李青藜、展江校，北京：中国人民大学出版社2005年版，第33页。

体制性新闻传播,其根本动机或原因乃是探索、发现并传播真理。这意味着,在新闻传播领域里,真理是一种较之自由更为基础性的价值和信仰。基于这样的考虑,弥尔顿才会主张放手让"各种学说流派可以随便在大地上传播",密尔也才会直指"迫使一个意见不能发表的特殊罪恶乃在它对整个人类的掠夺"。这种真理相对于新闻传播的基础性意义在柏拉图(或苏格拉底)①那里甚至有一个反证,即由于人们的言论和文学作品如诗歌、戏剧仅仅是对真理的二度模仿而不能表现真理本身,因此必须对诗歌、戏剧的创作进行严格的审查、必须限制人们随意发表言论。然而,作为思想史的基本范畴,真理的意义复杂性并不亚于关于自由的意义分歧,它几乎同时承担着一种本体论话语、一种道德话语以及作为晚近的观念,一种科学话语等多种意义的话语功能。作为本体论话语,真理被描述为一种实在,一种"原型",一种高于现实世界的诸现象,超越诸现象的差异性、多变性与平凡性,具有完美的恒定形式的实体;作为一种道德话语,真理是关于美、正义以及善等普遍道德法则的综合形式;作为科学话语,真理则被描述为人类的感觉、体验、意识等主体感受与客体世界(现象、事实以及人类实践)的对应性和一致性,即人类认识及其表述的客观性与真确性。作为一种新闻德性,真理往往同时表现为多种意义的集合体。在主体意识领域里,真理是相对于谬误(falsity, error)、与谬误相竞争的思想观念或言论、意见,用以象征个人、集体以至国家等必须履行的一切义务,新闻的真理性价值则具体表现为运用文字、声音、图片、图像等中介对个人权利、公共利益,或对合理的个人利益的赞同等信念的阐释或倡导;在主体与客体世界的对应性关系方面,真理则是指客体世界的真实面相在新闻中准确而完整地再现,即新闻的内容向客体世界的真实再现或

---

① 作为西方思想史的重要源头,苏格拉底的思想主要是通过柏拉图撰写的他与其他人谈话、辩论的对话录而被后人所认知的。但很难分清这些思想究竟是来自苏格拉底还是柏拉图本人的演绎,因此,除了专门的古希腊思想史研究,一般会不加区分地统称为苏格拉底的思想,或柏拉图的思想。

无限接近。但无论其具体意义究竟所指为何,从现代新闻业初创时代以至于今日,真理总是其无可置疑的终极目标之一。正如职业记者协会的《伦理规范》(1996)所示,探索真理并加以报道(seek truth and report it)乃是新闻这一职业、这一人类实践之所以存在、之所以具有价值的决定性因素。美国当代两个著名的新闻研究组织"热心记者委员会"(Committee of Concerned Journalists)和"优秀新闻计划"(the Project for Excellence in Journalism)的负责人比尔·科瓦奇(Bill Kovach)和汤姆·罗森斯蒂尔(Tom Rosenstiel)则称,"新闻的第一义务是对真理的义务"。他们的研究发现,当被问及"对于新闻何种价值是最重要、至高无上的(paramount)"时,100%的受访人的回答是"正确地获取事实"。① 因此,报道真相(truth-telling)②乃是"合乎道德"的新闻基本实践方式,即新闻德性实践的基本形式。当然,新闻实践与观念史中关于 truth 的复杂表述同样需要细致梳理,而现代新闻实践中实践新闻真理性德性的具体方式,也成为本章考察的重要内容。

第一节 作为价值的真理与作为事实的真相

也许正如西塞拉·博克所说,在人类思想史上,"再也没有一个概念像真理这样如此强有力地挟持和引导着人类思想"③。几乎从人类最初形成观察、了解世界并试图与他人分享这种观察结果或是将其作为文化遗产传之后世的冲动之时开始,他们就不得不面对、不得不回答"什么是真理""我们是否能够获得真理"这两个问题。纠缠于这两

---

① Bill Kovach & Tom Rosenstiel, *The Elements of Journalism: What Newspeople should Know and the Public should Expect*, New York: Crown Publishers, 2001, p. 37.
② 因为真理(truth)具有多义性,"truth-telling"将根据语境被称为讲述真理或报道真相。也就是说,这里被称为新闻德性的基本原则是"truth-telling",而不是有着意义差异的讲述真理或报道真相,但为表述方便,则笼统地对应于"truth-telling"。
③ Sissela Bok, *Lying: Moral Choice in Public and Private Life*, New York: Hasitings House, 1975, p. 5.

个问题的,既有把观察、探索、思考、记录、传播等作为基本任务的哲学家、思想家,也有以训导、引导人类走出迷途为己任的宗教传道者。几乎一开始,真理就同时被视为人类思想实践和信仰建构的最高目标。不过,据博克称,在前苏格拉底的希腊传统里,真理(aletheia)实际上是用来称谓一切成为人类记忆的东西,包括创世纪的故事、神和英雄们的世系、关于健康的建议等,这些信息一旦被人记忆、传承下来,即使是编造的或是根本错误的,也都将被称为"aletheia"。[①] 而这些讯息之所以被记忆,往往是因为它们符合口语文化这一早期特定的真理承载与传播形式的特殊要求,如故事性、重复性等。因此,在古希腊先民那里,真理与错谬或虚构并不构成对立或对应性关系,它所对应的是一些人类特殊的生活与精神体验,这些经验被记忆因而也将一次次地被从记忆里召唤回来,用以规划、导引现实与精神生活。这大约就是现象学、解释学大师海德格尔(Martin Heidegger)把"aletheia"读解为"al etheia",即"无蔽,去蔽,使……澄明"的原因。也就是说,真理的最初意义是使某种东西从被遮蔽的状态里(按照博克的说法,是从懵懂的经验和记忆里)突现出来,或者说,真理是某种被遮蔽的并经过特定人类实践(如诗、歌、神话等的编撰与传播)而获得"澄明"的东西。

这种古老的真理观的思想史意义是,一方面,它表明,最早从事报道真相事业的,并不是以思想和思辨为业的哲人或思想家,而是以形象性语言记载、散播故事的游吟诗人或剧作家,如荷马、埃斯库罗斯(Aischulos)等。换句话说,这些游吟诗人或剧作家,就是现代新闻记者的鼻祖。古希腊传播的研究者克琳娜·库蕾(Corinne Coulet)发现,"所有的悲剧都无一例外地通过神话把城邦、它的价值、它的政治选择、在公元前5世纪最后三分之一的时间里常常发生的蹂躏城邦的战

[①] Sissela Bok, *Lying: Moral Choice in Public and Private Life*, New York: Hasitings House, 1975, p. 5.

争,统统搬上舞台。——喜剧也同样如此"①。即使在苏格拉底时代,戏剧仍被视为报道真相的主要方式,诗人、剧作家的文学创作往往也被视为在记录真理(或者是真实的历史)。这一真理观同时也赋予了神话、寓言等人类早期虚构性作品以重大思想史意义:它们与现代科学及新闻一样,对人类的现实和精神生活具有深刻的规划、导引意义,它们一度就是人类真理性知识的源泉。在苏格拉底的对话录中,我们可以看到大量用神话、寓言等作作为思想、辩论的基础的证据,如前引的"普罗泰戈拉斯"寓言。② 苏格拉底甚至在最后接受审判时,还在援引神谶而自证是当时最具智慧之人。③ 实际上,古希腊这种古老的真理观从未从人类思想史中真正消失过,尽管它有了其他不同的表现形式。如中世纪教会和皇权之所以具有神圣不可侵犯的权威,即是因为当时人们普遍相信教权和皇权体现了神的意旨,也就是真理。而所谓神的意旨则是来自其对《圣经》等古代经典的垄断性阅读和诠释,通过解读经义以探求真理,甚至发展出了专门的学问——解释学(hermeneutics)。再如现代新闻客观性原则(客观性理论相信,新闻当事人的陈述是关于事件真相的基本依据)之所以能够盛行,麦卡锡参议员关于共产党渗透的指控之所以一度被认为是揭示了真相(真理),其思想根源也是这一古老的真理观,即被讲述、被记忆即是真理。

但正是在苏格拉底(或柏拉图)这里,真理的概念被注入了道德意义,它不再仅仅与现实世界或现实世界中的人类经验及其记忆发生关系,而是更被确立为世界的完美形式。苏格拉底的真理是通过善来界

---

① 〔法〕库蕾:《古希腊的交流》,邓丽丹译,桂林:广西师范大学出版社2005年版,第56页。
② 在这场苏格拉底对普罗泰戈拉斯的思想交锋中,普罗泰戈拉斯说完寓言之后,苏格拉底便无法再坚持其对"每个人都可以在议会发言"这一民主方式的攻击,只得立刻转移话题以避免论战失败。
③ 见〔古希腊〕柏拉图:《游叙弗伦·苏格拉底的申辩·克力同》,严群译,北京:商务印书馆1983年版,第55页。苏格拉底说,"我如果真有智慧,什么智慧、何种智慧,有带勒弗尹的神为证……有一次,他(海勒丰)问神,有人智逾于我者否,辟提亚的谶答曰,无也。"

定的,他认为,唯有善的理念(ideal)才是"真实之境",而善的理念则是"一切事物中一切正确者和美者的原因",是可见世界中创造光与光源者,是"事物的实在"或"原型"。① 苏格拉底的真理并不要求与现实世界相一致、相对应,相反,他认为,现实世界反而是对真理或成功或不成功的复制(模仿),诗与其他艺术则更是对现实世界,也就是真理的影像的复制。由于这种以理念为表现形式的真理观,前苏格拉底时代具有极其尊崇的地位,被视为真理载体的史诗、戏剧、寓言、神话等艺术形式随即沦落为真理的附庸,即它们表现真理、使真理"澄明"的能力不是如在先民那里被视作理所当然、显而易见,而是一个需要置疑、需要判断甚至审查的问题。苏格拉底说,故事有两种,一种是真的,一种是假的,"我们首先要审查故事的编者,接受他们编得好的故事,拒绝那些编得坏的故事……他们现在所讲的故事大多数我们必须抛弃"②。这些被抛弃的故事甚至包括荷马史诗的部分内容。苏格拉底虽然承认荷马史诗的伟大,但仍坚持对其进行审查和删减。荷马史诗描述神或英雄时,往往将其表现得如普通人一样,具有嫉妒、贪婪、脆弱、善变等人性弱点,这在苏格拉底看来,是绝对不能接受的。他认为,描写诸神正确的路子或标准,"应该写出神之所以为神,即神的本质来"。荷马史诗将神或英雄描写得如常人一样平庸或丑恶,苏格拉底认为,这其实是在谤神。他说,"即使这些事是真的……最好闭口不谈。如果非讲不可的话,也只能许可极少数的人听"③。苏格拉底的真理和艺术观很容易使我们联想到1735年的曾格诽谤案。④ 如果由苏格拉底主持曾格案的审判,曾格必将难逃诽谤的罪名。这是因为,

---

① 〔古希腊〕柏拉图:《理想国》,郭斌和译,北京:商务印书馆1986年版,第276、229页。

② 同上书,第71页。

③ 同上书,第72页。

④ 曾格案的具体过程,见〔美〕埃默里等:《美国新闻史:大众传播媒介解释史》,展江译,北京:中国人民大学出版社2004年版,第44—48页。

按照苏格拉底的逻辑（实际上也是殖民地法庭发起这场诉讼的逻辑），殖民地政府及其总督实际上拥有由英国王室王权的神圣性延伸而来的合法性、神圣性，曾格的报纸尽管报道了事实，但这些事实却损害了殖民地政府的神圣性，因此也就构成了诽谤。

苏格拉底的逻辑之所以会形成"基于事实的诽谤"这种以现代观点看来近乎荒诞的奇特结论，其根本原因在于，他认为，无论怎样描述现实或事实最终都无助于通达真理，这些描述与真理始终隔着两层（两度模仿）。这就是说，在苏格拉底看来，讲述真理（truth-telling）本身就是一个悖论，任何讲述都只是关于真的谎言。对于苏格拉底来说，最重要的是运用"纯粹理性通向真理本身"，能够完成这一使命的，唯有哲学（苏格拉底也称之为辩证法），因为哲学可以引导"灵魂的最善的部分"上升到看见"实在的最善的部分"，即真理。他说，"当一人企图靠辩证法通过推理而不管感官的知觉，以求达到每一事物的本质，并且一直坚持到靠思想本身理解到善者的本质时，它就达到可认知的事物的顶峰了"[①]。这里的"事物的本质""善者的本质"都是指超越了事物或世界现象层面的多变性与虚假性的真理性实在。事实上，所谓事物的本质在苏格拉底那里，还不能被称为真理，因为他认为，真理是一个整体而不是部分之和或部分之间的整合关系——它是不可分割的。也就是说，所谓真理，对于苏格拉底来说只能是"善者的本质"，即遍布于每一事物的本质之中、让每一事物的本质成其为本质的属性。这种属性因此也就不可能具有物的性质，而只能成为一种理念，即善或真理。认识真理和善，只能如其所描述的洞穴囚徒，不断向上攀登或者如一个画家模仿事物，不断地注视着绝对真实："不断地从事复原工作，并且，在必要时尽可能真切地注视原样。"正是因为发现真理的这种艰巨性，苏格拉底才认为，唯有具有特殊禀赋并对其禀赋时刻警醒以防止其受到侵扰的哲学家才可能发现真理；也正是因此，

---

① 〔古希腊〕柏拉图：《理想国》，郭斌和译，北京：商务印书馆1986年版，第298页。

他才认为,唯有哲学家才能在"私人生活或公共生活中行事合乎理性",才应该成为世界的管理者,即哲学家王。

至此,笔者集中解读了古希腊时代关于真理的两种认识——记忆说和理念说。① 之所以如此郑重地回顾远古时代这些看来已经过时的观点,原因在于,正如哲学家怀特海(Alfred Whitehead)说"西方的哲学传统只不过是柏拉图书页下方的一系列注解而已"②时所表明的,古希腊和苏格拉底的学术思想对于整个西方思想史具有重要的基础性意义。用传播学的术语说,苏格拉底为西方学术史设置了议程,苏格拉底之后两千多年的学术史总是在或肯定或否定地延伸、回应苏格拉底所设置的基本命题。关于真理,苏格拉底实际上提出了这样一些问题:首先是真理的性质。经历了文艺复兴以来的科学革命和思想启蒙,人类近代意识中占主导地位的真理观主要表现为主体的认识和意识与事物和对象世界的对应性,其重要标志是真理的科学性、客观性,也就是说,真理是与主体判断、主体价值选择无关的客观知识,如牛顿力学、伽利略天文学、达尔文进化论等。然而,以物质世界为对象所形成的客观的知识与真理观念不可能无条件地延伸到以人和人的群体,即社会及其组织为对象的人文、社会领域。也就是说,当人类及其组织成为对象时,知识与真理的客观性就成为一个难题。苏格拉底称,真理是善的理念,又说,善的理念是"一切事物中一切正确者和美者的原因",即是说,真理不可能仅仅是关于对象世界的一种认知,更重要的是,真理是一种观念,是一种超越现实世界、导引现实世界因而具有理想与信仰性质、必须运用"纯粹理性"才能通达的价值。在苏格拉底

---

① 虽然这种解读很粗陋。因主题所限,这里不可能把过多的注意力放在对这两种观念的基本解读上。其实,同样的原因也导致对众多相关的学术思想都无法进行深入的解读,而只能在提挈其要之后即匆匆转移。新闻德性作为信仰,对其做研究实际上是在面对整个人类思想史,这必然导致既需要考察人类思想史上每一种重要的思想,但同时又无法对其进行细致的辨析,因此,浮光掠影将是本书不得不接受的严厉批评。
② 见〔法〕马特:《论柏拉图》,张竝译,上海:华东师范大学出版社 2008 年版,第 141 页。

的临终对话录《克力同》中,苏格拉底说,"不是所有人的意见都必须尊重,不是所有的意见都有价值""我们丝毫不必考虑大众怎么质问我们,只要注意那明辨邪正的一人和真理本身是怎么说的……必须追求好的生活远过于生活"①。这样,苏格拉底实际上也对真理的价值或意义进行了界定,即真理的价值不在于(或不仅仅在于)对外部世界的描述、再现,或者用他本人的话说,复制(或模仿),而是将善的理念作为价值和信仰而进行的引导、规划或启示。联系到美国新闻自由委员会所说的"文明社会是一个思想观点的运作系统,它靠消费思想来维系和变革",苏格拉底的真理观就具有了异乎寻常的意义,即我们需要在我们的个人生活和社会群体生活中复制真理,因此我们也就有理由接受掌握真理的哲学家王的统治。但问题在于,是否真的有一个哲学家王掌握了可以成为我们复制对象的真理呢?

答案是否定的。

西方文艺复兴以来的科学革命与思想启蒙在人类知识领域施加的最为重要的影响是,它取消了一切关于真理的绝对性、固定性的观念,而将真理视为一种处于试验中的、需要验证的认识或实践活动。以此为基点,西方思想史开始在两个方向上发展了真理的观念。其一是科学主义(scientism)的,即上述将自然科学研究领域里探索真理性认识的行之有效的客观化方法应用于对社会与人的研究,其方法论是经验主义的,其哲学认识论基础则是法国哲学家孔德(Auguste Comte)所创立的实证主义(positivism),斯宾塞(H. Spencer)、涂尔干等人是帮助形成这一思想与真理观传统的重要人物。按照这一传统,探索真理的对象领域被限定于社会的、公开的事件等可证实的事实,由单独的、私人的意识反省所得来的认识被认为是不可靠的、无意义的,探索真

---

① 〔古希腊〕柏拉图:《游叙弗伦·苏格拉底的申辩·克力同》,严群译,北京:商务印书馆1983年版,第102、104页。这里"好的生活",译文如此。如以苏格拉底的哲学术语直译,应是"善的生活",即由善的理念导引的生活。苏格拉底说,生活得好、生活得美、生活得正当是同一回事,因此,这个"好"就绝不是一个简单的描述性词语,而应是对应于真理的善。

理的任务因此被设计为描述一切可能观察到的事实，通过观察、实验、比较以及适当的历史考证，从这些事实中找出关于事物及其发展的一般规律，从而达到预测和控制对象世界（包括人与社会）的目的。在这样的过程中，重要的是物或事实，而不是人或人的意识或理性认知。所谓物，按照涂尔干的说法，就是"凡是智力不能自然理解的一切认识对象；凡是我们不能以简单的精神分析方法形成一个确切概念的东西；凡是精神只有在摆脱自我，通过观察和实验，逐渐由最表面的、最容易的标志转向不易感知的、最深层的标志的条件下才能最终理解的东西"。而事实则是"存在于个人之身外，但又具有使个人不能不服从的强制力的行为方式、思维方式和感觉方式"①。实际上，这样界定物和事实，或者说真理存在的领域，其主要用意也就是排除主体判断在真理探索过程中的"干扰"，这在马克斯·韦伯那里被直接称为"价值无涉"（value-free），即将价值判断从对经验事实的认识中剔除出去，划清科学认识与价值判断的界线。韦伯说，"作为规范的实际绝对命令的有效性与经验事实命题的真理有效性，这两者是分属绝对不同的领域的问题，如果人们无视这一点并且试图把两个领域强行合在一起，那么这两个领域各自的地位都会给毁了"②。

不过，如果把这种以事实为对象的思考方式中的真理简单地理解为描述事实或描述与事实的一致性，还是误解了这些社会学取向的思想家们。至少在韦伯这里，与价值无涉的方法论相联系但又相区别的，还有一个重要概念——理想类型，韦伯又称之为思想图像。③ 他说："思想图像将历史活动的某些关系和事件联结到一个自身无矛盾

---

① 〔法〕迪尔凯姆：《社会学方法的准则》，狄玉明译，北京：商务印书馆1995年版，第7、25页。
② 〔德〕韦伯：《社会科学方法论》，韩水法等译，北京：中央编译出版社2005年版，第147页。所谓"作为规范的绝对命令"指的是作为价值判断的伦理规范，也可以一般地理解为价值判断。
③ 同上书，第39—42页。

的世界之上。这个世界是由设想出来的各种联系组成的……通过强化实在中的某些因素而获得。"①这种理想类型因此具有两个特性,一是它是以历史的关系与事件为基础的,二是它并不是简单地描述这些关系或事件,而是"强化实在中的某些因素",并将其设想为一个"自身无矛盾的世界",即乌托邦。因此,理想类型并不是对现实的一种描述,"不可能经验地存在于任何实在之中",但同时它又不是一种假设,而是因为与历史事实的关联性而"有充分的动机",是一种"客观的可能"。

几乎在社会科学领域形成这种客观化的真理观的同时,西方新闻实践也在形成以事实、以报道与事实的一致性为基准的新闻主义(newsism)新闻观,报道事实、事件的真相(truth)作为一种价值追求逐步树立起来。1690年,北美殖民地第一份报纸《公共事件》的发行人本杰明·哈里斯(Benjamin Harris)即宣称:"除了我们有理由坚信是真实的以外,不能刊登任何东西,只有真实是我们经常光顾的最佳消息源泉。一旦在采集的资料中出现错误,就必须马上改正。"②哈里斯究竟如何"采集资料"已经不得而知,但新闻史家却仍可以根据这份只发行了一期的短命报纸所展示的新闻样式而评价哈里斯的办报理念。在埃默里等人(Michael Emery, et al.)看来,这是一份以报道重大新闻事件为目标的真正的现代报纸。但也正是因为报道了某些殖民地当局不愿意公开的事实,《公共事件》发行一期即遭停刊。③ 显然,尽管报

---

① 〔德〕韦伯:《社会科学方法论》,韩水法译,中央编译出版社2005年版,第39页。
② 见〔美〕利昂·弗林特:《报纸的良知:新闻事业的原则和问题案例讲义》,萧严译,李青藜、展江校,北京:中国人民大学出版社2005年版,第33页。
③ 〔美〕埃默里等:《美国新闻史:大众传播媒介解释史》,展江译,北京:中国人民大学出版社2004年版,第29—30页。埃默里等人认为,《公共事件》的停刊主要有两个原因。其一是政治性的。殖民地当局称,当时在殖民地战场上英军对法军的失利主要原因是天花的肆虐影响了英军的战斗力,但哈里斯却根据他看到的事实称,其原因是当时被英军看作盟友的印第安人未能提供充分的帮助。这条新闻被殖民地当局看作是在攻击盟友。导致《公共事件》停刊的另一个做法就没有这么正当了——为增加趣味性,它报道了法国国王与王子因私生活而发生冲突的事。这在当时的主要读者清教徒看来,品位过于低下。

纸对于刊载事实与真相的职业责任很早就有了清醒的主动认知,但这种认知成为社会普遍共识还需要经历长时间的冲突与争议。《公共事件》停刊半个世纪之后,曾格案的发生再一次暴露出事实与真相作为新闻德性的尴尬处境。此案虽判定曾格诽谤罪不成立,但新闻史家认为,这仅仅是新闻自由的胜利,而不是事实真相的胜利。在这一审判中起决定作用的是新闻自由的原则而非真实性原则,事实并未成为诽谤诉讼中的辩护依据,即报道事实并不是报纸的价值所在,从而可以保护报纸免受政府与司法程序的压制。曾格案实际上仅仅是一个特例,而并非建立起一项关于新闻的法律或道德原则。直到美国建国后的1790年,宾夕法尼亚州宪法才在历史上第一次确立起以事实真相作为辩护依据的原则,而这一原则在全美范围内获得普遍认可则是在1798年的《煽动法》实施之后。因此,新闻史家认为,"从某些方面说,《煽动法》可说是通向新闻自由之路上的一个里程碑"①。从确立事实性原则的角度来说,这一表述倒也不是一种反讽。

但另一方面,作为一种新闻德性或新闻的道德信仰,事实性原则还并非真正的真理性原则,其中的关节点是报道事实的方式。在西方新闻实践史中一度占据主导地位的,是所谓客观性原则(the doctrine of objectivity)。关于客观性成为新闻道德原则甚至新闻业的职业意识形态的过程,美国学者舒德森(Michael Schudson)在《探索新闻》(*Discovering the News*)一书中进行了翔实而可信的考察,已不需要在这里进行更多补充。撮其大要,舒德森认为,美国新闻客观性意识形态得以形成的社会背景是19世纪30年代以后的政治民主化、市场经济的扩张以及城市中产阶级权力渐增等,其思想基础则是科学,尤其是社会科学领域里客观与价值无涉作为知识标杆的地位的确立,其最终形成则是20世纪20年代由于世界大战,由于科学领域里相对论、量子

---

① 〔美〕埃默里等:《美国新闻史:大众传播媒介解释史》,展江译,北京:中国人民大学出版社2004年版,第92页。

力学等的提出所带来的社会的、科学的等规范与信仰体系的崩溃。客观性被当作消除社会与知识信仰危机的有力手段受到了空前的重视。显然,作为新闻职业意识形态与作为包括社会科学在内的科学的基本原则的客观性是相关的,但并非一致,毕竟科学是人类探索真理的实践,而新闻则仅仅是报道真相的实践。不过,问题并不仅仅在于这一区别,更重要的是,如同塔奇曼(Gaye Tuchman)所说的,客观性在新闻报道中更多的是一种策略仪式(strategic ritual)。科学的客观性,按照舒德森所援引的薛弗勒(Israel Scheffler)的看法,是"公正、不偏的科学态度,其基础是,坚持对一个人的主张须有良好的过滤与控制……科学态度是一个人最珍视的信仰,其实难逃主观的左右,而需加以控制"①。也就是说,谈论客观性并不是盲目天真地认为认知主体的主观判断是能够屏蔽的,所谓客观,更具意义的是对这种主观影响的警醒与控制。但作为一种策略仪式的新闻客观性在操作层面上严格区分所谓事实与意见,并热衷于追逐所谓纯事实(facts-only)。当然,这种客观性也不是绝对拒绝意见或观念成为新闻内容,但是,这种意见或观念必须来自新闻当事人而不能来自新闻采写编辑人员,即必须作为引语、一种特殊的事实而构成新闻内容。为确保客观性得以实现,新闻报道在形式、内容与组织内部关系这三个方面设计并施行了一系列的仪式化程序,如引语的运用,如某些被普遍认为或被编辑部普遍认为理所当然的社会现实的运用等,以吸引新闻消费者或保护新闻人免受批评。② 也就是说,作为新闻职业意识形态的客观性,往往是作为一种策略性的手段而并非真正作为具有实践意义的道德信仰而被尊崇的。

文艺复兴以来发展真理观念的第二个方向是人文主义(humanism)

---

① 〔美〕舒德森:《探索新闻:美国报业社会史》,何颖怡译,台北:远流出版公司1993年版,第11页。

② Gaye Tuchman, "Objectivity as Strategic Ritual: An Examination of Newsmen's Notions of Objectivity," *The American Journal of Sociology*, Vol.77, No.4, 1972, p. 661.

的,它以具有主体性和道德自省能力的人及其个性、尊严、权利、需要为基点。这一真理观并不一定追求与对象世界对应、一致,而是依据所谓自然法思考人类生活的合理性形式,理性、权利、自由、平等、正义等话语在真理的意义构成中具有重要地位。在一定意义上,它继承了苏格拉底和柏拉图所谓"真理即善的理念"的思想传统,但它并不像苏格拉底那样固执地坚持善的理念的绝对性与超越性,而是以试验的、开放的观点看待真理与真理的道德、思想实践。按照弥尔顿的说法,完整的、统一的真理只属于天国和圣主,人间只存在一些"真理的碎片"。这就需要人们根据已知的东西来寻求未知的东西,并将找到的真理碎片结合到真理身上去。正是因为人间的真理已经碎片化,他才会主张出版和言论自由以探寻真理和真知。他说,"哪儿有学习的要求,哪儿就必然有争论、笔战和分歧。因为善良的人们的意见就是正在形成的知识"。在他看来,"沉思、探讨、创立出新的观念"就如同制造盔甲和枪矛一样,是在武装正义、保卫真理。显然,这里的真理被视为一种观念,一种需要表达出来并在表达之中和表达之后不断加以修正的观念。两百年后的密尔与弥尔顿一样认为"人类的真理大部分只是半真理",他说,"世界上没有所谓绝对确定性这种东西,但是尽有对人类生活中各种目的的充足保证。我们可以也必须假设自己的意见为真确以便指导我们自己的行为"①。显然,在密尔这里,判断一种观点是否具有真理性的依据主要是其对人类生活的有用性,即实现人类生活诸目的的价值。也正是因为缺乏一种可以普遍地适宜于人类个体生活的真理性规划,密尔坚信人类生活方式多样性的合理性。他说:"生活应当有多种不同的试验,不同生活方式的价值应当予以实践的证明,只要有人认为宜于一试。"②

作为生活试验并以观点的多样性表现出来的真理中存在的致命

---

① 〔英〕密尔:《论自由》,程崇华译,北京:商务印书馆1959年版,第20页。
② 同上书,第60页。

问题是所谓真理的相对主义,即真理性的确认问题。也就是说,既然这些观点或生活规划的适宜性是因人而异的,仅仅对于特定的人具有价值,那又如何能称其具有真理性呢?人文主义者在这里也同样使用客观性的概念来界定一种观点成为真理的条件,但这里的客观性已不再是一个与主观性僵硬地对立的令人畏惧的刻板模式。哲学家罗蒂(Richard Rorty)称,所谓客观,"既指'对一种观点的刻画,这一观点由于作为未被非相关的考虑所歪曲的论证结果而被一致同意',又指'如其实际所是的那样来再现事物'"①。罗蒂的第二种客观性主要是对应于经验事实的科学主义真理范畴,而其第一种客观性则是人文主义传统里对真理性观点的基本限定。也就是说,一种观点未被故意歪曲地表达而能获得一致同意,即可以被称为客观,就像罗蒂接着说的那样,称一种观点为客观,"只不过是表示了研究者之间一致性的存在或对一致性的期待而已"②。一种观点获得了一致同意,即客观性,就可以认可其真理性。但需要明确的是,以这个意义上的客观性来界定真理,就必须允许一种观点在足以展示其价值的时间限度里验证其客观性,即人们主观上对于一种意见的一致性判断虽然是其被称为真理的条件,但实现这种一致性的过程必须足够漫长。如果说自然科学史上曾经有许多真理性认识一度被作为谬误而被压制,那么,在人类个人与社会生活领域里同样可能存在正被压制的真知。因此,在特定时间里,并不能因为一种观念被压制、未能获得一致同意而否定其具有真理性的可能性,它或许只不过需要更多的验证机会以获得这种同意或认同。正如密尔正确地指出的那样,"说真理永远会战胜迫害,其实是一个乐观的伪误",但密尔也相信,"一个意见只要是真确的,尽管可以

---

① 〔美〕罗蒂:《哲学与自然之镜》,李幼蒸译,北京:商务印书馆2003年版,第313页。此处第一种客观性的译文颇难理解,其原文是,"characterizing the view which would be agreed upon as a result of argument undeflected by irrelevant considerations,"即描述一种将获致一致的观念,这种一致是未被非相关的考虑所歪曲的讨论、争议的结果。

② 同上书,第314页。

一次、再次甚至多次被压熄下去,但在悠悠岁月的进程中一般总会不断有人把它重新发现出来,直到某一次的重现恰值情况有利,幸得逃过迫害,直至它头角崭露,能够抵住随后再试图压制它的一切努力"①。借用皮尔士(Charles Peirce)的话说,所谓真理,就是"注定最终要为大家同意的意见"。举例而言,在现代每一个自称为文明的社会里,谁也不会否认,人生而具有理性和个人的自治权利、人生而平等且自由、处理公共事务需要公众的同意等观念乃是规划了现代社会基本运作模式的基础性真理,但这些观念成为"大家同意的意见"却经历了数百年的思想史斗争,其中一些争议甚至贯穿于人类整个思想史。

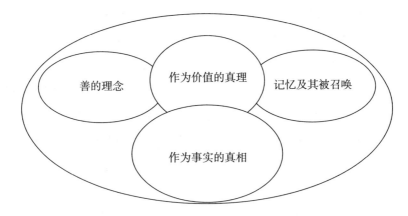

图 3.1　作为价值的真理与作为事实的真相

显然,人文主义的真理观是建立在主观的一致性或一致性期待之上的,这种一致性之所以可能,即是因为康德所谓人类"共感",也就是人类在心智、情感、意志等领域存在着一些基本共识。这些共识构成了人们之间实现经验交流与意义共享的基础,并通过人们之间的交流与意义分享等行为的普遍性存在本身获得证明。承认主观的一致具有真理意义,讲述真理的新闻德性将因此获得扩展。也就是说,讲述真理不仅仅是指新闻如其本来面目地报道事实或事件,即报道真相,

---

① 〔英〕密尔:《论自由》,程崇华译,北京:商务印书馆1959年版,第29—30页。

也是指在新闻中对种种事件、事实做出合乎其本来意义的解释,并对事件的发展、事实未来的可能性做出合乎其演变趋势的预测和筹划建议。而且,在更为一般性的意义上,新闻讲述真理也是指在新闻报道或社论中对与事件相关的某种必然性、规律性的揭示。这就是说,讲述真理不仅仅是以冷漠的客观主义态度记录当下正在发生的事实,从而使新闻成为每日更新的人类生活史;也不仅仅是对正在成为历史的生活与社会事件在其所以发生的社会历史背景中做出合理的解释,使其具有可理解性,从而对导引公众的生活具有意义(以经常见诸媒体的犯罪新闻为例,所谓真相就不仅仅是这一新闻事件的肮脏的事实,更不是媒体所乐于追逐的犯罪细节,而是对这一犯罪事实发生的原因、趋势等的分析);同时,讲述真理的新闻德性还包含着一种面向未来的积极态度。新闻人作为道德自治的主体凭借其本人对真理的理解和把握而主动向社会和公众表达其对人类生活的规划建议,也就是描述韦伯所说的"理想类型"(如果再以犯罪新闻为例,这种规划和理想类型可以近似地被想象为提出有效防止犯罪再度发生的可行性方案等)。

作为新闻德性的报道真相实际上整合了西方思想史中关于真相(真理)的多种观念,美国新闻伦理学者兰贝斯(Edmund Lambeth)就认为,"真相(truth)一词具有多个维度,新闻工作者对其每一个维度都必须理解和尊重"①。作为一种职业伦理信仰,报道真相实际上也表现为一种价值和价值阐释活动,而不仅仅是纯粹的事实描述,但作为价值的真理也必须扬弃苏格拉底所谓善的理念高于现实的观念,从而使其价值建立在事实的可证实性、确定性的前提之下和基础之上(如图 3.1 所示)。或者借用西塞拉·博克的表达方式,讲述真理可以通过它所对应的负面行为而界定。博克认为,在道德领域里,讲述真理

---

① Edmund B. Lambeth, *Committed Journalism: An Ethic for the Profession*, Bloomington: Indiana University Press, 1986, p. 29.

与实施欺骗的意图相对应,而在更大的领域里,讲述真理则与表达谬误相对应,两者的区别在于是否故意以陈述对人加以误导。① 如果说欺骗意味着歪曲或隐瞒了事实,则讲述真理是一件虽然困难但依然可以实现的事,但按照人文主义者关于真理的多样性观点,谬误却只有在讲述过程中并通过讲述以及以讲述为指引的实践才能加以鉴别。这就是说,讲述真理的真实意义在于讲述过程本身,即建构霍姆斯大法官所说的"意见的自由市场"。如果我们认同全美报纸主编协会的《新闻规约》(1922)所说的,新闻既"是历史",又"是教师和解释者",那么正确地理解和实践"truth-telling"(讲述真理、报道真相)的德性就还需要进行更多的理论探讨。

第二节　报道真相的消极价值及积极意义

显然,无论在西方哲学史或社会思想史中,还是具体到新闻观念史,真理(truth)都是具有基础意义的理念,尽管关于这个理念的意指从来都没有形成一个被普遍接受的认定。正如第一节所讨论的,在构成现代真理理念的思想资源中实际上存在着客观论与主观论的两极对话。客观论主张真理独立于主体认知和表达活动,是一种客观存在,被称为真理就意味着主体认识与表述如同照相机拍照一样与客体对象建立了严格的对应性关系;主观论则认为真理是和主体的认识与表达活动密切相关并在主体的认知与表达活动中被建构起来的,获得真理仅仅表明不同的认知与表达主体对于对象世界的界定、描述、解释最终达成一致,或者被普遍认可,它承认分歧、冲突、争议、妥协是真理建构过程的一部分,所谓真理的最终一致,其实质并不一定是各主体达成了共识,实际上往往只是就某一议题达成了相互能够接受的妥

---

① Sissela Bok, *Lying: Moral Choice in Public and Private life*, New York: Hastings House, 1975, p. 6.

协。于是,当我们认定讲述真理作为新闻的基本德性时,对于其意指并不力求做出某种生硬的统一界定,而是综合地将其理解为具有不同层级的表现形式:作为一种事实判断,真理表现为准确核实了具体细节的事件、态势的原形;作为价值判断,真理表现为从简单的、容易证实的确定事实出发,依照逻辑推理、理性阐释所形成的观点和理论。实际上,这种真理理念在现代新闻理论中并不乏先例,甚至它可能就是新闻理论关于真理的共同理解。如在新闻自由委员会的《一个自由而负责的新闻界》中,真理就不仅仅是指一个个孤立的、准确的具体事实,也不仅仅是指能够赋予这些事实以意义的情境,它还"涉及关于权利、感情的公允、公共政策,或对合理的个人利益的赞同等信念"[①]。但随之而来的问题是,既然真理是一个其意指尚存在分歧的理念,它对于人类的个体和社会生活又有着怎样的意义或价值?人们何以对其如此充满期待?新闻何以会将其视为一种德性而孜孜以求?

初看起来,这似乎是一个自明的问题,对其最方便的回答是,探寻并传播真理源于人类成其为人类的本性,人类天生需要而且愿意生活于真相、真理之中而不能且不愿意生活于谎言、假象、谬误之中。但这样的回答显然不具有任何理论意义。正如密尔讨论人类自由时并不诉诸方便的抽象权利的观念,思考真理的新闻学价值也不能简单地诉诸抽象的人类本能。对真相(或真理)价值问题的真正解答依然需要深入对人类生活史中的新闻传播活动,包括现代新闻事业的结构与功能的分析与解释过程:消极地看,真相乃是新闻记者和出版人自我防卫的有力手段,报道真相可以使新闻免受司法、行政等种种限制而得以实现其自由;积极地看,报道真相则是新闻实践其社会功能的基本方式,人们之所以对新闻的社会功能形出诸多期待,根本原因只可能在于,新闻首先是一个报道真相的事业。

[①] 〔美〕新闻自由委员会:《一个自由而负责的新闻界》,展江等译,北京:中国人民大学出版社2004年版,第78—79页,注释2。

历史地看，自大众新闻传播事件诞生以来，自由的新闻并非常态。查禁、限制新闻出版，审判、迫害新闻记者和出版人的案例反倒是频频出现，不绝于书，而其中对于新闻自由的最大威胁莫过于被诉诽谤（defamation）。所谓消极防卫，主要是防卫因涉嫌诽谤而被起诉的危险。这种危险并不因为新闻自由作为立法原则被普遍接受而消除。以美国为例，尽管《宪法第一修正案》明确了"国会不得制定法律……以消减言论或新闻自由"的基本立场，然而，宪法理论一般并不主张将诽谤、色情等言论或新闻也纳入《第一修正案》的保护盾牌之下。初看起来，这似乎并不是一个严重问题。诽谤，按其一般意义，是以公开而虚假的言论损毁他人的名誉，这种行为不仅应该在道德上受到谴责，更应该在法律上受到严惩。但问题是，正如真相（真理）的意义在历史上发生了诸多变迁，所谓虚假（falsity）同样也是在不断被界定的，更何况在相当长的时间里，真相（可以被理解为某些被确定了的事实）并未作为诽谤诉讼的辩护依据，因此，界定诽谤，并以诽谤罪对记者或媒介施加惩处乃是一种远较事先审查制度更有效也更具道德合理性的钳制新闻自由的手段。从记者与媒介的立场看，诽谤（包括其前身，煽动性诽谤，seditious libel）也就成了其脖子上随时可能收紧的锁链，时刻威胁着其自由与安全，从而构成了对新闻自由的最大威胁。即使在1964年最高法院在对"纽约时报诉苏利文"（New York Times v. Sullivan）案的判决中确立了有利于新闻自由的"实际恶意"原则（the doctrine of actual malice）之后，这种状况仍未根本改变。20世纪80年代以来，利用诽谤诉讼威胁和限制新闻自由还渐呈愈演愈盛之势：记者和媒介被诉诽谤或名誉侵犯时不仅被要求动辄数百万，甚至数千万、上亿美元的经济赔偿，而且败诉的比例也有所增加。①

---

① Conrad C. Fink, *Media Ethics: In the Newsroom and Beyond*, New York: McGraw-Hill, 1988, pp. xxiii-xxiv. 如1982年，一位前怀俄明小姐声称《阁楼》（*Penthouse*）杂志刊载的一篇文章是以她为原型虚构的，并以该文损害了她的名誉为由起诉了《阁楼》杂志，要求对方给予高达2650万美元的名誉赔偿。

今天,世界各国几乎都已经将诽谤作为民事案件来处理,但其最初实际上乃是一项刑事犯罪,政府权力机构往往对其施加严厉惩处。公元前5世纪的罗马法《十二铜表法》就明文规定了"以侮辱性文字或歌唱诽谤他人"之罪,在英美法系,诽谤或煽动性诽谤最早则可以追溯到1275年的《西敏斯特条例》(Statute of Westminster),该条例第34条称,出版"假"的消息或故事引起国王和他的子民或王国内伟人之间的不和,将被视为犯罪行为。① 伊丽莎白一世时代(1558—1603),英国议会更通过了11项相关条例强化对写作、出版各种"虚假、煽动、诽谤性"文字等罪行的控制和惩罚。② 这些早期关于诽谤的法律规定有两个明显特征:一是对被判为诽谤"国王、政府、议会或法院"的作者或出版商处罚极其严厉,获罪者不仅有可能被罚款、入狱,甚至会被处断手或割耳等酷刑,一项颁布于1581年的法令更宣称,可以对获罪者处以死刑;二是尽管有关法令往往把"虚假"作为定义诽谤的一个特征,但在司法实践中,作品或出版物所载内容是否真实并不被看作其是否被判定为诽谤的依据。1606年星法院(Star Chamber)对"*De Libellis Famosis*"一案的判决就认为,"诽谤是否真实,并不重要"③。在此后的一百多年时间里,这种以王权神圣不可侵犯为基础的诽谤法在司法实践中偶尔也有所松动,个别案例也曾获准以真相作为辩护而免于以诽谤罪受罚,但总起来看,按照英国普通法,任何出版物如果引起"对政府或其官员的不良意见和判断,无论其为真实抑或为虚假,均构成刑事诽谤"④。1735年纽约殖民地法庭对出版商曾格进行审判所依据的正

---

① See Van Vechten Veeder, "History and Theory of the Law of Defamation(Ⅰ)," *Columbia Law Review*, Vol.3, No.8, 1903, pp. 563, 553.
② See Cyndia Susan Clegg, *Press Censorship in Elizabethan England*, New York: Cambridge University Press, 2003, p. 31.
③ See Van Vechten Veeder, "History and Theory of the Law of Defamation(Ⅰ)," *Columbia Law Review*, Vol. 3, No. 8, 1903, p. 565.
④ See Richard E. Labunski, *Libel and the First Amendment: Legal History and Practice in Print and Broadcasting*, New Brunswick, N. J.: Transaction Books, 1986, p. 54.

是这个普通法原则,法庭所表达的"越是真相,越是诽谤"的观点也是源自星法院"*De Libellis Famosis*"案中所形成的法律精神。曾格的辩护律师——汉密尔顿(Andrew Hamilton)要求法官认可真相作为辩护依据的请求也因此而被拒绝。不过,在18世纪的最后十年,以真相作为被诉诽谤的辩护依据的理论逐渐被西方各国的立法实践所接受。1790年,美国宾夕法尼亚州以州宪法的形式确立了真相可以作为辩护依据及陪审团有权就与案件有关的法律和事实做出裁决的原则;1792年,英国制定了载有相似内容的《福克斯法案》(Fox's Libel Act);1798年,美国国会在立法通过《反煽动法》制裁"发表、出版针对联邦政府的虚假、诽谤和恶意的言论"时,也认可了以真相作为辩护依据的原则。然而,由于《反煽动法》在两年后未能获得延期,真相原则也随之失去了立法依据。

笔者在研究初期一度认为,在政治民主化及新闻自由化的历史进程中,终止《反煽动法》是一个值得高度评价的重大进步:既然制裁"运用言论蔑视、丑化总统和国会,或煽动人民对总统和国会的仇恨"的法律失去效力,人们就可以对政府及其官员自由地进行批评,从而能够完全彻底地实现《宪法第一修正案》赋予的言论自由和新闻自由权利。按照美国宪法之父麦迪逊的观点,人民在宪政体制下拥有最高权力:"人民,而非政府拥有绝对主权","审查权(censorial power)是人民施加于政府,而不是政府施加于人民",因此,依据宪法建立的政府无权制裁批评政府和官员的言论。① 这就是说,宪政体制本身就否定了煽动性诽谤的说法,对于政府及其官员而言,根本就不存在某种被称为诽谤或煽动性诽谤的犯罪。但实际上《反煽动法》终止效力的唯一后果仅仅是,在联邦政府及其官员层面上,诽谤作为刑事犯罪被起

---

① See William J. Brennan, "The Supreme Court and the Meiklejohn Interpretation of the First Amendment," *Harvard Law Review*, Vol.79, No.1, 1965, p. 15.

诉将不再有法可依，①但这并不意味着诽谤作为一种刑事犯罪在美国范围内已不再存在。事实上，在美国各州及以下层面，诽谤作为刑事犯罪依然经常被起诉到法院。究其原因，首先，《反煽动法》仅仅是失去效力，而不是因为其与美国宪法及《第一修正案》相冲突而被废除。这表明尽管《反煽动法》在法理上违背了美国的基本立宪精神，但这一点并未作为一个法律问题而被提交到联邦最高法院进行研究。其次，即使联邦法院把《反煽动法》作为违宪的法令予以废除，但按照美国的立法、司法体制，联邦宪法和法院对于各州及以下的司法活动并没有管辖权，各州可以按自己的情况制定和实施某项可能限制联邦宪法所规定的公民权利或特权的法令。这种状况一直延续到1868年《宪法第十四修正案》的修正才得以改变。也正是因此，在《反煽动法》终止效力之后，美国各州依然有权依据普通法处理各种涉嫌诽谤的案件，而且在其司法过程中还一直奉行所谓严格责任原则（rule of strict liability）。

1938年美国法学会（American Law Institute）出版的《侵权法重述》（*Restatement of Torts*）列举的侵权案中的司法豁免为严格责任原则提供了很好的诠释：真相、同意及以公共利益为基础的有限豁免。《重述》称，这一有限豁免仅仅适用于实质性的公共利益，如防止某项犯罪或逮捕罪犯等特定时刻，并特别指出，"不向那些对有关官员或官员候

---

① 这一点在1812年美国最高法院关于"合众国诉胡德逊和古德温"（*United States v. Hudson and Goodwin*）一案的判决书中获得确认。该案是美国最高法院处理的第一起有关诽谤的诉讼，该判决书称，本案所示唯一问题是，联邦巡回法院是否有权依据普通法审理刑事案件。我们之所以如此慎重地提出这一问题是因为本庭有关诽谤案的判决将适用于其管辖权并未被依法授予法庭的案例。多年来其他案例中从未主张过此种管辖权，人们对此的默认表明，主流意见倾向于否定这种管辖权。William J. Brennan, "The Supreme Court and the Meiklejohn Interpretation of the First Amendment," *Harvard Law Review*, Vol.79, No.1, 1965, p. 56.

选人的事实做了虚假且有损其声誉的陈述提供豁免权"①。《重述》列举的司法豁免表明,《反煽动法》终止效力并不影响官员们依据普通法对涉嫌诽谤的新闻和媒介在联邦法院以外的法院提起诉讼,在这种诉讼中,真相几乎是唯一可以用以对抗诽谤诉讼的武器。实际上,承认真相在诽谤辩护中的绝对有效性也是司法进步的结果,1804 年纽约州法院在对"人民诉克劳斯威尔"(People v. Croswell)一案的判决中就认为,诽谤性出版物需要以"真实及以正当合理的目的作为善意动机"(were true and good motive for justifiable ends)作为辩护理由。这一判决在真相原则之外还附加了"善意动机""正当目的"的条件,如以诚实意愿告知公民有关政府及其所选举的官员的信息,而不是故意损害相关人的声誉等。这就是说,仅仅真相并不能作为诽谤获得辩护和豁免的理由,对于卷入诽谤诉讼案的报纸发行人来说,为使自己免于惩罚就不仅要举证所载有关事实确凿无误,还要举证报道内容与公众和公共利益密切有关。显然,真相原则和善意动机原则极大地增加了报纸发行人的举证负担,沉重的举证责任和严厉的惩罚无疑使报纸报道和批评政府、官员的自由度受到了极大的限制,19 世纪 30 年代以后逐渐兴起的廉价报纸专注于报道警局、法庭、医院等社会化、市民化主题而淡化政党报纸强烈的政治化倾向,很难说与诽谤诉讼中的严格责任原则不具有关联性。

有意思的是,正是作为真相原则附加条件的善意原则促成了新闻诽谤诉讼案的解放,"善意动机"作为侵权豁免的依据尽管最初仅仅是真相原则的补充条件,但在美国个别州的司法实践中,"善意动机"逐渐超越了真相原则而成为侵权豁免的主要原则,也就是说,在一定程度上放松了对真相原则的刚性要求。即使新闻所载事实存在虚假,但

---

① See James J. Brosnahan, "From Times v. Sullivan to Gertz v. Welch:Ten Years of Balancing Libel Law and the First Amendment," *The Hastings Law Journal*, Vol.26, 1975, pp.778-779.

第三章　真相：新闻德性实践的基本形式

如果其的确出于善意动机，也可以获得豁免。这种变化主要发生于内战结束至19世纪90年代之间。这种情况的进一步变化是"善意动机"原则的举证倒置，从由诽谤等侵权行为的被告举证自己的善意动机发展为侵权诉讼的原告举证被诉侵权者具有恶意。① 1964年，当阿拉巴马州首府蒙哥马利市（Montgomery）的三位民选专员之一苏利文起诉纽约时报刊载包含错误事实的广告对其声誉构成损害一案上诉到联邦最高法院时（著名的"纽约时报诉苏利文"案，如此命名是美国法院对案例编辑命名的惯例，提交上诉的一方将在上诉法院成为原告，而不论其在最初的诉讼中处于什么地位），美国已经有十个州开始采纳这项侵权豁免原则，包括最初审理此案的阿拉巴马州。联邦最高法院对"纽约时报诉苏利文"案的判决最终使"实际恶意"原则成为诽谤诉讼的普遍原则。在由大法官布伦南（William J. Brennan）撰写的法庭意见中，最高法院明确"要求制定一项联邦法规以禁止政府官员向与其职务有关的、不真实的诽谤言论索取赔偿，除非他能证明这种言论具有实际恶意——明知虚假或不顾后果的漠视真伪"②。根据这一判决，如果政府官员或公共职务的候选人（后来进一步发展到公众人物以及被动卷入公共事件的普通人）发起一个诽谤侵权诉讼，他就不仅要举证被诉侵权者所述事实不真实，而且要举证被诉侵权者在发布这一事实时明知其为虚假或明知其有损于他人的声誉而故意对其真伪不加核实，具有所谓"实际恶意"。显然，"实际恶意"原则通过提高诽谤侵权诉讼的举证难度，很大程度上限制了政府及其官员利用诽谤侵权控制、惩罚公众和新闻界的批评的企图，麦迪逊所谓"审查权属

---

① John E. Hallen, "Character of Belief Necessary for the Conditional Privilege in Defamation," *Illinois Law Review*, Vol.25, 1931, pp. 865-876. Hallen掌握的以"恶意动机"作为附加诉由的案例最早出现于1850年，但主要是在内战之后。他发现，有些案例法庭要求原告需要举证被告缺乏善意，有时则要求原告必须举证被告具有恶意才能获得诽谤诉讼的救济，尽管有这样的区别，但恶意作为诽谤诉讼的诉由的确已经确立。

② New York Times v. Sullivan, 376 U.S. 254(1964), J. Brennan's opinion of the court.

于人民""人民而非政府拥有主权"的伟大理想因此增加了其现实性依据。

从"越是真相越构成诽谤"到真相与善意动机的豁免权,再到"实际恶意"原则,诽谤及其惩罚施加于新闻自由的威胁在长达几个世纪的时间里无疑呈现出逐渐减少之势。相对于伊丽莎白时代的入狱、体罚甚至死刑,西方现代新闻在监督、批评政府和政府官员时既无人身安全之虞,"实际恶意"原则甚至可以在多数情况下保护其免受经济赔偿之责。那么,我们是否可以认为,现代新闻已经彻底解除了被诉诽谤这一最大威胁,公众和新闻可以无所顾忌地监督和批评政府与官员,自由地讨论和评论公共官员、公共事务了呢?考查"纽约时报诉苏利文"案之后的新闻与司法实践,对此实际上很难做出乐观的回答。其原因在于,首先,依据该案的判决,诽谤诉讼的原告需要举证作为被告的新闻界在发布不实事实时是否具有恶意,这就需要赋予原告了解和把握被告心理状态的权利,也就是说,需要允许原告通过查证被告的新闻采访、编辑过程以便了解记者、编辑是否主观上知道可能的不实,进而根据其主观态度判断其是否具有实际恶意。新闻界内部作业的众多具体细节,诸如记者的采访笔记、录音、录像等原始材料,编辑与记者之间相互交流的相关记录以及编辑会议记录等都不得不因此被公开以接受审查。这种权利在1979年的"赫伯特诉兰都"(*Herbert v Lando*)一案中获得了最高法院的确认。由大法官怀特(Byron R. White)撰写的法庭意见明确指出,当新闻界因被认为散布了诽谤性不实信息并对原告名誉造成损害而被起诉时,如果原告要求的查证能提供证明其诉求的关键部分的重要证据,被告无权拒绝原告对发表这一信息的编辑过程进行查证。① 这一判决的重要影响是,进行新闻报道和评论敏感事件、敏感人物时需要时刻准备着应对来自新闻界外部充满敌意的审查,新闻从业者参与公共事务的自由度、主动性乃至其个

---

① Herbert v. Lando, 441 U.S.(1979), J. White's opinion of the court.

人的伦理意识都将面临严峻的考验。

其次,尽管"实际恶意"原则增加了作为诽谤诉讼的被告的新闻界在诉讼中获胜的概率,然而诉讼过程本身对于记者与媒介来说也是一场巨大的人力、财力消耗。因此,尽管现代新闻的政治、司法环境有了极其可观的改善,但从根本上说,应对诽谤诉讼、确保新闻自由的最有效的方式依然是真相。《新约·约翰书》称,"真理必令你们得以自由",对于新闻实践而言,这条格言似乎可以改为"唯真理(真相)乃令你们得以自由"。以认识论反思"实际恶意"原则的法理论证,所谓"明知虚假或不顾后果的漠视真伪"的新闻失实不受《第一修正案》保护的根本原因还在于,这一原则假定,尽管某些信息发表后被证实其并非真相,但记者、编辑在处理这些信息的过程中却确信其为真确的事实。显然,"实际恶意"原则得以确立的真正原因依然是新闻作为报道真相的事业的理论推定。这样看来,"唯真理而能得以自由"与"唯自由而能得以真理"实际上分别在为新闻自由与报道真相提供工具主义的价值论证,新闻自由与报道真相因此也就成为两个密切关联的新闻基础性德性。

真相(真理)的价值论证也可以在更为广泛的意义上通过对大众新闻传播的功能的分析而实现。现代传播理论关于大众传播的社会功能的基本理解主要来自拉斯韦尔(Harold D. Lasswell)和施拉姆(Wilbur Schramm)。1948 年,在题为《传播在社会中的结构和功能》("The Structure and Function of Communication in Society")一文中,拉斯韦尔指出,传播有三个明显的功能:监视环境、联系社会的各组成部分以对环境做出反应、社会遗产的代际传承。[1] 1957 年,施拉姆则在其名著《大众传播的责任》(Responsibility in Mass Communication)一书中提出了大众传播的五功能说,他将大众传播与人际传播进行类比,

---

[1] 〔美〕拉斯韦尔:《传播在社会中的结构和功能》,见〔英〕巴雷特、纽博尔德编:《媒介研究的进路:经典文献读本》,汪凯等译,北京:新华出版社 2004 年版,第 112 页。

指出大众传播与传统的个人传播相似,有着守望、会议、教师、娱乐和商业的功能。① 比较这两位著名新闻传播学者的观点,除了施拉姆发展的娱乐、商业两个次要功能,两种说法其实极其相似,只不过施拉姆的阐释更为细致。对于守望、会议、教师三功能,施拉姆解释说,守望功能是"帮助我们正视地平线",会议功能是"帮助我们把我们的反应,与出现在地平线上的挑战与机会结合起来,并针对所要采取的社会行动达成共识";教师功能是"帮助我们把我们这一个社会的文化传授给新参加的分子",其办法是"经常把我们社会的任务与早已为人接受的习俗介绍出来"。在施拉姆看来,大众传播组织的守望功能如同古时社会的信使和一站传一站的鼙鼓、狼烟,传递着边境和国家内部的种种警报,以唤起人们的关注和行动;会议功能则如同"亲族商议与镇民大会","来推敲反对派的论调、来观察反对派的候选人,并来了解我们解释好了的种种选择性行动路线";教师功能则如同日常生活中父母亲的言传身教、学校教师的教诲和训导,向我们传授社会生活的知识和规范。施拉姆对新闻传播的功能阐释实际上将其与族群、国家或一定社会、社区的生存、发展和文化延续密切联系起来。然而,他和拉斯韦尔共同忽视的问题是,并非一般意义上的新闻传播活动就自然地具有这种关涉族群、国家等的生死存亡的功能,真正具有监视、联系、文化传承,或者说守望、会议、教师等功能的传播活动只能是以报道真相为基本信仰的特定新闻传播。

以监视或守望功能而论,其基础对应于真理理念的客观论界定——真相,即事件或态势的原形,或者说准确的、能够核实的事实。对于这种事实或真相的价值或意义,施拉姆的类比提供了清晰的展示:在人类早期生活中,信使和鼙鼓所传递的"地平线"上的消息,诸如狩猎对象的迁徙、邻族的入侵等,往往与族群中每个人的食物来源、人

---

① 〔美〕施兰姆:《大众传播的责任》,程之行译,台北:远流出版公司1992年版,第57—59页。此书作者Wilber Schramm译作施兰姆,依照大陆学界的惯例,这里称其为"施拉姆"。

身安全等基本需要密切相关,信息的发布因而直接关系到族群及其成员的生存与安全。无论作为整体的族群还是其个体成员都要求这些消息必须是实实在在的事实,既不能虚假,也不能疏漏或矫饰,即所谓truth或真相。用信使或鼙鼓来传递信息无疑是极其简陋的传播或新闻样式,但也正是因为传播手段匮乏,原始的新闻活动展示了人类新闻传播活动的基本元素及其意义。所谓监视环境,需要向社会及其成员公告的,往往是自然或社会秩序的非正常状态。作为古代信使或鼙鼓事业的近现代遗嗣,大众新闻媒介最为热衷的报道对象依然是战争、地震、洪水、飓风、海啸、传染性疾病、工业污染等直接威胁人类生命、财产安全的突发性事件,即危机或灾难事件。然而,新闻内容的重要性并不意味着新闻报道自然地与事件的实际状态相一致。莫罗奇和莱斯特(Harvey Molotch & Marilyn Lester)为此提供了一个很好的例证。1969年1月,美国圣巴巴拉(Santa Barbara)地区发生原油泄漏,导致大规模环境污染,时任总统尼克松前往该地区的一个海滩视察。新闻对此进行了报道,并称受污染的海滩已经清理干净,但实际上就在距离总统到访地不远处,海滩依然浸满原油。[1] 如果说新闻传播以监视或守望为基本社会功能,这种被莫罗奇和莱斯特称为"符号的政治使用"的新闻报道却只可能误导公众。因此,仅仅报道是不够的,只有为事件提供较为全面的报道,报道准确的真相,才可能对环境实现有效的监视。

应该说,监视环境还只是对真相报道的功能性价值的抽象描述。在危机或灾难发生的不同阶段,报道真相的功能性价值有着不同的具体表现。总体来看,新闻关注的危机或灾难主要有以下四类:因地质、气候等自然原因引发的人与自然关系的灾难性失序,即自然灾难,如地震、飓风、洪水、海啸等;因种族、文化、阶级间紧张关系的长期积累

---

[1] See Harvey Molotch & Marilyn Lester, "Accidental News: The Great Oil Spill as Local Occurrence and National Event," *The American Journal of Sociology*, Vol. 81, No. 2, 1975, p. 253.

而导致的社会骚乱、恐怖主义袭击等社会危机事件;因人类行为失当所引发的自然生态方面的灾难性事件,如原油泄漏、工业污染、核污染等;如2003年因新型传染性病毒SARS大规模传播而引发的公共危机等,其在形态上也总会表现为前事件、危机爆发、延迟影响等阶段。前事件描述危机或灾难的诱因形成而未发生实际影响的状态,如飓风生成但未影响沿海居民或相关船只、地震引发海啸但未抵达海岸线、社会危机的诱导事件发生但未形成广泛的社会影响等。不同性质的危机或灾难的前事件或隐或显,甚至难以判定(如目前的科学手段仍不能对地震做出准确预报,因此也就不可能存在有意义的前事件),而新闻监视功能的最大意义就在于在灾难或危机形成前对诱因事件的真相进行及时、充分而准确的报道,从而发挥预警功能。充分的灾难预警,将极大地降低灾难的破坏性水平。以2004年12月造成近30万人遇难的印度洋海啸为例,地震引起的海啸抵达最近的海岸历时超过一小时,而多数情况下人们只需十多分钟即可撤至安全地带。尽管极小的时间差限制了新闻报道的作为,但如果综合运用电视、广播、喇叭等多种传播手段,地震和海啸的信息还是可以在海啸抵达前被部分送达灾区民众,成千上万的人将因此而获救。

如果说地震、洪水、海啸等灾难源于不可抗拒的自然力,因而具有必然性,对前事件的真相报道也只能减少损失,那么对于由种种人为因素导致的社会冲突事件而言,真相却可以缓解、消除冲突,从而有效地阻止危机事件的发生。以1992年美国的洛杉矶骚乱(Los Angeles riots)为例,这起骚乱共造成"2383人受伤、51人丧生、700多家商铺被焚烧,财产损失估计超过10亿美元"[①],其诱因事件是1991年3月四名白人警察在拦截超速行车的黑人罗德尼·金(Rodney King)时使用了暴力,以及一年后洛杉矶地方法院对四名警察所做的无罪判决。由

[①] Albert Bergesen & Max Herman, "Immigration, Race, and Riot: The 1992 Los Angeles Uprising," *American Sociological Review*, Vol.63, No.1, 1998, pp. 39-54.

于白人警察逮捕罗德尼·金的后半程被路人录像,录像带经过剪辑后又在地方电视台、电视新闻网被反复播放,公众据此普遍相信这是一起源于种族歧视的警察施暴事件,这种判断引发了大规模的抗议活动及其后的社会骚乱。然而,事实真相却是,罗德尼·金不仅酒后超速驾车,而且有在警察要求其停车检查时加速逃逸、以模仿性行为的方式侮辱女警、主动攻击执法警察等违法行为。庭审时逐帧播放的录像显示警察执法并无明显过错,但由于罗德尼·金的违法行为均未被路人摄入录像,庭审过程也未向公众公开,真相因而未能呈现于公众面前。因此,虽然说种族问题一直是诱发美国社会冲突的重要因素,但具体到罗德尼·金案本身却与种族矛盾并无关联。对照1995年的辛普森(O. J. Simpson)杀妻案这一"世纪大审判",我们有理由相信,如果罗德尼·金的违法事实得以被准确披露,如果新闻能够直播庭审现场,洛杉矶大骚乱完全能够避免。

灾难或危机一旦发生,新闻不仅需要随时跟踪情势的发展变化,需要进一步调查、分析危机产生的原因及其破坏性与趋势,而且需要研究、商讨危机情境下快速而合理的应对措施,分析、评价既有应急举措的合理性,等等。显然,后者就不再仅仅是所谓监视而更多地接近于拉斯韦尔、施拉姆所说的联系或会议功能。不同于监视过程中的信息单向散播,联系或会议的过程强调以新闻作为载体的信息共享与意见交流。但这种共享、交流之所以能发生,之所以能形成意义,其条件是把真相(真理)视为全部联系或会议过程的出发点与归结点,尽管作为出发点与归结点的真相(真理)并不是同一个概念:作为出发点,真相(真理)强调事实的确凿;作为归结点,真相(真理)强调决策或意见赖以形成的判断以及分析的正当性(legitimacy)、合理性(rationality)。如果在新闻实践中抽去了确凿的事实与合乎理性的判断以及分析这两个事关真相(真理)的基本内核,新闻传播的会议或联系功能立刻就付之阙如。当然,以功能主义的观点看待新闻活动,会议或联系也只是解决危机或其他社会问题的一种方式,而方式并不是目的。如果危机或其他社会问题并不需要新闻及其分析、评论所发挥的会议或联系功能就能够解决，那么这种功能似乎也就变得可有可无。但实际上，只要理性的真相确认与分析受到了干扰，判断和决策的正当性与合理性都会成为问题。美国"9·11"恐怖袭击事件的相关新闻报道与评论为此提供了很好的例证。

2001年9月11日，多名受过严格训练的阿拉伯人驾驶被他们劫持的飞机撞击美国纽约世贸大楼、华盛顿五角大楼等重要建筑，致使数千平民伤亡。这一事件在一定程度上颠覆了现代种族、文化间对话、交流的既有秩序，并因此而成为世界政治、经济与文化关系发展史上的重大转折点，即当不同种族、文化群体间的政治、经济利益与文化诉求发生分歧与紧张对峙时，如果弱势一方的主张没有正常的表达渠道，针对无辜平民的恐怖袭击将作为一种极端的意见表达方式被使用。但这种在种族、文化间的结构性对峙关系中对"9·11"事件的思考却很少出现在美国政府的文告和新闻界的报道与评论中。多项研究表明，"9·11"事件之后，美国新闻界形成了自我审查的总体氛围，多数的新闻报道和评论都成了官方言论的回声，而失去了独立观察与思考的愿望和能力。[①] 这一阶段的首选新闻是不断重播飞机撞上世贸大楼和大楼在烈火中倒塌的可怕画面，其次则是由总统布什及其政府官员、社会影响人士鼓吹向恐怖主义开战的战争动员。布什坚称"9·11"事件是伊斯兰极端主义组织发起的一场战争，他要求其他国家做出选择："要么支持我们，要么支持恐怖分子。"凡是与这样的判断相异的声音则受到政府与公众的严厉批评，电视娱乐节目主持人比尔·马赫（Bill Maher）和著名作家苏珊·桑塔格（Susan Sontag）先后成为这种从政府到民间的全社会性的意见审查的牺牲品。马赫的不

---

① 〔美〕W.兰斯·班尼特：《新闻：政治的幻象》，杨晓红等译，北京：当代中国出版社2005年版，第24—26页；Sue Lockett John (et al.), "Going Public, Crisis after Crisis: The Bush Administration and the Press from September 11 to Saddam," *Rhetoric & Public Affairs*, Vol.10, No.2, 2007, pp. 200-202。

幸是,他对把所有人都看成恐怖分子的做法提出了批评。在他的一位节目嘉宾说到"不管是谁,只要愿意为他们的事业牺牲就不是胆小鬼"之后,马赫评论道:"我们从 2000 英里之外发射导弹,这种做法才是胆小鬼的做法。"桑塔格则仅仅是在一则时事评论中指出,公众对这一事件进行讨论以及对事件背后的原因进行分析时,应该试图去了解我们的敌人到底是谁,而不是简单地用"胆小鬼"一词就把这种寻根问底给掩盖了。她呼吁公众:"让我们一同悲伤,但不要一同犯傻。"马赫的评论受到白宫新闻秘书的严厉批评,这位秘书在更广泛的范围里提出警告:"这一提醒也是针对所有美国人的。他们需要注意一下他们的言行,现在不是说这种话的时候。"对于桑塔格的批评来自众多新闻人士,甚至包括《纽约时报》《华盛顿邮报》等主流媒介的专栏作家。《华盛顿邮报》的评论文章称,这些恐怖分子就是胆小鬼,美国人不必先屈尊去了解他们的动机,然后再把他们绳之以法。

美国华盛顿大学的兰斯·班尼特(Lance Bennett)教授认为,"9·11"事件之后美国政府成功地实现了"利用新闻进行统治",但同时公众则可能会为此付出沉重的代价,这个代价包括海外军事行动中的流血牺牲和国内的自由生活。这种判断已被此后连续发生的阿富汗战争、伊拉克战争以及美国国内越来越严密的安全监察与控制所证实。这种后果的产生主要应该归因于新闻界对联系或会议功能的主动放弃,他们轻率地接受了官方对事件原因的解释,并主动审查和压制各种不同意见的表达。按照前节所述,作为价值的真理常常以意见的一致性作为表征,只不过这种意见一致需要经过多种具有部分真理性的意见之间长时间的交流和讨论才能获得。因此,失去了联系或会议这一功能意义的新闻传播实际上也背离了讲述真理的价值追求。或者我们更加明确地认定,新闻传播的会议或联系功能与报道真相的道德原则有着内在的一致性。当一个社会问题在新闻中仅仅表现为某种特定观念的单声道传播,真相、真理随即消失,这一社会问题则因此将不得不依靠监控、查禁以及战争等强制、暴力手段被解决。

显然,当我们接受了用真相(truth)来统称作为事实的真相与作为价值的真理这一观念时,人类新闻传播活动的社会功能也就只可能建立在报道真相这一基本定性之上。这一观念也适用于拉斯韦尔和施拉姆所谓新闻传播的教师或文化传承功能的实现。从社会的总体风貌上看,所谓文化,即价值观或生活方式总是以多样性与个体选择的形式表现出来,新闻传播实现文化传承的社会功能因此也就需要尽可能准确地描述多样化的生活方式,也就是新闻自由委员会所倡导的使新闻媒介成为"一个供社会各群体互相传递意见与态度的工具"[1]。委员会认识到,人们在很大程度上凭借好恶印象做决定,而这个好恶印象的形成往往源于某种非理性的固定成见。社会文化的传承、不同社会文化群体之间相互尊重与理解的关系的确立,需要新闻准确地描绘各社会群体的文化取向的真相,包括其缺点和恶习,更包括其对"价值观、抱负和普遍人性的认可"。当然,每个具体的新闻媒介总是隶属于某个特定社会文化群体,因此,委员会更要求新闻机构作为教育工具,"必须在陈述和阐明本共同体应该为之奋斗的理想中承担起教育者的责任"[2]。然而,无论是描述他者还是描述文化自我,作为教育者或文化传承者,其功能实现在根本上同样需要建基于对文化真相的发现与再现。

因此,当我们认同拉斯韦尔与施拉姆关于人类新闻传播活动的社会价值与功能时,我们实际上也对报道真相作为一种新闻德性的合理性做出了基本认定——这些功能的实现依赖于其对真相(真理)的感知、体验、理解以及最终的报道过程。然而,合理性并不是现实性,新闻报道真相的伦理主张最终能否实现并不取决于人们的意愿,而依赖于人们认识、表述真相的能力,因此,进一步思考作为新闻"第一义务"的报道真相,我们需要回到具体的新闻实践,回到新闻与真相之间历

---

[1] 〔美〕新闻自由委员会:《一个自由而负责的新闻界》,展江等译,北京:中国人民大学出版社2004年版,第11页。

[2] 同上书,第15页。

史性关系的建构过程。

第三节 报道真相的新闻德性实践

20世纪之前,尽管人们针对新闻活动中种种夸张、煽情、虚构情节等现象不断提出批评,但似乎并未从根本上质疑过新闻报道真相的可能性、思考报道真相的难度。1896—1897年间,赫斯特的《纽约新闻报》关于古巴的西班牙殖民政府警察因怀疑美国公民携带秘密文件而命令美国妇女脱衣搜查的报道掀起了美国人反西班牙的舆论狂潮,不久之后却查明该报道所配插图在重要细节上失实(插图显示搜查美国妇女的是西班牙男警察,而这次盘问和检查实际上由女警完成),但人们对于此事的批评也仅限于插图作者仅凭想象虚构情节。进入20世纪之后,特别是经历了第一次世界大战期间的新闻宣传战,新闻报道真相的可能性问题日渐成为新闻理论研究的重要内容。1922年,沃尔特·李普曼出版了被詹姆斯·凯瑞(James W. Carey)称为"美国媒介研究的奠基之作"[①]的《公共舆论》,真理(真相)与新闻第一次作为区别性概念被提了出来。

《公共舆论》出版两年前,当李普曼撰写《自由与新闻》(Liberty and the News)时,他还未曾意识到"真理(truth)"和"新闻"(news)是两个完全不同的概念,因此,在书中经常交替地使用这两个术语,并认为两者的意义可以相互置换。但在《公共舆论》中,李普曼对新闻表达真理的能力提出了根本性质疑,他明确提出,"新闻和真相并非同一回事,而且必须加以清楚地区分"。[②] 这一区分从根本上改变了西方媒介研究的基本议题,以认识论为基础的"真理的可能性"第一次超越了"自由的可能性"成为媒介研究中的核心问题,从而建构起一种新的

---

① 〔美〕凯瑞:《作为文化的传播》,丁未译,北京:华夏出版社2005年版,第54页。
② 〔美〕李普曼:《公共舆论》,阎克文等译,上海:上海人民出版社2002年版,第283页。

"美国特色"的西方媒介研究体系。李普曼之前的媒介研究的基本假定是：如果人是自由的，那么他们将拥有完备的信息；如果信息是完备的，那么他们可以理智地选择最有效的手段来实现自己的目的。也就是说，获得完备信息的人将凭借其理性能力自动选择善的行为方式，从而在总体上实现善的社会行动。因此，对于新闻人来说，最为重要的问题就是如何确保自由的环境，以对抗政治性的或机构性的破坏势力（如政府、权力集团的操纵或资本的宰制等）。一旦拥有对抗这些势力的自由，真理与社会进步就能够得到保障。但《公共舆论》对此深不以为然。在李普曼看来，自由的新闻报道并不必然地带来真相的澄明（或"真理的现身"）。这倒并不是说，他有证据从整体上怀疑或指控新闻记者服务于真理的诚实性，或者说，记者有着隐瞒真相、实施欺骗的意向，而是因为他发现，新闻与真相具有完全不同的功能：新闻的作用在于"突出一个事件"，或者说，使人们意识到这个事件的存在；真相的作用则是"揭示隐藏的事实，确立其相互关系，描绘出人们可以在其中采取行动的现实画面"。李普曼认为，"只有当社会状况达到了可以辨识、可以检测的程度时，真相和新闻才会重叠"①。考虑到现代社会的复杂性注定不会使"社会状况达到可以辨识、可以检测的程度"，李普曼对新闻与真相（真理）的关系显然给出了一个悲观的，甚至令人绝望的理解。鉴于新闻仅仅只能"突出某一事件"使人知晓，新闻之于真理的意义，以及新闻本身的意义随即付之阙如。

李普曼如此判断的理论基础是，人们并非直接认识生活于其中的世界，他们所能认识的仅仅是他们头脑中关于世界的图像，是他们本人对世界所做的一种想象或表征（representation）。这就是说，在李普曼看来，人和环境之间、作为认知主体的人和他生活于其中的世界之间被楔入了一个拟态环境（pseudo-environment）。这个拟态环境既是

---

① 〔美〕李普曼：《公共舆论》，阎克文等译，上海：上海人民出版社2002年版，第283页。

新闻赖以形成的基础,又是新闻建构功能的结果。李普曼认为,现实世界是图像化的,真相可以通过独立而客观的、图像化的现实而不是与现实相对应的语言来表现。新闻不能像图像一样呈现现实或提供相应的真相,它只能提供一种信号,表示有些事正在发生,即所谓"突出一个事件"。用李普曼的话说,事件成为新闻,"必须形成某种确定的形态",因此,"新闻不是社会状况的一面镜子,而是对已经显露出头角的那方面的报告"①。但这个"显露出头角的方面",从根本上说还是所谓拟态环境的组成部分,或者也可以说是受制于李普曼另一个重要术语"刻板成见"(stereotype)所描述的文化心理而选择的结果。因此,新闻尽管是人们对于现实世界的一种表征,但这个表征和世界的真相之间却明显地分隔着,它们难以合而为一。对此,李普曼说,"与医学、工程学甚至与法律不同的是,应用心理学没有什么权威的清规戒律能够在记者的头脑从新闻进入朦胧的真相领域时给他以指导。没有什么准则去指导头脑,也没有准则来制约读者或编辑的判断。他对真相的说法只是他自己的说法"②。这一观点数十年后被莫洛奇和莱斯特发展为"作为目的性行为"的新闻观,塔奇曼等人的研究则进一步提出了西方新闻学领域著名的框架理论(theory of frame)。③

李普曼之所以提出新闻报道真相的可能性问题,是因为新闻"承担着对整个人类生活进行解释的责任,以使每个成年人都对每个悬而未决的问题产生一种见解",新闻机构因而普遍被看作是"直接民主的

---

① 〔美〕李普曼:《公共舆论》,阎克文等译,上海:上海人民出版社 2002 年版,第 269—270 页。
② 同上书,第 284 页。
③ Harvey Molotch & Marilyn Lester, "News as Purposive Behavior: On the Strategic Use of Routine Events, Accidents, and Scandals," *American Sociological Review*, Vol.39, No.1, 1974, pp. 101-112; Gaye Tuchman, "Objectivity as Strategic Ritual: An Examination of Newsmen's Notions of Objectivity," *The American Journal of Sociology*, Vol.77, No.4, 1972, pp. 660-679; Gaye Tuchman, "The Technology of Objectivity: Doing 'Objective' TV News Film," *Urban Life and Culture*, Vol.2, No.1, 1973, pp. 3-26; 塔奇曼:《做新闻》,麻争旗译,北京:华夏出版社 2008 年版;等等。

机构，在更大规模上日复一日地担负着本该由提案、公决或罢免等程序完成的功能"，①这就需要它能够报道真相。对于莫洛奇和莱斯特来说，新闻的意义是为公众形成关于社会与政治的知识，新闻中的事件因成为标记人类经验的时间点(temporal points)而具有建构性意义。莫洛奇和莱斯特认为，人们关于过去与未来的知识与经验是建构和再建构的过程，事件为人们形成过去、现在和将来的时间秩序提供了参照点；对于个体具有时间点意义的，可能是生日、周年纪念日、就业、升职等日常事件。作为公众，这种时间点的建构则是新闻报道的功能，新闻的报道使自然发生的事件(occurrence)成为公共事件(public event)，从而为公众建构起关于社会与政治知识的时间之维，而自然事件之所以成为公共事件，其目的也在于为公众组编公共知识的秩序，而自然发生的事件之所以能通过新闻的组织化过程成为公共事件、成为新闻，是因为各种社会性或政治性的事件需求(event needs)的存在。莫洛奇和莱斯特说，"任何自然事件都是建构公共事件的潜在资源。公共事件如此被建构，则依赖于事件发生期间可能存在的各种目的"②。这些目的也就是所谓事件需求。

自然事件成为新闻的过程中一般会涉及三个行为主体——新闻发起者(news promoters)、新闻组编者(news assemblers)和新闻消费者(news consumers)。发起者基于一定理由、一定的目的确认某一自然事件具有特殊性(因而值得受关注)；组编者处理这些由发起者提供的事件材料，将其转化为特定的装置(set)以便通过出版或广播而将自然事件转化为公共事件；消费者既能使一定的事件成为媒介的资源，

---

① 〔美〕李普曼：《公共舆论》，阎克文等译，上海：上海人民出版社2002年版，第286页。
② Harvey Molotch & Marilyn Lester, "News as Purposive Behavior: On the Strategic Use of Routine Events, Accidents, and Scandals," *American Sociological Review*, Vol.39, No.1, 1974, p. 102.

同时在其意识中形成公共时间的观念。① 然而,既然媒介事件的形成依赖既定的事件需求,自然事件按照一定的事件需求成为公共事件(或者说新闻),实际上也就排斥和压制了按照其他无限多样的事件需求形成公共事件的可能性,因此,在莫洛奇和莱斯特看来,新闻之于真相根本是不相及的,它实质上仅仅是一种目的性行为(purposive behavior)。

两位作者以尼克松总统公开来自越战战俘母亲、妻子的来信的例子来展开这个观点。越战后期,大量参战美军的失踪成为美国国内反战运动的重要根源,失踪人员因此一度成为美国政府(以及新闻报道)中一个讳莫如深的话题。但经过新闻秘书的策划,尼克松总统却在电视新闻中朗读了失踪人员家属的来信(该信呼吁总统关注失踪人员问题),从而使失踪人员议题的性质发生了根本转变——它反而成为政府动员民众继续支持战争的有力手段。莫洛奇和莱斯特认为,这些信件可能仅仅作为私人通信而存在,而其能够成为公共事件(被总统在电视新闻中朗读)则是因为它符合政府继续战争的事件需求。但这一事件需求并非来自失踪人员亲属[信件的写作者,莫洛奇和莱斯特称之为"effector",即自然事件(occurrence)的受影响者],而是来自作为新闻发起者的尼克松。莫洛奇和莱斯特说,尼克松并不是仅仅利用他的职位推进了失踪人员亲属的公共事件需求,而是按照他本人的事件需求发起了一个新的自然事件(朗读信件)并促使其成为公共事件。

至于新闻发起者如何接近媒介,即媒介依据何种规则使发起者的事件需求成为可能,莫洛奇和莱斯特则按照常规事件、危机事件、丑闻事件和偶发事件的分类做出进一步分析,其大体上主要包括惯例性接近(habitual access)、破坏性接近(disruptive access)与同一性接近(i-

---

① Harvey Molotch & Marilyn Lester, "News as Purposive Behavior: On the Strategic Use of Routine Events, Accidents, and Scandals," *American Sociological Review*, Vol.39, No.1, 1974, pp. 103-106.

dentical access）三种模式。惯例性接近如其名称所示,是指个人或团体的地位决定了他们的事件需求与媒介人员制作新闻的行为的常规性一致。例如,总统所说的话、所做的事,总是理所当然地被认为是重要的。以政治新闻为报道对象的记者如果对此持反对意见,他唯一可能的命运就是因此而丢掉工作。在现代新闻媒介的运作体制中,总统、参议员、政府部门人员等权力精英总是拥有远远超出一般公众的接近媒介的机会,常规新闻总是习惯于以他们为报道对象。① 一般公众接近媒介、成为新闻的主角则往往意味着媒介常规运作模式的中断或被破坏,这种接近也往往意味着社会正常秩序的紊乱,如发生了游行、静坐示威等。所谓同一性接近,则是指媒介主动挖掘新闻,新闻的发起者与组编者在身份上合二为一,如以政治丑闻为对象的调查性报道等。

莫洛奇和莱斯特关于作为目的性行为的新闻观为塔奇曼的框架理论所印证。② 依据桑德斯(Danny Saunders)在《关键概念》中的界定,框架理论是美国社会学界与新闻学界在20世纪70年代针对社会知识与经验的建构(organization)过程所形成的理论体系。该理论认为,人们形成知识与经验的过程实际上是将日常生活的现实图景纳入一定的框架,并以此为基础形成对社会情景的理解和反应。这个框架将某一次的接触或事件与另外一次的接触或事件区别开来,就像一幅画的框架在墙与画之间标出清晰的界限一样。对于塔奇曼在媒介与

---

① "News as Purposive Behavior"的相关研究和"Accidental News"证实了这一论点。后者是莫洛奇和莱斯特针对1969年1月发生的圣巴巴拉海滩油井泄漏事件的媒体报道的实证研究。See Harvey Molotch & Marilyn Lester, "Accidental News: The Great Oil Spill as Local Occurrence and National Event," *The American Journal of Sociology*, Vol.81, No.2, 1975, pp.235-260,尤其是 pp.243-244。

② 莫洛奇和莱斯特等人的观点略晚于塔奇曼关于框架理论的核心论文"Objectivity as Strategic Ritual"(1972)和"The Technology of Objectivity"(1973),但又早于形成框架理论的经典文献《做新闻》(1978)。两种研究相互征引,相互支持。虽然一般在讨论框架理论时并不包括莫洛奇和莱斯特的研究,但这一研究也可以被看作框架理论的一个分支。

新闻研究中提出的框架,费斯克等人说,"就是进行选择的原则——是刻意强调的、解释与呈现的符码。媒介生产者常用它们建构媒介产品与话语,它能够帮助新闻记者迅速并按照常规处理大量不同的甚至是矛盾的信息,把它们套装在一起。这样,这些框架就成为大众媒介文本编码的一个重要的制度化环节,同时也可能在受众的解码活动中发挥关键性作用"[①]。究其实,作为框架(frame)的新闻是施加于人类社会生活经验与体验整体的切割过程,这种切割是通过报道或不报道而实现的。从根本上说,人类的生活经验与体验是在具有连续性与整体性的时间与空间里发生的,而新闻的报道或不报道却将一部分经验或体验纳入叙事"框架"(实际上也是人类历史记忆的框架),相应地把另一部分经验与体验排除在外,从而打破了人类经验与体验的连续性与整体性。应该说,这种具有切割性质的框架是人类认识与知识建构过程中的普遍现象,无论是个体还是作为整体的人类,人的观察视野总是只能指向某处具体的方向而不可能指向全部方向,正如某个人不可能把视线同时投向相反的两个方向一样。这就是说,人类的认识和知识建构总是只能把一部分生活经验与体验纳入框架。如果新闻的框架理论仅仅指出了这一点常识,它还不足以被称为一种关于新闻的社会理论。实际上,新闻框架理论的要点是,它指出了新闻作为框架的基本方式,即"新闻工作总是被置于事实与消息源的相互建构之中,这种建构是由合法机构中的新闻网络的覆盖和竞争伙伴之间的协商所形成的"[②]。也就是说,新闻框架的实质是,成为新闻的事实是那些由分布在现实权力机构中的信息源所提供的事实。

[①] 见〔美〕费斯克等:《关键概念:传播与文化研究辞典》,李彬译,北京:新华出版社 2004 年版,第 111 页。该辞典由 Tim O'sullivan 等人合作编撰,该中文版本称其为"费斯克等编撰",不确。本词条由桑德斯撰写。李彬先生的译文个别地方不够流畅,据黄旦先生《传者图像》中引用的相应文字做了调整。见黄旦:《传者图像:新闻专业主义的建构与消解》,上海:复旦大学出版社 2005 年版,第 231 页。

[②] 〔美〕塔奇曼:《做新闻》,麻争旗译,北京:华夏出版社 2008 年版,第 180 页。

同样是考察"事件成为新闻"的过程,塔奇曼的研究采取了与莫洛奇和莱斯特正好相反的维度——莫洛奇和莱斯特考察新闻发起者如何接近媒介从而使事件成为新闻,塔奇曼则考察新闻机构如何选择事件建构新闻,即新闻机构如何进行新闻的生产与再生产。这一从《作为策略仪式的客观性》("Objectivity as Strategic Ritual", 1972)开始的考察首先发现,记者等新闻采集者及其活动并不是广泛地分布于(用塔奇曼的话说,是"覆盖")社会生活的各个阶层、各个领域,它在形态上更像是一个网络,并且"在空间上定位于中心机构的场所"①。塔奇曼指出,记者的这种网络化分布"具有重要的理论意义",它从根本上建构了新闻的关键要素:由于记者分布网络的基点是市政厅、警察局、法院、公共机构、企业等"中心机构",这种"定位"同时也就限定了寻找具有新闻价值的事件的基本方向,这些机构就成为新闻组织的基本信息源。塔奇曼说,"新闻网络给社会生活设置了某种秩序,它限制了新闻事件发生的场所。显然,记者不可能采写发生场所不在视线范围内的事件"。其次,由于记者呈网络化分布,记者采集的新闻事实往往并不是事件本身,而是各种中心机构提供的关于事件的陈述,即被建构了的事实。在《做新闻》(Making News, 1978)中,塔奇曼这样定义:"所谓事实,是指通过专业的,而且是可靠的方式收集的相关信息。信息的内容、获得信息的方式,以及两者之间的关系都能够被明确说明。"②也就是说,新闻事实必须是可以证实的信息。这自然无可厚非,但问题在于,并不是每一个值得关注的事件都是可以被证实的,尤其是在截稿期内。遇到重大而且无法在短期内获得证实的新闻事件,新闻机构的常规做法就只能是在不同中心机构的信息源中不断地征询意见,通过各个信息源之间肯定或否定的评述,完成对这一事件的"新闻建构"。

---

① 〔美〕塔奇曼:《做新闻》,麻争旗译,北京:华夏出版社2008年版,第47页。
② 同上书,第93页。

为了解释这一过程,塔奇曼虚构了一则"议员声称美国在某种防空导弹的发展上落后于苏联"的新闻。① 作为简单的事实,这里的新闻是议员的"声称",虽然这一"声称"可能是正确的,也可能是错误的。由于这一新闻与国家安全高度相关,仅仅报道议员的观点显然不能满足公众新闻消费的要求,这就需要记者核实议员所称内容的真确性,也就是其真相究竟如何。但是这一真相的实质是比对美苏两国该导弹发展的具体细节,新闻记者显然不可能完成这一任务。于是,记者的所谓核实就只能是通过征询最可能了解情况的信息源,如军方、国防部长等对于议员相关言论的评论来完成。接下来的问题是,国防部长的说法依然不能验证议员所提议题的真假,而且,他关于议员的言论还可能包含一些其他态度,比如,声称议员提出导弹问题的目的是利用国家安全的问题实现政治目的。这样,国防部长的观点进一步生成新的议题,以至于无穷,而构成新闻的核心要素从事实在无形中被转换成对事实的证实,证实的过程取代了对事实的采集成为新闻记者日常工作的主要内容。塔奇曼认为,新闻工作如此这般在诸个信息源之间不断求证,"在事实与信息源之间构建交错的关系",其实质也不过是在"创造并控制矛盾,并把矛盾视作新闻"。②

尽管很难说这种策略仪式化的客观性有多少细节上的虚假(falsity)或谬误(error),因而不可以被称作真相,但这种"不虚假"与"不错误"显然也不是李普曼所期待的真相"揭示隐藏的事实,确立其相互关系,描绘出人们可以在其中采取行动的现实画面"。或者说,策略仪式化的客观性进一步验证了李普曼的说法:新闻与真相并不是一回事。与客观性实践相对应的另一个新闻实践则是诉诸"更高的真相/真理"(higher truth)的观念——编辑或记者们相信其为真却缺少证据证明的真相。在"合成角色"(composite character)、摆拍场景等新

---

① 〔美〕塔奇曼:《做新闻》,麻争旗译,北京:华夏出版社2008年版,第99—101页。
② 同上书,第99页。

闻丑闻的背后,实际上并不缺少追寻真相的内在冲动。20世纪80年代以来,美国几乎所有的新闻伦理著作都将珍尼特·库克(Janet Cooke)和她的《吉米的世界》("Jimmy's World", *Washington Post*, Sept. 28, 1980)列为经典案例细加考量。作为1981年普利策奖的获奖特稿,《吉米的世界》一度成为新闻特稿的典范,其导语更为新闻界所熟知:"年仅八岁的吉米是第三代海洛因吸毒者,这个早熟的小男孩有一头浅棕色的头发和柔和的褐色眼睛,他那婴儿般光滑的褐色小胳膊,密布着针孔的斑点。"①即使库克伪造新闻的事实被揭露之后,两位普利策奖的评委还有过这样一番对话:

——您是否知道我们把普利策奖颁给了一则编造的新闻?

——噢,是不是那个8岁吸毒者的故事?故事太棒了,不是吗?要知道,我们现在评判的是新闻,而不是记者的伦理标准。②

之所以如此,应该说不仅是因为库克生动细腻、触目惊心的新闻写作,更是因为这一新闻的事实主体——华盛顿东南区少年吸毒者的悲惨生活。正是因此,《吉米的世界》的发表引发了人们对少年吸毒这一社会现象的广泛关注,但令人遗憾的是,人们最终发现,所谓"吉米"却查无其人。随着新闻造假被证实,库克不仅被华盛顿邮报社辞退,普利策奖也被追回。然而,很少有人注意到(或者是不相信)库克在新闻造假被揭露九个月之后接受美国全国广播公司(NBC)的《今日》节目采访时的告白。库克称,她本人的确从未遇到过或采访过一个8岁的瘾君子,吉米只是社会工作者向她谈起的少年瘾君子的"综合体",

---

① "Jimmy is 8 years old and a third-generation heroin addict, a precocious little boy with sandy hair, velvety brown eyes and needle marks freckling the baby-smooth skin of his thin brown arms." See http://www.uncp.edu/home/canada/work/markport/lit/litjour/spg2002/cooke.htm.

② See Clifford Christians(et al.), *Good News: Social Ethics and the Press*, New York: Oxford University Press, 1993, p. 55.

但她的确曾花费了两个月的时间来寻找这个社工说过的小男孩,只是发现这个后来被虚构的名叫"吉米"的小男孩已经不在那里了。也就是说,"吉米"的确存在,只是库克未能获得采访其本人及其家庭的机会。① 即使我们对库克的陈述保持怀疑,但凭借常识可以想象一个母亲为妓女、父亲为皮条客的少年正在现代都市的某个角落饱受毒品的摧残,这也正是《邮报》编辑、普利策奖评委对《吉米的世界》的真实性深信不疑的原因。基于这一判断,《邮报》在被威胁如不提供吉米的地址就将受到法庭传唤时,仍然支持库克坚决不吐露信息来源。② 对于库克来说,是否存在一个"胳膊上密布针孔"的吉米自然涉及一种真相,而少年吸毒现象则是另一个"更高的真相"(按照库克的说法,某个社会工作者提供的信息可以作为这个真相的证据)。库克之所以"合成"人物,并不排除促进公众去关注"更高的真相"——毒品吸食者低龄化现象的良好动机。与格拉斯(Stephen Glass)的《黑客天堂》("Hack Heaven," *The New Republic*, May 18, 1998)中纯粹的想象式虚构相比较,同样是反响激烈的新闻造假,库克的行为并非没有合理的一面。作为新闻伦理研究者,我们尽可以对库克合成一个具体的"吉米"这样的新闻造假行为进行严厉的道德讨伐,但如果无视某种"更高的真相"的存在,这种道德讨伐也很可能会有失公允。

库克与《吉米的世界》绝非孤案。当然,这里并不是说新闻造假绝非孤案。正如每个行业总有挑战行业基本规范的冒险者一样,格拉斯式凭空虚构事实的行为不可能完全杜绝,很可能会一直存在。所谓"绝非孤案"是指因为无法获得"更高的真相"的证据,或者,对于电视

---

① 见〔美〕史密斯:《新闻道德评价》,李青藜译,北京:新华出版社2001年版,第127页。
② 《吉米的世界》的新闻造假最终暴露,是由于库克获得普利策奖后,她原来供职的地方报纸发现库克在向《邮报》申请职位时提供的简历与其之前的记录不符,并将这一情况通报了《邮报》编辑,编辑这才开始怀疑库克制造假新闻的可能性,进而开始了对库克的询问和调查。

新闻来说,无法获得"更高的真相"的可视形象而制造假新闻。1992年11月17日,美国全国广播公司的节目《日界线》(*Dateline*)播出的新闻调查《等待爆炸》("Waiting to Explode")即属于后者。这个长达18分钟的新闻调查称,通用汽车公司(General Motors,GM)1973—1987年间生产的一种小货车具有严重的设计缺陷,受到撞击时容易起火爆炸,多年来已有300多人因此而丧生。节目展示了从车祸现场拉出的烧焦的尸体的照片以及针对该型货车设计问题的多起诉讼的法庭文件,并引用独立的汽车安全专家和通用汽车的一位前工程师的录像证词,表明该公司一直知道这个设计缺陷却从未做出任何改进。节目最后,则是一辆空的小货车被碰撞而起火的录像。就《等待爆炸》的报道内容来说,该型号货车是否存在设计缺陷、该设计问题是否是多人丧生的原因,是一个争议性议题,《日界线》的揭丑报道原也无可厚非,但问题是,节目最后的录像并非真实发生的车祸现场,而是一个人为安排的撞车事件,并且为了保证录像成功,受撞击的车辆安装了"点火装置",油箱也加满了油。这起明显的新闻造假事件最终引起通用汽车公司的诽谤诉讼,全国广播公司的新闻部主任也因此而辞职。*NBC vs. GM* 案再次体现了新闻中"更高的真相"与"真确的事实"之间的内在矛盾,因为至少在《日界线》的采编人员看来,他们所掌握的事实已经表明该型货车的设计缺陷是一个确定无疑的真相,而且是关系到公共安全的重要真相,因此才导演了那个后来被全国广播公司称为"一项不科学的展示"的撞车录像。如果将新闻界定为"报道已经发生的事情",库克与《日界线》的编导无疑都违背了新闻的基本规定。但如果将新闻理解为"报道真相的事业",《吉米的世界》与《等待爆炸》等报道却很难说一定不是在践行报道真相的职业理念。这里无意依据苏格拉底的真相观对《吉米的世界》或《等待爆炸》的新闻实践作过度的道德辩护,但新闻获取真相、践行报道真相的新闻德性之艰难由此可见一斑。彼拉多对耶稣自称"特为给真理作见证"的质疑因此也就显得意味深长:"真理,那是什么?"当我们排除了"作为策略仪式的客观性"与"更高的真相"在新闻道德实践中的示范意义,如何从信息源提供的信息中辨识既是真确的事实,又是"人们可以在其中采取行动的现实"的真相就显出异乎寻常的重要性。毕竟,报道真相的道德实践不仅依赖新闻人主观的道德意愿,更依赖新闻人本身所具备的获取、辨识真相的智识与道德能力。

新闻获取信息或真相的关键要素是信息源,但信息源提供的信息并非总是具有真相意义。信息源对于事件的认知明显地不同于新闻记者的专业判断,卡尔·霍斯曼(Karl Hausman)以一例有关车祸的新闻线报表明了这一差异①:市民打电话告知记者某处发生了"可怕的车祸","尸体散布在现场各处",而记者赶到现场所看到的,很可能只是撞弯了保险杠的汽车和两个头部轻微撞伤的司机。就打电话的市民而言,车辆受损、司机血流满面的场景总是"可怕的",医护人员要求伤员平躺以便救护的情形也颇似"现场遍布尸体",但对于记者来说,如此寻常的车祸根本不是具有新闻价值的"真相"。参照历史学者从历史记录中辨识真相的知识体系与史学方法,霍斯曼提出了三项原则用以指导记者、编辑从纷繁的信息中辨识真相:(1)信息源提供真相的能力;(2)信息源提供真相的意愿;(3)普通文件与带有工具性质的文件之间的差别。② 就上述车祸的新闻线报来说,霍斯曼认为,打电话的市民向记者描述"可怕的车祸"的细节,其用意并非误导记者,只不过因为很少看到车祸现场,他实际上无法正确估量车祸的严重性,因而不具有提供真相的能力。与此相似的是某个向媒体声称其所在的工厂即将关闭的车间工人,或是某个声称其所在的城市即将发生大骚乱的市民。社会身份限制了他们难以获得与其所称事项相应的信息,

---

① 〔美〕霍斯曼:《良心危机:新闻伦理学的多元观点》,胡幼伟译,台北:五南图书出版公司1995年版,第60页。

② 同上书,第61页。

无法从整体上把握事态的发展方向,因而一般无法得出正确的结论,也就没有提供真相的能力。

这种身份与视界的限制所造成的整体观察能力的缺乏,霍斯曼称之为"战场上的小班长征候群"。霍斯曼说,一个观察角度有限的步兵很可能会对战场上发生了什么事以及该事件为何发生等问题得出不可靠的结论。例如,有限的观察角度可能使这个班长真的相信,他所在的班是赢得胜利的关键因素。霍斯曼认为,作为战争的亲历者,这个小班长的证词当然不该被轻视,但是,作为新闻记者必须明白,他不可能观察整体战况。小班长的证词必须和主控战局的将军的观点做比对,关于这场战争的真相才可能被揭露。对是否具有提供真相的能力的质疑,在一定程度上也适用于塔奇曼笔下的那位议员。除非该议员对战略武器的发展情况有长期、深入的观察,否则正常情况下,一个政客很难对美苏双方防空导弹的发展水平做正确的比较。不过,用"小班长征候群"来描述以了解信息、代表民意为专职的议员显然并不合适,该议员只是超出了自己能够做出正确判断的议题界线。记者向掌握更多信息的军方求证正是排除"小班长征候群"的影响、获取真相的正确方法。这一求证之所以成为一个客观性的策略仪式,则在于记者忽视了评估信息源提供真相的意愿。

霍斯曼的第二条原则与莫洛奇和莱斯特说的"新闻作为目的性行为"一样,强调信息源提供信息的目的与动机,信息源自身的利益取向则是评估其目的的重要参照。也就是说,如果有人向记者提供某种信息,记者需要考虑这一信息是否会使信息源获得荣耀或得到其他利益。如果存在这种利益的增损,记者就必须更加审慎地分析这些信息的性质。如果不同的信息源围绕同一议题向记者提供了不同性质的陈述,记者就必须依据信息之于信息源的利益相关性判断信息源提供真相的意愿,进而从不同的陈述中辨识真相。霍斯曼认为,新闻学教授派特罗(Richard Petrow)在处理第二次世界大战时期斯堪的纳维亚居民关于战时经历的矛盾陈述时所使用的辨识真相的方法正是其第二原则。派特罗介绍自己的辨识方法时说,"受访者谈到战时状况时,要是表示自己当时很胆怯,或者是不愿卷入战事,我倾向于相信他们,但是,如果他们把自己描述成英雄,我倾向于不相信他们"①。即当针对同一个议题出现不同的陈述时,那些提供的信息于己不利的信息源更可能叙述了事实的真相,而提供的信息可能增进其荣耀或其他利益的信息源则很可能有意无意地回避了真相。如果相互冲突的信息源分别只提供于己有利的陈述,那么两者很可能均未提供真相,探寻真相则需要更多的求证。回到塔奇曼的议员与军方人士的例子,议员所谓"美国的防空导弹落后于苏联"的说法显然是在批评行政当局的不作为,而军方否认议员的判断则是反对这一批评,并为行政当局作辩护。就争论双方而言,战略武器孰优孰劣其实只是政治争议的议题,争议性议题的背后是政治利益的博弈。就其作为信息源的身份而言,争议双方均没有提供真相的意愿,新闻也不过是"目的性行为",与真相并不相关。

霍斯曼原则的第三条涉及普通文件与工具性文件的差异。记者试图通过读解某份文件以获取真相时,认识到这种差异有助于在不同性质的文件中更好地找到相关事件的真相。一份普通文件通常只是用来说明一些事情,它没有什么隐藏的议题,而且除了向人告知一些信息外,也别无其他目的。例如,一张法院的公告就是一份普通文件,它只是告知一起案件的事实、法庭的判决及其依据。一份由企业公关部撰写的新闻稿却不同,它不仅告知公众某一与该企业相关的信息,还会宣传企业形象,甚至直接植入企业产品广告的内容。这种工具性的文件总是多种目的的集合体,记者依据这种文件建构新闻事实、报道真相,也同样需要具有更为审慎的态度。

---

① 见〔美〕霍斯曼:《良心危机:新闻伦理学的多元观点》,胡幼伟译,台北:五南图书出版公司1995年版,第63页。

职业记者协会的《伦理规范》(1996年)把"探索真相、对事件和议题做公正、全面的报道"视为新闻人的基本责任,这种基本责任的实现也与霍斯曼三原则所关注的信息源一样,不仅涉及新闻人践行这一责任的意愿,同时更依赖新闻人探索、辨识以及报道真相的能力。适宜于新闻报道的真相总是隐藏于纷繁的社会万象背后,很明显,"霍斯曼三原则"对于以报道真相为新闻德性的新闻人而言是一个很有助益的新闻方法。如果我们能够发现更多类似于霍斯曼三原则的积极思考,报道真相也许就不再仅仅是一种新闻理想,而会成为新闻实践的普遍现实。

第四章　正义：新闻德性与无声大众的公共权利

> 报纸将永远为争取进步和改革而战斗，决不容忍不义或腐败；永远反对一切党派的煽动宣传，决不从属于任何党派；永远反对特权阶级和公众的掠夺者，绝不丧失对穷苦人的同情；永远致力于公共福利，决不满足于仅仅刊登新闻；永远保持严格的独立性，决不害怕同坏事做斗争，不管这些事是掠夺成性的豪门权贵所为，还是贪婪的穷人之举。①
>
> ——约瑟夫·普利策，1907

> 在一堵坚硬的高墙和一只撞向它的鸡蛋之间，我会永远站在鸡蛋这一边。②
>
> ——村上春树，2009

---

① 见〔美〕埃默里等：《美国新闻史：大众传播媒介解释史》，展江译，北京：中国人民大学出版社2004年版，第219页。

② 村上春树2009年2月22日接受以色列耶路撒冷文学奖时发表的演讲。

自由与真相建构起新闻伦理理念,或者说新闻德性的基本架构。这一架构意味着,合乎道德的新闻和言论首先必然是人们依据其自由意志所形成和表达出来的关于事实真相的判断、关于事物发展规律(所谓真理)的认识。但正如前两章的分析所表明的,自由与真理本身就是意义多元的话语,作为新闻德性原则而践行于日常新闻活动,自然不免因为意义多元而被不同的新闻人或传媒各凭其理解、各取所需地运用,自由与真理因而不免流于诡辩或虚无主义。与自由和真理比起来,以社会正义为目标的新闻德性第三项原则要实在得多。如果说,自由与真理的德性因其意义多元而在总体上表现出价值中立的特征,正义原则则更多地表现出新闻与言论的倾向性。

　　德性正义原则的倾向性首先来自古典自由主义新闻理念的核心内容,即后来所谓"第四等级",或美国联邦法院大法官斯图尔特(Potter Stewart)在1974年的耶鲁演讲中所说的第四机构(the fourth institution)等所表征的阶级或政治倾向性。依据正义原则,新闻自由不仅仅是指新闻人(或者在普遍的意义上说,公众)出版一般性的作品、发表一般性的言论的自由,而是更具限定意味,新闻自由是指那些权力体制之外的特定人群表达政治主张,监管政府的行政、司法事务,监督、批评政府及其公职人员的权力运用、滥用状况,从而使人民免于专制暴政的自由。作为第四等级,新闻业本身不具有权力性质,但新闻与言论将以舆论的方式成为个人权利与社会正义的维护机制。新闻业作为权力统治体制之外的制衡性因素的价值,在美国学者文森特·布拉西(Vincent Blasi)那里被称为监督价值(checking value),[1]新闻的正义论德性因此也首先通过对监督价值的坚守表现出来。

　　新闻德性正义原则的第二个倾向性是相对晚近的观念,它在工业革命与社会化大生产、普遍的社会分工、城市化与大公司经济垄断的

---

[1] Vincent Blasi, "The Checking Value in First Amendment Theory," *American Bar Foundation Research Journal*, Vol.1977, No.3, 1977, pp. 521-649.

产生、新闻业从政党报刊向商业化与大众媒介的转化等过程中逐步形成,时间则是从19世纪中晚期直到20世纪初。社会转型衍生出政治腐败、社会财富分配不公与城市居民的普遍贫困化,以家族关系和封建领主制等维系的小镇风情、田园牧歌式的社会生活日益演变为政治和经济领域的权势、利益集团与普通民众,尤其是来自城市贫民阶层的紧张对峙,商业化运作的新闻业很快确立了以普通民众为目标受众,并以其经济、社会利益诉求为基本立场的新闻倾向性,从而主动承担起"作为无声大众的武器"的社会批判功能。以美国的黄色新闻——扒粪新闻为代表,西方新闻业在实践中逐步形成了以经济平等、社会公平为具体目标的正义性德性原则。

从根本上说,新闻的正义性德性是新闻人与公众就新闻的公共性,新闻作为社会公共机构而需要承担的表达与保障公众政治、经济与社会等领域里的公共权利等所形成的社会共识。尽管就西方的媒介体制而言,私人掌握的新闻媒介是否一定具有公共服务的义务、是否一定能够承担保障公众公共权利的责任,实际上都是颇具争议性的问题,但如果承担了这份责任、履行了这种义务,这种新闻实践就无疑是一种合乎道德的新闻——这里称之为具有正义性德性的新闻。

第一节 新闻的监督价值与社会正义

所谓新闻的监督价值,按照文森特·布拉西教授的定义,是指新闻业和新闻报道在监督(check)公共官员处置公共事务时滥用权力、防止其背离公共信托等方面所体现的功能与价值。[1] 通过与关于新闻自由的其他三种常见的价值理论相对照,布拉西阐释了新闻的监督价值。这三种价值理论是:有关个人信仰的自主观念;意见的自由市

---

[1] Vincent Blasi, "The Checking Value in First Amendment Theory," *American Bar Foundation Research Journal*, Vol.1977, No.3, 1977, p. 527.

场所隐喻的多元主义理论；以自治(self-government)为核心理念的自由主义政治思想。布拉西教授并不否认这三种新闻价值理论的意义，但他认为，与审查、监督公共官员滥用权力的监督价值比起来，这三种价值并非新闻自由的价值理论中最有意义的部分。比如在美国，《宪法第一修正案》的起草者就极其强调表达自由在防卫公共官员背弃公众信托、滥用权力方面所扮演的角色。布拉西说，假如必须确定哪一种特定的价值在起草、批准《第一修正案》的人看来具有最高价值，监督价值一定是最具竞争力的候选者。为了支持这个观念，布拉西教授细致讨论了四份深刻影响了美洲殖民地人民的经典文献。

第一份文献是"加图来信"（*Cato's Letters*），即1720—1723年间由约翰·特伦查德(John Trenchard)和托马斯·戈登(Thomas Gordon)发表在《伦敦新闻报》上的一系列文章。这些文章在美国独立战争的前夜——1768年，又重刊于《波士顿公报》（*Boston Gazette*）上。据美国宪法学者大卫·安德森(David Anderson)考证，加图来信第15号中的著名隐喻"自由的堡垒"(the bulwark of liberty)等表述直接进入了《第一修正案》的相关文件，如马萨诸塞州决议，弗吉尼亚、北卡罗来纳等州的宪法以及麦迪逊草拟的宪法修正案。①

这篇题为《论言论自由》("Of Freedom of Speech")的文章首先区分了思想自由和言论自由，它认为，没有思想自由不可能形成智慧，而没有言论自由则根本不可能有公共自由(public liberty)。在进一步阐明公共自由的观念时，两位作者强调了以公共言论抵抗邪恶官员的必要性："某人如欲终结一国之自由，必先压制言论自由，因其实为公众

---

① David Anderson, "The Origins of the Press Clause," *University of California Los Angeles Law Review*, Vol.30, 1983, p.462. 但实际上，这里所说的仅仅是加图来信第15号对《美国宪法第一修正案》的直接影响。如果专门考查这封信在阐明新闻自由的价值或者说在形成西方新闻理念方面的意义，那就需要更细致地了解其在《伦敦新闻报》初刊时所产生的影响——它的语言当时即在大西洋两岸被广为引用。如，本·富兰克林1722年在《新英格兰新闻报》上发表的文章，就直接使用了这封信开篇的文字，接着，他又说，"I am a mortal enemy to arbitrary government and unlimited power…"其思想也直接来自这篇《论言论自由》。

叛贼之最为憎恶者……倘若统治者的确值得赞美，人民应对其赞美，此言不虚。然则对公众行恶事又不为公众知闻，此项特权必为暴君之所独有，亦为其最大乐事。自由之人必将以自由言论使其昭然于天下。"①通过回顾古罗马和英国的历史，两位作者指出，表达自由从未对开明的统治者构成任何威胁，却能帮助人民监督和审查"叛贼"和"压迫者"对公共权力的滥用。正因为如此，加图来信才有了"言论自由是一切自由的伟大堡垒"的经典比喻。作者认为，言论自由与公共自由，"兴则同兴，亡则同亡"，言论自由将筑起抵制暴君的防线，它因此成为一切公共自由的背叛者、压迫者的惊惧之物。②

第二份文献来自约翰·威尔克斯(John Wilkes)和他的《北方英国人》(North Briton)杂志，尤其是出版于1762年的第一期。该期杂志的第一篇文章即用与加图来信极其相似的语言讨论了表达自由的监督价值，而且，他所使用的术语不是一般的表达自由(free expression)，他所谈论的正是新闻自由(the liberty of the press)：

> 新闻出版自由是英国人与生俱来的权利，它被公正地看作这个国家一切自由的最牢固的堡垒。新闻自由已经成为所有坏官员的惊惧之物，因为他们内心的黑暗、阴谋诡计，他们的缺点、无能和口是心非，都被侦查出来，并被昭示于公众面前——这种昭示总是如此强烈而生动，他们因而被钉上人类的耻辱柱，承受人们的斥骂和憎恶……一个邪恶腐败的政府必然本能地惧怕这种面向世界的声音，它会采取一切手段坚决阻止王族、议会和民众接触各种信息。③

---

① See Sheila S. Kennedy (ed.), *Free Expression in American: A Documentary History*, Westport, Conn.: Greenwood Press, 1999, p. 13.
② Ibid., pp. 13, 15.
③ See Vincent Blasi, "The Checking Value in First Amendment Theory," *American Bar Foundation Research Journal*, Vol.1977, No.3, 1977, p. 531.

威尔克斯与加图来信一样,首先把自由的新闻业看作是揭露政府及其官员的恶行、抵制其侵犯公共自由和公民权利的武器,新闻的内容因此也首先必须是揭露政府的政策取向、执政能力以及官员个人品行等方面的缺点,使其暴露于公众面前。以威尔克斯本人和他的《北方英国人》为例,这本杂志1863年的第45期就发表了抨击国王乔治三世的文章。该文章激起大臣们的极度不满,他们收集材料,以煽动性诽谤的罪名起诉并逮捕、搜查了200多位与《北方英国人》的出版、发行有关的各界人士。威尔克斯本人虽为下院议员,但也因煽动性诽谤的诉讼被迫流亡法国。之后,威尔克斯又撰写了大量传单和书信为自己的信念和行为辩护,这些文字使其在英格兰和殖民地拥有了众多的追随者。布拉西详细讨论的另外两份文献,就是来自这些追随者的匿名小册子。其一是署名"坎多神父"(Father of Candor,或称"公义之父")的《关于新近广为传播的有关诽谤、许可证以及报纸查禁等原则的调查》(An Enquiry into the Doctrine Lately Propagated Concerning Libils, Warrants, and the Seizure of Papers),其二则为朱尼厄斯来信(Letters of Junius)。

在1764—1771年的七年间,坎多神父的小册子连续出版七版,是当时流传最广、影响最大的小册子,它的批判矛头直指《北方英国人》引发的煽动性诽谤案。我们知道,煽动性诽谤早在13世纪的《西敏斯特条例》中就成为统治者钳制、惩罚言论的重要手段。尽管《西敏斯特条例》对所惩罚的言论有所谓虚假的限定,但虚假与否实际上并不取决于言论与事实的关系如何,而是取决于一种言论是否会影响到教会、君主等的声誉,这样,判断一种言论是否诽谤的依据也就取决于惩罚者而不是取决于言论本身。在这本小册子里,坎多神父首先明确区分了针对私人的一般诽谤和针对政府的煽动性诽谤。他认为,针对私人的、"对特定人的私人能力方面的诽谤"显然是不合法的,理应受到惩罚,但针对有关政府及其官员的言论并非如此。坎多神父认为政府及其官员的职务行为不同于一般的私人行动,因其影响民众和国家的深度和广度,人民有权利对其知情:"整个国家总是会普遍地受益于,或者受害于政府行为,因此,每个人都有权对其知情,对其细加思量(has a right to know, to consider and to reflect upon it)"①——这应该是关于新闻的文献中首度出现的关于公众知情权的表述!正是因为公众拥有知情权,新闻报道政府及其官员的行为的失当之处、刊载批评政府的言论就不能随意施加惩处。坎多神父接着明确提出,揭露和批评坏政府不仅不是一种罪行,相反,它应是人民天赋权利之必需者,因为,"坎多神父"说,"它极可能是从新闻自由中产生的最大利益。"②

　　布拉西教授的最后一份文献——"朱尼厄斯来信"同样影响深远,其声誉之隆不仅来自其政治思想,同时也因为皇室对其发起诉讼所产生的后果:针对该小册子的出版发行商所发起的诉讼均因一系列反叛性的判决而流产,从而成为英美司法史上著名的"陪审团法律拒认"(jury nullification)之先声。一些著名议员如爱德蒙·柏克等也因此出现在反对所谓煽动性诽谤的行列之中。尽管"朱尼厄斯来信"与《北方英国人》杂志、坎多神父的小册子一样,更多地着眼于讨论现实中急切的政治议题,而不是政府与自由之间的关系的抽象理论,但它依然针对新闻自由的普遍原则发表了自己的看法,而其立足点也正是新闻的监督价值。"朱尼厄斯来信"说:"讨论公共事务必须允准一定的自由度,否则,新闻自由对于社会将毫无益处。如果说对私人恶意和个人诽谤之泛滥应以一切法律手段加以审查和制止,对各大臣与行政官员的个性与品行作持续不断的监察也同样应当予以促进与鼓励。如果有人认为我们的报纸对坏人没有约束力,或者妨碍终止恶行,那他对这个国家其实一无所知。"③朱尼厄斯紧接着又对当时政治、社会领

---

① See Vincent Blasi, "The Checking Value in First Amendment Theory," *American Bar Foundation Research Journal*, Vol.1977, No.3, 1977, p. 531.
② Ibid., p. 532.
③ Ibid.

域普遍的奴性和堕落状态做出评价,他认为,皇权之所以能够无所顾忌地欺凌立法等其他部门,大臣和行政官员们之所以能够肆意妄行、压制人民的抵抗精神,其根本原因就在于严密的报刊审查制度——这一制度限制新闻自由,因而在思想上,从而也在行动上解除了人民的武装。

从加图到朱尼厄斯(实际上也并不限于他们),这些18世纪关于新闻事业的多种早期表述都着力描述了新闻与政治权力的对抗性结构关系。一方是报纸、期刊、小册子的作者或出版人、发行人,也包括立法部门的部分成员,他们以知情权和新闻自由为依据,要求了解、监督政府及其官员使用权力的情况,认为批评政府及其官员滥用权力乃是新闻业的天赋权利;一方则是皇室、部长及各级行政官员,他们视权力为禁脔,尽管此时(光辉革命之后)已不能完全阻止其他阶层染指,但依然竭力反对新闻被用来监督、批评、限制权力,煽动性诽谤便是其频繁采用的压制手段。这种压制进一步使公众与新闻界意识到新闻自由作为一切自由之堡垒的意义,新闻的监督价值也在这种对抗性结构中进一步彰显。大卫·安德森在分析《美国宪法第一修正案》的新闻自由条款,即"or of the press"一语产生的原因时指出,新闻自由条款并不是用来诱导新闻监督政府行使权力,它之所以必需,乃是因为人们普遍认为新闻的确实施了这种监督,而政府因此也致力于寻求对这种监督的压制。① 这就是说,至少在安德森看来,正是新闻的监督价值促使制订和批准《第一修正案》的美国建国者在《第一修正案》业已有了言论自由条款(…the freedom of speech)之后,还特意添加了新闻自由条款。这一观点也可以在美国新闻史研究领域颇具盛名的查非教授(Zechaiah Chafee, Jr)那里得到印证。查非的研究发现,美国建国者大多都极其熟悉威尔克斯和朱尼厄斯的文章,这些文字对他们来

---

① David Anderson, "The Origins of the Press Clause," *University of California Los Angeles Law Review*, Vol.30, 1983, p. 491. 安德森这里的"监督",也是"check"。

说如同"家常语言"。① 这里所谓"威尔克斯和朱尼厄斯的文章",其内容正如上文所分析的,主要就是讨论新闻的监督价值。至于大法官斯图尔特1974年的"耶鲁"演讲——《论新闻自由》,更是直接将宪法保护新闻业的目的、将自由新闻业的功能或职责表述为保障和实现对政府组织化的、专业性的审视与监督。②

另一方面,这些早期文献所讨论的新闻监督价值,既有其特定的时代背景,也有其超越时代特征的普遍意义。就其特殊性而言,17、18世纪欧洲各国(也包括北美殖民地)先后经历了一系列重大的动荡与变革,新兴的资产阶级不仅作为一种经济势力,而且作为一种政治力量登上了历史舞台,他们与农民、城市手工业者一起不断挑战封建君主、领主的统治权威,不断在政治领域里谋求更大的影响力和现实利益,从而先是在英国,后来在北美殖民地和法国发生了被称为资产阶级革命的政权与政治秩序重组。作为其结果,以议会制民主、政党政治为主要特征的现代民主制度先后在各国建立起来。在这个过程中,新闻的监督价值作为一种工具性、功利性价值受到了普遍重视:在英国,动荡和革命来得太早,定期出版的期刊、报纸等成为主要的新闻形式时,革命的风暴已经结束,新闻的监督价值主要表现为政党政治的工具,在野的反对党以新闻揭露政府官员的腐败、批评执政党的政策,从而影响执政党的政治声誉和选举;在法国和北美殖民地,尽管面临叛国罪、煽动性诽谤等指控的威胁,但新兴资产阶级掌握的报纸、杂志仍然坚持监督和揭露封建王室及其大臣在财税和司法等方面侵犯第三等级的权利、侵犯公众正当利益的行为,从而直接起着号召公众反抗君主专制、创建民主共和国的作用。以北美殖民地为例,报纸以"无

---

① Zechaiah Jr. Chafee, *Free Speech in the United States*, New York: Atheneum, 1969, p. 21.

② "The free press meant organized, expert scrutiny of government…This formidable check on official power was what the British Crown had feared, and what the American Founders decided to risk." See Potter Stewart, "Or of the Press," *The Hastings Law Journal*, Vol.26, 1975, p. 632.

代表不纳税"的原则为依据,判定 1765 年《印花税法》的实施为滥用权力。以抵制英政府的权力僭越为契机,殖民地人民最终以独立战争结束了英王室在北美的统治,建立了以"凡人生而平等,秉造物者之赐,拥诸无可转让之权利,包含生命权、自由权与追寻幸福之权"等不证自明的真理(语出《独立宣言》)为立国原则的合众国。

离开具体的时代环境,新闻监督就不仅仅是特定阶级、特定政治集团争夺政权或政治利益的工具,在普遍的意义上,它实际上已经被看作在一个由统治者与被治者构成的政治二元结构中被治者维护其权利和利益的武器。尽管在不同的历史阶段,所谓被治者具有不同的政治、经济、文化、社会特征,但总体来看,被治者就是被治者,其在政治权力分配体系中总是处于从属性的、被动的地位。即使是在通过选举产生官员的政治体制里,选举之后民选的官员依然是在向绝大多数民众施行统治。关于这种政治二元结构中治与被治的关系,密尔在《论自由》一书中有段精彩的议论。密尔说,"所谓'自治政府'和所谓'人民施用于自身的权力'等类的词句,并不表述事情的真实状况。运用权力的'人民'与权力所加的人民并不永是同一的,而所说的'自治政府'亦非每人管治自己的政府,而是每人都被所有其余的人管治的政府……于是结果是,人民会要压迫其自己数目的一部分,而此种妄用权力之需加防止正不亚于任何他种"。这就是说,只要政府存在,只要人与人之间存在着政治或权力关系,治与被治的过程中就不可能不存在权力的"妄用"的现象。密尔接着说,"要限制政府施用于个人的权力这一点,即在能使掌权者对于群体,也就是对于群体中最有力的党派正常负责的时候,也仍然丝毫不失其重要性"[①]。而要"限制政府施用于个人的权力",除了政府权力部门之间的分权与制衡,新闻监督就成为一种不可或缺的社会力量。通过新闻调查,报道政府及其官员滥用权力、背离公众信托的行为,新闻监督就有了维护作为整体的公

---

① 〔英〕密尔:《论自由》,程崇华译,北京:商务印书馆 1959 年版,第 4 页。

众或者具体的个人的权利和利益、守护社会正义的性质。

对于新闻监督的正当性，或者说，新闻监督价值赖以成立的前提，布拉西教授做了四个方面的阐述——这一阐述同时回答了新闻的监督价值何以体现社会正义的问题。① 首先，新闻监督之所以具有价值，是因为政府权力的滥用是一项特别严重的罪恶，其罪恶性远胜于一切其他私人权力的滥用。甚至那些可能影响成千上万人以至于上百万人生活的超级大公司所拥有的私权力之滥用，也与之不可相比。关于此点可以给出很多理由，而其中最重要的理由是，政府是唯一可以合法使用暴力的权力机构，从而能够对人民的生活产生深刻的影响。这不仅意味着在多数情况下政府和政府官员能够在更高的程度上将其决策施加于公众，而且意味着如果政府掌握的资源被错误地使用，也就是说，依靠这种资源所做出的决策、所产生的影响力违背了社会正义的原则，其对公众和个体生活所造成的伤害也将达到最高水平。比如，任何私人机构或权力机构，无论是洛克希德公司、联合水果公司，还是黑手党，都不可能像美国政府那样入侵越南领土、对越南人民为所欲为，也不可能像20世纪三四十年代的纳粹那样对犹太人进行大屠杀。因此，尽管20世纪以来"公司帝国"对公众生活、人类幸福与社会正义的威胁丝毫不应该被低估，但政府权力的滥用依然是现代社会所能呈现的最大威胁。

政府权力的滥用成为最大威胁，还因为对这种滥用的监督和限制非常之难。由于政府垄断性地拥有合法暴力，任何私人或私人机构都不可能有足够集中的力量，能够以政府监督、审查私人机构的方式来监督、审查政府——这种监督能够达到的水平与充分的调查能力密切相关，只有政府才拥有集中性的调查能力。即使是最有势力的私人机构实际上也很难单独地对政府发起相应的全面监督，除非这种监督与

---

① See Vincent Blasi, "The Checking Value in First Amendment Theory," *American Bar Foundation Research Journal*, Vol.1977, No.3, 1977, pp. 538-543.

政府内部各部门之间的监督和平衡形成共振关系。但另一方面,也正是因为政府及其官员滥用权力的罪恶性,正是因为监督、限制这一罪恶的难度,新闻作为一种常设的监督性机构的必要性才愈加突显出来。历史表明,越是重大的官员滥权案例,如19世纪70年代的特威德集团贪污腐败案、20世纪70年代的水门案,新闻越能够先于政府机构发挥监督作用。即使政府监督机构正式开始调查监督,它仍能继续受益于新闻对真相的不懈追求所表现出来的监督价值。

其次,新闻的监督价值体现社会正义,也是因为这一监督具有强烈的道德意味。现代民主政治理论认为,政府及其官员的权力的正当性来源于公民信托,官员通过公共授权(比如选举或由选举产生的任命)获得权力,公民信托与授权在法理与道义上确立了政府及其官员服务于公共福利的基本界定。公共权力来源的这种特征,在道义上也给予新闻的监督价值以强有力的支持。布拉西教授认为,公共授权同时可能会使公共官员更容易腐败和滥用权力,并使公共监督更为困难。这是因为:(1)公共授权表明公共官员的个人品行和能力获得了公共认可,从而使其较之掌握私人权力的人更容易自我膨胀而失去谦卑与自省,这种心理因素成为一个官员犯错误、走向滥权的第一步;(2)这种公共授权所包含的认可也使公众对公职人员的品行和能力更加信任,更缺乏怀疑与警惕。在很多情况下,即使已经有明显的证据表明公职人员滥用权力,人们还是倾向于信任他们。[①] 与此相联系,一旦公共权力被滥用、一旦这种滥用被证实,其对社会信任体系的腐蚀性也极其严重,"水门"事件所导致的社会普遍性信任危机,即是明证。这样,通过新闻更为密切地关注与公开政府权力的使用情况,监

[①] 如水门事件中的尼克松。迟至1972年秋,水门大厦盗窃案发生四个月后,调查表明,只有52%的美国人知道"水门"这个词,更少有人怀疑总统或政府官员会牵连其中,尽管当时已有证据表明,五名作案人中有多名FBI探员。就连新闻媒介也多未意识到这是美国历史上最大的丑闻。参见〔美〕埃默里等:《美国新闻史:大众传播媒介解释史》,展江译,北京:中国人民大学出版社2004年版,第558页。

督、揭露权力滥用就不仅是一种政治权利,它对于一个社会的道德或信任体系的重建也一样具有意义,因为这种重建必须以虚伪与假象的暴露、以真相的否定性呈现为前提。建立在蒙骗与蒙昧基础上的信任根本就不是信任,同样,建立在蒙骗与蒙昧基础上的社会和谐也与普遍的社会道德原则相背离。

布拉西教授主张新闻监督价值的第三个理论证据是人类天性与人类机构的特点。他认为,一切政治制度设计或者说政治性考量必须对人性采取悲观态度,必须假定人类具有自私的本性,这种本性使得人们倾向于伤害他人,或者说相互伤害,因此政治性安排必须对种种人为制造的邪恶有所防范。关于此点,布拉西教授并不认为一定要确定人类伤害他人的倾向是否真的内在于人类天性之中,或者这种倾向是否就会对人类文明和技术产生腐化影响。这时,确定性已不重要,重要的是这种可能。因为这种考虑,布拉西教授说,主张新闻、表达监督价值的人声称自由表达有益于进步、智慧、社区以及对个人潜能的认知,他实际上可能是在说,自由表达具有抚平他人制造的痛苦带来的创伤的能力,而大多数这种痛苦都是由掌握公共权力的人造成的。如果把现代政府的机构特征考虑在内,自由的新闻与表达的监督价值就更加明显了。

18、19世纪以来,欧美各国政府基本上都依循自由放任的古典政治理念,所谓政治往往仅限于行政、军事、外交等有限领域,而极少介入国家经济规划或社会、文化、信仰等项事务。赋税固然重要,但其调整并未对产业结构、社会经济发展趋势构成决定性影响。也就是说,税制、税率并非被用作经济社会调控手段,相应地,政府内部组成、政治决策程序也相对简单,对其监督因此也就不需要特别的专业知识和专业组织。这种情况几乎一直延续到20世纪30年代的大萧条前后。经过罗斯福新政的一系列社会、经济政策改革,政府调控经济与社会发展的职能大幅度增加,后新政时代(post-New Deal)的政府机构和政治事务变得极其复杂,这就需要组织良好、财力充裕、专业性的监督批评作为政府权力的抗衡机制——这样的监督批评需要有能力收集足够的信息以便能够对政府行为做出正确判断,也需要有能力把这些信息和判断传播到公众那里。在后新政时代,一个业余的批评者绝不可能如同其18世纪的前辈一样单独地发起一桩反对某个具体官员或政策的活动。以20世纪60年代的反越战运动为例。新闻媒介卷入之前,民众的反战声音收效甚微,直至学者、新闻记者以及政治精英们通过大众传媒传达出专业性的批评政府的声音,反战才成为一股势不可挡的时代潮流。这就是说,在现代条件下,一种对政府或政策的抗议哪怕表达了最为深沉的草根情绪,如果它未引起大众传媒的关注、不通过大众传播渠道广泛传播,依然不会产生社会影响。只有获得了接近大众传播媒介的机会,一种抗议的声音才能成为声音。① 布拉西因此说,现代政府假如实现了对大众传播媒介的完全控制,或者以其他方式使其失去专业化的批评功能,政府的不当行为也就不会再遇到任何有效监督。

与此相联系,布拉西对新闻监督价值的第四个论证涉及政府滥权的界定问题。所谓滥用权力并不仅仅是指官员贪污、受贿等腐败事件,也不仅仅是指类似"水门"事件那样非法使用窃听等手段直接侵犯公民权利。与现代政府职能的社会化、多样性相一致,现代公共权力的滥用也具有社会化、多样性的特征,关于国家货币政策、公共工程、社会福利政策等的重大政治决策中同样存在着背离公共信托、滥用公权力的可能性。布拉西就说,政府行为不当应该在政治决策(govern-

---

① 当然,进入网络时代之后,对这一判断需要做出相应的调整,因特网的BBS、Blog等为草根情绪的广泛传播提供了机会,这些未经传统媒介"把关人"甄选的草根情绪甚至反过来成为传统媒介重要的信息源。但严格说来,因特网的门户网站、服务器的提供商作为信息发布平台,也应该被视为大众传媒。

mental decision-making)的语境下才具有意义。① 由此产生的问题是，判断政府是否行为不当、官员是否滥用公权力的依据何在？布拉西认为，界定滥权，或者说政府的行为不当需要援引政治民主理论。不过，这里需要的民主理论并不是米克尔约翰所主张的人民同时作为统治者和被治者的参与式民主，而是洛克等人所说的更为人们普遍接受的民主理论，也就是人民作为政治决策的合法性来源与最终判断依据的间接民主。这种理论并不强调人民直接参与公共政策的决策过程，但是公共政策必须获得他们的同意和认可，人民因此也就一直拥有否决权来裁决一项决策是否超出了公共信托的权力界限。这个否决权构成了判断政府是否行为失当、是否滥权的基准线。例如，政府决定征用某片土地兴建公共工程，或是对某个野生动物的栖息地进行商业开发，公众认为政府行为损害了公共利益，因而发起抵制、抗议活动，这一决策自然就成为一个滥权行为。当然，这种否决权也不能无限地扩展到根本拒绝认可政府的决策效力的无政府主义倾向，对滥权、对政府行为的道义性质疑总是与政府行为所导致的痛苦后果相关联。

如果说米克尔约翰的参与式民主理论论证了公言论和新闻自由的合理性，那么洛克式民主理论也赋予了新闻监督政治决策和官员行为以坚实的正当性依据。尽管由普通公民成为政治决策的终极裁判者并不必然地推论出新闻业也取得了公民这一不可让渡的权利，但在现代条件下，公民实现这一权利实际上却很难离开新闻监督的支持。按照这一民主理论，新闻的监督价值既是工具性的，也是目的性的。不过，洛克的间接民主理论并不是新闻监督的工具性价值的唯一合理性来源，米克尔约翰的参与式民主同样强调新闻作为公众获取信息的主要渠道的工具价值。无论是公众参与公共事务的决策，还是对政治

---

① See Vincent Blasi, "The Checking Value in First Amendment Theory," *American Bar Foundation Research Journal*, Vol.1977, No.3, 1977, p. 542.

决策进行监督或裁决,借助新闻媒介成为知情的公众(informed public)都是必不可少的先决条件。就其作为目的性价值而言,新闻的监督与公众的一般判断也必然有着同一性关系,偏离公众一般判断的媒体裁判即使不能说是不可能的,至少也是不可能长久的。面对政府掌握的公权力,新闻必须以确凿的事实和严密的论证审慎地监督政府权力的运用与公共事务的处置,新闻监督的组织性和专业性使其成为公众监督不可或缺的组成部分。

不过,应该注意到,新闻的监督价值在理念、德性上被认知、被信仰,并不意味着践行这一价值的揭丑曝光性、调查性新闻就是新闻日常运作的主流形式。美国政治传播学教授兰斯·班尼特就不无讽刺地说,"调查性新闻或揭露新闻中记者能够披露谎言以及腐败等问题,从而使公民信息大大改善。但这一情况很少出现。所以如果认为这就是日常新闻的运作准则,那就很可笑"①。新闻的监督价值之所以成为一个可笑的价值准则,其原因是它在新闻实践中必然遇到的两难境地。关于这个两难,美国新闻学者威廉·盖恩斯(William C. Gaines)编撰的经典教科书《调查性报道》(*Investingative Reporting for Print and Broadcast*)用年轻记者格拉迪斯·泰丁斯(Gladys Tydings)的故事给了很好的例证。这个故事表明,新闻记者遵从社会正义的德性原则、践行新闻的监督价值不可避免地将和与其切身利益相关的各方利益实体发生冲突,德性的力量与利益的力量总是处于角力之中。②

盖恩斯虚构的这位女记者服务于一家市郊小镇的地方报纸,报纸的发行人也是该镇居民。泰丁斯从信源处获知,该镇长期存在着严重的腐败问题,尤其是该镇镇长曾利用职务便利将小镇的公共工程交给

---

① 〔美〕W.兰斯·班尼特:《新闻:政治的幻象》,杨晓红译,北京:当代中国出版社2005年版,第8页。
② 〔美〕盖恩斯:《调查性报道》,刘波、翁昌寿译,北京:中国人民大学出版社2005年版,第5—9页。

了实际由他本人经营的建筑公司。泰丁斯就此展开调查,不仅证实了信源提供的信息,还发现镇长操纵公共工程发包的行为并非仅此一例,而他经营的建筑公司根本没有机械设备和员工,真正的工程是被转手倒给其他工程公司或次一级承包商完成的。这样,工程最后的成本不仅远远高于类似规模的工程,而且由于转手承包压低了报价,真正的施工者不得不通过偷工减料来获取利润。由此产生的后果是,纳税人不仅支付了额外增加的工程费用,还必须承担由于工程质量问题产生的巨额维修费用,而工程质量问题显然还会威胁到公共安全,已有新闻报道过与此相关的安全事故,但并不深究事故产生的缘由。镇长的这一行为无疑是典型的滥权,但当泰丁斯向其报纸发行人请示是否可以进行相关报道时,该发行人首先考虑的是这种监督性内容对其与社区、与私人朋友的关系可能产生的影响,他因此明确表示反对,称,"这样的报道会造成负面影响""镇长为这个社区鞠躬尽瘁,不管真相是否如此,这都不重要"。于是,泰丁斯就必须做出选择:由于报纸发行人反对,如果泰丁斯坚持报道,那就不得不选择在其他报纸上发表,如小镇所在城市的都市报。这样可能产生的后果是,镇政府的所有官员从此都可能避免与泰丁斯接触,她以后的采访、报道工作将遇到重重障碍;报纸发行人则可能因为泰丁斯的一意孤行而将其解聘。当然也可能会有好的后果。由于泰丁斯的发行人不认为镇长的行为有不当之处,那他也可能不会反对其他报纸将此公之于众,让公众自己做出判断。如果泰丁斯的报道被证实,镇长很可能会遭到社区的唾弃,报纸可能会因为这一报道提升在当地的公信度、影响力,泰丁斯本人则将因此被认为是一个有声誉的记者,并从此得以跻身大报记者的行列。但无论如何,只要坚持报道,泰丁斯原本稳定的生活必将因此充满了变数。而且,毕竟向泰丁斯支付薪水的是报社老板,而不是读者,泰丁斯有义务忠于自己的老板。何况相当多的公众也认为,报纸的本质功能只是传播信息、启迪民智和娱乐公众,调查并不是报纸的基本功能。放弃这一调查性报道,继续熟悉的常规报道,泰丁斯可以轻松自如地完成工作,也可以从这一工作中获得满足和成就感。社区也不会因为泰丁斯放弃这一报道影响对她的观感,她依然会因为其他准确、重要的报道受到人们的尊重。因此,无论是对于泰丁斯还是对于其所在的社区来说,放弃这一报道并没有什么不妥,半途而废很难说就是选择了错误的道路。

尽管格拉迪斯·泰丁斯的故事只是一个虚构,但实际上大多数记者都曾遇到过她所经历的艰难抉择,而其中很多事业成功的记者都如盖恩斯所说的那样,最终义无反顾地继续他们的工作,从而开辟了职业生涯的新天地。质疑、监督权力,致力于实现社会正义实际上也深刻地烙进了现代新闻事业的职业精神。大法官波特·斯图尔特在耶鲁演讲中就断言,宪法授权新闻自由也正是基于这样的理由,即在政府之外建立一个第四机构,以监督政府的三个部门。[①] 1871年,《纽约时报》顶住特威德集团的威胁、利诱,率先披露了特威德领导的民主党贪赃腐败、侵吞公款多达数亿美元的铁证,进而将这个把持纽约市政机关多年的邪恶集团驱逐出权力中心之后,《时报》的社论不无自豪地宣称,这份报纸为新闻信条补充了新的内容。社论说:"近年来,时报一直致力于揭露自私政客、道德败坏者的阴谋诡计,最近它同坦慕尼民主党人的斗争受到举世赞同……我们赢得的这场胜利珍贵无比,不仅在于它所给予我们的胜利成果,还在于它将重新使每个人坚定地树立真理和正义必胜的信念——因为它告诫玩弄阴谋的政客:人民的声音至高无上。"[②]

[①] Potter Stewart, "Or of the Press," *The Hastings Law Journal*, Vol.26, 1975, p.634.

[②] 引自〔美〕阿特休尔:《权力的媒介:新闻在人类事务中的作用》,黄煜、裘志康译,北京:华夏出版社1989年版,第88页。坦慕尼(Tammany)民主党人,或坦慕尼协会,即特威德等操纵的纽约市政民主党执委会的俗称。

第二节　耙粪：社会正义作为新闻实践原则

在道德哲学中,社会正义是指一种社会结构、社会秩序的组织原则,是一个社会组织良好运行的主要标志。这一原则规定了社会基本制度中权利、义务的分配办法,明确了社会合作体系中利益和负担的适当分配。按照20世纪西方最具原创性的道德哲学家约翰·罗尔斯的观点,一个组织良好的社会应该是依据"作为公平的正义"的原则组织起来的社会,在其基本结构中,各种社会资源,如权力、地位、金钱等都将按照公平的原则在社会成员中分配。关于"作为公平的正义",罗尔斯提出了两个具有"字典排序"一样严格顺序的原则。第一个原则要求社会资源公平地向所有社会成员开放,在享有这些社会资源或者说在分配社会的权利和义务时,必须保证全体社会成员在机会上的普遍公平和平等。这一原则在道德哲学中又被称为程序的正义原则。第二个原则要求在社会和经济不平等(例如财富和权力的不平等)的情况下,必须使这种不平等的结果能给每一个人,尤其是那些最少受惠的社会成员带来补偿利益。① 这个"尤其是……"在罗尔斯那里被称作差别原则。差别原则承认机会均等的程序正义的不充分性,各种与生俱来的个体差异(如出身背景、智力水平等)会影响机会均等的社会资源分配实质上的平等。正义的差别原则主张,一种不平等的社会结构必须扩展那些机会较少者的机会,必须保证这种不平等结构中受益最少的人,也能够维持其基本权利,增进其利益。按照罗尔斯的理论,考察社会资源的分配机会与最少受益阶层的占有情况就可以评估一个社会的正义性水平,新闻对此两者的关注度也可以表征新闻正义性德性的实践状况。在客观新闻(objective journalism)主导的现代西

---

① 〔美〕罗尔斯:《正义论》,何怀宏等译,北京:中国社会科学出版社1988年版,第14、302页。

方新闻事业中,两种新闻形式——倡导性新闻(advocacy journalism)与耙粪新闻(muckraking journalism)虽然不具有主流地位,却具有重要影响,而其影响力主要也来自对新闻正义性伦理的持守:关注社会政治、经济诸领域的机会平等与弱势群体的特殊需要,抨击破坏机会平等的腐败与掠夺。如果说倡导性新闻因为报道、表达思想和观点而疏离于客观性这一主流,那么耙粪新闻则是因其调查性,即新闻人在获取新闻事实时的主动性、主体选择性而被指为不客观,虽然与客观性新闻一样,事实的准确是耙粪新闻的基本要求。

将一种新闻称为"耙粪",源于美国第26任总统西奥多·罗斯福(Theodore Roosevelt)。① 1906年1月17日,在著名的记者俱乐部格里狄龙(Gridiron Club)的午餐会非正式演讲中,罗斯福首次以小说《天堂历程》(Pilgrim's Progress)中的"耙粪者"(the man with the muckrake)喻指专事揭丑、暴露的新闻记者。尽管罗斯福严厉指责虚假的、煽情的揭露,但他同时也认为揭露那些"背叛公共信托的政客""妄行不法的商人"对于保障社会福祉不可或缺,记者们很快就把"耙粪"视为荣誉而欣然接受。在该年4月14日的国会大厦奠基仪式上,罗斯福又公开做了关于"耙粪者"的演讲。罗斯福说的"耙粪"并不限于新闻,是指利用讲坛、书籍、报纸、杂志等进行的各种"揭露"(exposure)和"抨击"(attack)活动,其对象则是国家政治、经济与社会生活中的"严重罪恶",包括公职人员的腐败以及商人的行贿舞弊、造假、欺骗等。尽管在罗斯福演讲之前,调查、揭露政府与其他社会机构的腐败的新闻不乏其例,甚至不乏精彩案例,但耙粪作为一种新闻类型、一种新闻思潮与新闻职业理念被命名,或者说被定型化表述并被广泛认同,却始于罗斯福的这一演讲。因此,就西方新闻发展史而言,罗斯福的"耙粪者"演讲具有规范意义。

---

① See Theodore Roosevelt, "The Man with the Muckrake," full text available at http://www.pbs.org/wgbh/amex/presidents/26_t_roosevelt/psources/ps_muckrake.html.

作为一种新闻类型,耙粪新闻又被称为调查性新闻(investigative reporting)、对抗性新闻(adversarial journalism)、公共服务新闻(public service journalism)或曝光性新闻(expose reporting)等。美国主流耙粪者组织"调查性记者与编辑"(Investigative Reporters and Editors)认为,耙粪新闻"报道那些经记者本人艰苦而具创造性的工作所获得的、重要却被某人或某组织欲图保密的事情",调查性、重要性与揭秘性构成了耙粪新闻的三个主要特征。[①] 著名耙粪者史蒂芬斯(John L. Steffens)在其自传中曾将西方新闻的耙粪历史追溯到《旧约》的诗篇,但耙粪新闻的基本理念却主要是在1880—1915年间形成的。在美国,耙粪新闻上承平民主义者(populist)的政治社会主张、下启进步主义的社会改革,质疑权力、政客与大资产者,同情并信赖普通民众的政治、道德能力,关注民主、民生,揭露政府的贪赃枉法与大公司的腐败诈骗,从而将作为政治与道德理念的社会正义具体化为新闻采集、报道的实践原则。

耙粪新闻的载体是大众化报纸与廉价杂志。如果要简明扼要地概括耙粪者的新闻理念,最佳选择很可能是《纽约太阳报》主编达纳的战斗口号:"揪出坏蛋!"[②]当然,耙粪新闻显然不是简单地列举一些事实并将某种人标记为坏蛋,判断其为坏蛋实际上是政治、道德等价值考量的结果。虽然詹姆斯·富兰克林(James Franklin)、曾格等人的早期讨伐(crusade)式新闻可以被理解为在统治与被治的二元政治框架中主张被治者的自由与政治权利,揭露统治者的滥权,但也并非不可以被理解为政治精英之间的利益、权力分配。自19世纪中后期以来,普通民众的社会地位、生活处境逐渐成为新闻人判断是非善恶的价值准绳,所谓坏蛋更多地意指普通民众利益的掠夺者,具体而言,即把持

---

① See Mark Feldstein, "A Muckraking Model: Investigative Reporting Cycles in American History," *Harvard International Journal of Press/Politics*, Vol.11, No.2, 2006, p. 106.

② "Turn the rascals out!" Quoted at Herbert Altschull, *From Milton to McLuhan: The Ideas behind American Journalism*, New York: Longman, 1990, p. 268.

政治权力并与资本势力相互勾结的政党党魁(the boss of the party)以及收买政客并从政府处攫取经济特权的强盗式大亨(the robber barons)。以詹宁斯(Louis Jennings)的《纽约时报》揭露特威德集团(1871年),达纳的《纽约太阳报》揭露铁路承建商向国会议员和其他权势人物配送股票、获取铁路用地(1872年)等为开端,新闻人越来越多地关注政治生活中的贿选、官商勾结等现象,并将其与农民、工人、新移民等普通民众日益加剧的贫困化联系起来。继承并发扬了这一精神的黄色新闻进一步直接提出新闻作为"无声大众的武器"(serve as the arm of the voiceless masses)的主张。在普利策、赫斯特等报人与史蒂芬斯(Lincoln Steffens)、辛克莱尔(Upton Sinclair)、贝克(Ray S. Baker)、拉塞尔(Charles E. Russell)等记者型作家看来,揭露权力保护之下的贪污腐败、保护人民免受丑恶权力的侵犯正是新闻所应提供的服务。这种"无声大众"的立场明显区别于政治精英阶层基于权力、利益分配矛盾所进行的揭丑、暴露,显示了耙粪新闻明确的正义性特征。

最受瞩目的报纸耙粪者是普利策和他的《纽约世界报》,耙粪新闻的平民主义立场在普利策这里表现得也最为明显,新闻史家舒德森因而曾称普利策是第一位耙粪者。从其接手《世界报》开始,普利策就致力于创办一份"真正民主的、献身于人民事业的报纸",不遗余力地为穷苦无助的人说话。工人阶级在血汗车间遭受的非人待遇、不公平的税收负担等成了《世界报》的社论与新闻的经常性题材。1883年7月间,纽约人口拥挤的贫民窟受热浪袭击致数百人死亡,其中半数以上为5岁以下儿童,《世界报》为此以"孩子们是如何被烤死的""小棺材成排"等触目惊心的标题予以报道,从而催生了纽约的廉租房改革运动。作为无声大众的武器,耙粪者的平民立场总体上是个人主义的,基于自由放任(laissez-faire)的经济传统,主张个人自由、平等与自由竞争。代表性耙粪作品、塔贝尔(Ida Tarbell)的《美孚石油公司史》(*The History of the Standard Oil Company*)在报道"美孚石油"的罪恶发迹史之前,首先介绍了西部宾夕法尼亚油田上那些拓荒、创业的个人,丰饶的自然资源与生机勃勃的个人奋斗组成一幅前景美好的社会图景。塔贝尔相信,对于这些拓荒者来说,油田的价值不仅是一种经济生产,更在于它已经成为这些人的全部生活。凭借个人之力去克服各种困难,创造财富,拓荒者获得了真实而快乐的生活,这种生活的意义远不是分类账目上的金钱数字所能比拟的——每个创业者都因其创造性与独立性而无限自豪。在这种背景下,"美孚石油"等公司凭借不公平竞争迫使拓荒者放弃这种生活,就不仅意味着拓荒者的经济挫败,也意味着完全意义上的人生悲剧。与这些西部拓荒者具有相似命运的,还有农民和城市小手工业者、小企业主,这些小生产者同样在大工业生产的竞争压迫下失去了过去自足自立的生活,成为雇佣工人。这些人与城市贫民、新移民、有色人种等一起组成了被边缘化了的社会底层民众。目睹普通民众深陷于失业、童工、十几小时工作日、低工资、恶劣的工作与居住环境,"义愤填膺"(righteous indignation,语出塔贝尔《美孚石油公司史》)也就成为耙粪者普遍的思维与情绪定型。

李普曼曾经批评新闻"不是社会状况的一面镜子",不会告诉你种子如何在土壤中生长,而只能告诉你第一棵秧苗的破土而出,或是告诉你某人对种子在地下的情况都说了什么。① 不过,李普曼如此评价新闻时,声势浩大的耙粪新闻已经退潮,这一评价似乎并不适用于耙粪新闻。耙粪者的平民主义立场表现为愤怒地揭露各种不平等、不公正的现象,同时追查社会不平等的结构性原因。借用李普曼的说法,耙粪新闻不仅报道地面上的秧苗,也揭开地表以观察土壤之中种子的生长。1903年1月的《麦克卢尔》同时刊登了三篇后来成为耙粪新闻代表作的报道:塔贝尔的《美孚石油公司史》、贝克的《工作的权利》(*The Right of Work*)以及史蒂芬斯的《明尼阿波利斯的耻辱》(*Shames*

---

① 〔美〕李普曼:《公众舆论》,阎克文等译,上海:上海人民出版社2002年版,第270页。

of Minneapolis),杂志发行人麦克卢尔(S. S. McClure)在社论中解释了这样安排内容的原因:"多少人注意到本期杂志的三篇报道只有一个主题?但我们并非有意为之。这种纯属巧合的安排所表现的时代特征足以让人驻足深思。塔贝尔报道资本家如何破坏法律。只要法律碍了他们的事,他们就会处心积虑地,甚至是在法律人士的建议下去破坏它,或是故意误用法律去限制那些阻碍了他们的人。贝克的报道表明,作为资本最古老的敌人,也是托拉斯违法行为的主要告发者,工人们自己其实也在犯罪或是在纵容犯罪。在《明尼阿波利斯的耻辱》中,我们则会看到市政当局正雇用罪犯为民选官员的私利犯罪,市民们毫无警觉、傻乎乎地袖手旁观。"①麦克卢尔据此说,这个时代,所有人,"资本家、工人、政客、市民",都在"破坏法律,或者任由法律受到破坏"。那些被视为法律与正义保护者的人或机构,如法官、律师、教会以及大学等,也都是这些腐败、犯罪的合谋者。于是,塔贝尔、史蒂芬斯等人的"耙粪"就显然不是简单地曝光公共官员的腐败或大公司的非法行为,他们实际上以新闻再现了一个每个人都在反对整个社会、每个人都在以牺牲其他人为代价追逐私利的现实。尽管单篇耙粪新闻也只能以一种角度再现这一现实的一个方面,但其再现的已经不再是地表之上的秧苗。

因此,虽然耙粪新闻常常以煽情的形式表达情绪上的愤怒,并将具体的腐败掌权者或收买其所掌握权力的企业主作为讨伐对象,但义愤不是耙粪的全部意义,耙粪也不是对具体个人或企业、机构的道德审判。耙粪新闻实际上并不拿具体的个人做替罪羊。耙粪新闻的代表人物亨德里克(Burton J. Hendrick)和刘易斯(Alfred Henry Lewis)就曾对杜鲁门总统称腐败"几乎寄生在所有人类组织中的不诚实的人中"嗤之以鼻。耙粪新闻的研究者查莫斯(David Chalmers)指出,耙粪

---

① See David M. Chalmers, *The Social and Political Ideas of the Muckrakers*, New York: The Citadel Press, 1964, pp. 12-13.

新闻强调著名人物善或恶的样板意义,与其说是一种意识形态,还不如说是新闻的一种风格。① 扒粪者报道某个具体的恶行或腐败,但他们也发现,不管从哪里开始,个别腐败实际上是全国性法纪败坏的一部分。查莫斯因此认为,扒粪者在一定意义上几乎都可以算做是自觉或不自觉的哲学家,扒粪新闻的重要性并不在于它揭示了大量的社会腐败,而是因为它说出了普遍腐败的原因。几乎所有的扒粪者都并不将社会之恶归因于某个人的道德败坏,而是尽力在变化了的社会经济环境中寻找腐化人的道德、诱导人腐败犯罪的因素。

这个因素,扒粪者分别称之为"利益"(interest)、"体制"(system)、"财阀"(plutocracy)、"工业贵族"(industrial aristocracy)、"垄断"(monopoly)、"托拉斯"(trust),但其实质并无区别。其实质是,工业革命带来的社会化大生产、社会财富的急剧增长与旧的以自由放任经济为基础的社会分配方式、政治组织形式的极端不协调。自由竞争的市场体制迫使个人或经济体在追求自我利益时不得不兼顾公共利益,优质的产品与低廉的价格是经济获利的先决条件。另一方面,逐利动机与公共利益的相关性理论并不适用于垄断性市场。对于在市场中拥有垄断性地位的企业来说,获利取决于其获利欲望而不是其产品的质量与价格。在一个缺乏监管的市场中,获取市场的垄断地位——主要途径是获取特定领域如土地使用、原料开采等领域的特权并通过企业合并建立托拉斯,往往成为经营企业的最大利益。这正是扒粪者所面对的社会现实。美孚石油公司之所以成为多位扒粪者的报道对象,就是因为它是美国建立最早、经营最成功的托拉斯,尤其是美孚公司所坚持的被称为"商业马基亚弗利主义"(commercial Machiavellism)的价值理念也通过其对教育、宗教事业的资助被潜移默化地灌输到了社会各

---

① David M. Chalmers, "The Muckrakers and the Growth of Corporate Power: A Study in Constructive Journalism," *American Journal of Economics and Sociology*, Vol.18, No.3, 1959, p. 303.

阶层。耙粪者注意到,获取经济特权总是涉及各级公职人员的受贿、腐败,企业合并则往往与用暴力或非暴力的非法手段排挤竞争对手有关。那些凭借垄断而在商界积累了巨大财富的大商人亲身投身政治,再利用政治权力影响政策以进一步维持、增加其获取垄断暴力的经济权力,更引起了耙粪者的极大关注。于是,除了极少数的例外(如特纳),工商企业尤其是大企业就在耙粪者眼里成为一切腐败与社会罪恶的渊薮。显然,与自由主义新闻的监督理论相比较,耙粪新闻具有更为宽广的政治、经济与社会视野。

另一方面,耙粪者对其新闻实践的目的与意义也有着清醒的意识。对于19—20世纪之交的大部分耙粪者来说,揭丑、耙粪不是目的,而是手段。耙粪的目的乃是用耙粪新闻暴露政治的腐败、经济的堕落以及社会生活各领域里的违法犯罪行为,以新闻唤醒公众的政治觉醒并召唤其更多地投入到社会政治、经济领域的法制建构与制度更新中。这种意识集中表现在史蒂芬斯为回应罗斯福对耙粪者的批评而写给罗斯福的一封信中。面对罗斯福总统把耙粪者描述为"目不旁视,只会低头盯着地上的垃圾",指控他们"从不抬眼仰望天国的桂冠",史蒂芬斯写道:"我并非在搜寻犯罪或欺诈行为的证据……我所探寻的,是从市政府、州政府直到联邦政府的各级政府何以被改造得不再代表公共利益却代表私人利益的原因、目的和具体方式;是践行正义何以如此之难的原因;比如对您来说,也就是在您为我们的公平交易而战时您的权力何以是必需的这一秘密。简而言之,我只不过是在尽力解释,您何以需要强迫参议院通过食品卫生或管制铁路法案。"[①]史蒂芬斯接下来坚称,他和其他耙粪者从来没有忘记仰望天空。这个天空,史蒂芬斯说,就是美国式民主。鉴于政治家、商人、银

[①] A Letter, Lincoln Steffens to Theodore Roosevelt, March 6, 1907. Quoted in David M. Chalmers, "The Muckrakers and the Growth of Corporate Power," *American Journal of Economics and Sociology*, Vol.18, No.3, 1959, p. 311.

行家以及知识分子等社会精英阶层纷纷深陷社会腐败的泥潭而不能自拔,耙粪者把其社会与政治理想寄托于数量庞大并且逐渐启蒙的普通民众。因此,史蒂芬斯才会在《建设者》(The Upbuilders)中鼓吹民主的领导是"唤醒公民起而行动,而不是代行其事";亨德里克也在报道俄勒冈州的公民倡导与全民公决(Initiative & Referendum in Oregon)时欢欣鼓舞地称,"一大群美国公民已经具体地表达了他们的政治理念,并将为美国式良知提供新智慧"。耙粪者相信,如欲保卫法律、正义及人民的自由,就必须揭露一切犯罪者与合谋者,也必须教育、启蒙、唤醒所有人一起努力推动体制的改革。

从总体上说,耙粪者既不是现行社会制度的颠覆者,也不是愤世嫉俗的旁观者,他们是社会改革的积极行动者、实践者。几乎所有的耙粪者都相应地提出了自己的社会改革主张。正如普罗泰斯(David L. Protess)等人所说,耙粪者"是改革者,而不是革命者。他们报道现行体制的缺点,意在寻找改进的方案,而不是倡导颠覆它。通过指出某个特定政策、方案的错误,耙粪新闻为决策者提供了不影响权力分配格局而采取行动纠正错误的机会"[1]。尽管耙粪者的政治、社会主张并不一定为公众与政策决策者全盘接受,但其揭丑实际上成了社会改革的第一步。罗斯福总统领导的进步主义改革之所以能获得成功,其原因在很大程度上应归之于耙粪新闻这一强有力的助推器。莫里(George Mowry)甚至说,"与那些为耙粪杂志写作的通俗作家们比起来,很可能没有任何一种力量更有资格宣称对进步主义运动的成功做出了贡献"[2]。莫里认为,正是因为耙粪者"虔诚的探查目光"和"神圣的揭露之笔",公众才得以了解之前从未被揭露过的政治、经济、社会诸领域的真相及其存在的问题,进步主义社会改革才有了政治、

---

[1] David L. Protess(et al.), *The Journalism of Outrage: Investigative Reporting and Agenda Building in America*, New York: Guilford, 1991, p. 11.
[2] George Mowry, *Theodore Roosevelt and the Progressive Movement*, Madison, Wis.: University of Wisconsin Press, 1946, p. 20.

社会调整的具体目标。

　　耙粪新闻能成为社会改革的助推器,与其新闻实践的现代革新密切相关。从其新闻形式上看,耙粪新闻的主要特征是其调查性与细节的生动性。作为现代普遍使用的新闻手段,新闻调查是记者就特定的新闻议题主动收集相关信息,包括主动地采访议题相关人并最终形成相对复杂的新闻文本的新闻活动,其主动性既体现为采访(interview)作为新闻采集手段被广泛运用,也体现为记者对既有文献资料的深度分析,而其最初的实践主要也正是来自耙粪者。根据舒德森的研究,采访是美国新闻人的发明,仅仅是在美国内战之后才逐渐成为新闻采集的主要手段,此前,所谓新闻主要是重新组织甚至原文刊载现成的新闻或其他文献。① 早期英国的出版商曾租船至荷兰的各港口城市收购当地的出版物,北美殖民地的新闻业也长时间依赖轮船带回来的欧洲报纸。政党报纸不依赖既有文献,但其所刊登的主要是各类就冲突性政治议题发表意见的论文与信函,从而使事实性报道成为新闻的异类;便士报等大众化报纸恢复了事实性报道的核心地位,并开始为此聘请专职记者。不过,此时的记者大多数依然主要是依赖市政厅、法庭、警局等信息源,他们的主要工作还是从这些信息源处获取官方文件或记录公共演讲来组织报道。作为置身于专业写作者与身关公共利益者之间、以形成新闻文本为目的的社会互动,采访在美国内战之后逐渐兴盛并在世纪之交成为新闻的基本采集手段的原因,舒德森并未加以探讨。其客观原因固然是印刷、造纸技术的发展提供了扩大报纸容量的可能性,记者需要主动寻找更多的新闻内容以填充报纸版面,但更为重要的原因却正是以耙粪者为代表的新闻人社会责任意识的增强。主动收集各种官方公开文献未载信息——可能是官方文献尚未关注但更可能是其有意隐瞒的信息,并公之于众,正是耙粪者们

---

① Michael Schudson, "Question Authority: A History of the News Interview," in Michael Schudson, *The Power of News*, Combridge: Harvard University Press, 1995, pp. 72-93.

第四章　正义：新闻德性与无声大众的公共权利

投身新闻事业的主要动机。早在耙粪成为新闻风尚之前，著名文学家、记者、美国耙粪者的前辈马克·吐温（Mark Twain）就曾痛责过那种称"发现与纠正社会不良风气是公众的责任"的观点。吐温说，"世界上任何一位编辑都会说，改正它正是你的责任。如果不是因为做这些事，你凭什么获取酬劳？你对社会有什么用？你如何配做报纸的一员？"①耙粪者正是马克·吐温这一主张的践行者，他们之所以能够"发现"，除了分析、引用既有的正式文献外，主动采访以寻找事实则是另一个必须掌握的新闻手段。

这一点可以在塔贝尔的《美孚石油公司史》的"序言"中获得印证。② 塔贝尔称，选择美孚石油公司作为报道对象，首先自然是因为美孚公司是美国最具代表性的托拉斯，但也是因为关于美孚公司已有大量文献资料可供查证。自 1870 年美孚石油公司组建以来，国会及美孚在其境内开办业务的各州立法机关先后对美孚公司做过多次调查，这些调查以及美孚公司在各类民事诉讼案中形成的大量文献，包括"为建立美孚石油托拉斯（the Standard Oil Trust）而制订的章程和协议，美孚石油与铁路、炼油厂、输油管商等签订的各种契约、合同"，以及 1872—1900 年间大量当事人就美孚发展各阶段的具体事务所做的个人陈述。这些陈述不仅是许多重大事件的参与者、决策者关于他们的个人行为的回忆，也是这些人作为旁观者对他人及整个公司的运作所做的观察，还包括公司官员关于公司发展的主要观点的完整记录。依据相互印证的大量文献，塔贝尔获得了美孚公司如何形成产业垄断的可信证据。尽管这些文献自生成之后就一直存在，但对于普通公众来说依然是未知的，分析与整合这些文献并将其通过廉价的大众化杂志广为传播，美孚石油公司作为垄断托拉斯的诸多犯罪、违法行为因

---

① Quoted in J. Herbert Altschull, *From Milton to McLuhan: The Ideas behind American Journalism*, New York: Longman, 1990, p. 238.
② Ida M. Tarbell, *The History of the Standard Oil Company*, "Preface," New York: McClure, Phillips & Co., 1904, pp. vii-xi.

而广为人知。然而,如果仅仅是分析与整合文献,塔贝尔的工作虽然与现代新闻事业初创时期的那些实践相比有所改进,但还不能说是真正的革新。在"序言"中,塔贝尔接着说,"石油工业发展过程中那些活跃者依然活着,可以自由地寻找他们的帮助。我在每个大的石油中心都采访了数十人。理解和解释本文文献所提及的那些事件,是靠着那些直接与其相关的人所提供的深思熟虑的解释完成的"①。如果按照舒德森关于采访的分类,即寻找信息(actually seeking information)的采访和验证已知信息(testing known information)的采访,②塔贝尔的采访显然属于后者。不过,正是因为这一信息是已知的,塔贝尔的采访就与《民族》(The Nation)杂志的主编古德金(E. L. Goldkin)所说的那种"无聊政客的欺骗与报纸记者的欺骗的联合产品"——伪采访划出了明确的界线。采访,在塔贝尔这里成为其严肃的新闻揭发活动的重要组成部分。

当然不只是塔贝尔一人,无论是史蒂芬斯还是拉塞尔,无论是亚当斯(Samuel H. Adams)还是贝克,耙粪者的新闻实践几乎总是新闻采访、新闻调查的综合。作为耙粪者,辛克莱尔在写作小说《丛林》(The Jungle)时甚至用了多达七周的时间采访了芝加哥"包装镇"(Packing Town)的包装工人、工厂主、警长、守夜人、小酒馆老板、小政客、小职员等。③ 至于主要以司法体系的腐败为调查对象的康纳利(Christopher P. Connolly)和以华尔街与金融腐败为调查对象的劳森(Thomas W. Lawson),在耙粪者群体中更具有进行新闻调查的优势:他们本人的职业经历就是其新闻活动的最佳素材。作为前商人和律

---

① Ida M. Tarbell, *The History of the Standard Oil Company*, "Preface," McClure, New York: McClure Phillips & Co.,1904, p. x.
② Michael Schudson, "Question Authority: A History of the News Interview," in Michael Schudson, *The Power of News*, Combridge: Harvard University Press, 1995, p. 74.
③ See R. Curtis Litman & D. Saunders Litman, "Protection of the American Consumer: The Muckrakers and the Enactment of the First Federal Food and Drug Law in the United States," *Food, Drug, Cosmetic Law Journal*, Vol.36, No.12, 1981, p. 664.

师,康纳利将其亲身参与或旁观的故事写入了他知名的耙粪作品《蒙大拿故事》(*The Story of Montana*);凭借《疯狂的金融业》(*Frenzied Finance*)跻身著名耙粪者行列的劳森一度是华尔街金融市场上最为臭名昭著的场外交易人,《疯狂的金融业》因而被称为其如何"勾结当时最为出色的托拉斯的真实自白"①。在文章中,劳森坦白了其与波士顿天然气公司大战及铜业托拉斯组建等事件的关系,叙述相关事件时,文章完整地引用了谈话的内容、指名道姓地指斥商业金融大佬的胡作非为,并以准确翔实的事实揭露了大量幕后阴谋,从而使该文成为比新闻调查还具有调查性的新闻。

正如班尼特所说,耙粪新闻或调查性新闻并非新闻实践的常态。在数百年的现代新闻事业史中,耙粪新闻作为其时主流新闻类型的历史时代,也仅仅是少数,就美国而言,主要也就是独立战争时期、内战后至第一次世界大战以及20世纪六七十年代等少数社会大变革、大动荡时代,而且,也正如费尔德斯泰因(Mark Feldstein)的研究所发现的,并非每一次社会大变革、大动荡都是耙粪新闻的兴盛期。② 一些民意调查甚至提供了不利于耙粪新闻的证据——公众对耙粪式监督新闻的支持率呈现下降趋势。在1999年美国的一项调查中,将近三分之一的受访者认为新闻对于政治领导人的批评妨碍了他们执行公务,很多受访人则称新闻过于频繁的批评仅仅基于媒介利益的自私动机而非保护公共利益的崇高愿望。③ 尽管如此,当代美国新闻理论与思想史的研究重镇——赫伯特·阿特休尔(Herbert Altschull)依然认

---

① David M. Chalmers, *The Social and Political Ideas of the Muckrakers*, New York: The Citadel Press, 1964, p. 57.
② Mark Feldstein, "A Muckraking Model: Investigative Reporting Cycles in American History," *Harvard International Journal of Press/Politics*, Vol.11, No.2, 2006, pp. 105-120.
③ Andrew Kohut, "Public Support for the Watchdogs is Fading," *Columbia Journalism Review*, Vol.40, No.1, 2001, p. 52.

为,耙粪是美国新闻专业意识的核心理念。① 一大批耙粪新闻,如《美孚石油公司史》(*The History of the Standard Oil Company*, Ida Tarbell, 1903)、《城市的耻辱》(*Shame of the Cities*, Lincoln Steffens, 1903)、《美国大骗局》(*The Great American Fraud*, Samuel Hopkins Adams)、《寂静的春天》(*Silent Spring*, Rachel Carson, 1962)、《任何速度都不安全》(*Unsafe at Any Speed*, Ralph Nader, 1965)以及20世纪70年代"五角大楼文件"的报道和对水门事件的报道已经成为美国乃至世界新闻史的经典,也成为西方乃至全世界新闻记者永远追求的光荣与梦想。耙粪,即揭开一切隐藏在权力(政治权力与经济权势)之下的罪恶交易,维护正义、保护公共利益,尽管在实行过程中存在各种各样的阻碍、挫折以及失误,却也正是新闻这一职业的良心所在。

---

① Herbert Altschull, *From Milton to McLuhan: The Ideas behind American Journalism*, New York: Longman, 1990, p. 274.

第五章　毋伤害：新闻德性的最低限度

> 无论如何，现代始终都处在这样一个假设之下：生命，而非世界，乃最高的善。①
>
> ——汉娜·阿伦特，1958

> 谈论一个人的品行、个性(character)使其受到伤害，即使有真凭实据，也是一种恶行；言论与辩论的自由——真理完全依赖它们方能辨明——受到审查则是更大的恶行……应该竭尽所能将产生这两种相反恶行的危险纳入掌控。
>
> ——"Note," *The Law Quarterly Review*, 1887

如果说报道真相、导引正义体现了新闻德性的积极主张，毋伤害、不作恶(don't be evil)则是一种否定性的新闻德性——它表达了新闻传播活动消极方面的伦理要求，或者说伦理要求的最低限度。早在

---

① 〔美〕阿伦特：《人的境况》，王寅丽译，上海：上海世纪出版集团2009年版，第251页。

1720年的"加图来信"中,"伤害和控制"(hurt and control)他人的言论自由就成为言论自由的限定项,并被称为言论"唯一应该接受的审查"和"唯一应该知道的束缚"。① 1804年,杰斐逊在一封写给麦迪逊的信中也说到,"人民不应该被剥夺言论、写作和出版等权利",除非这种权利被用来发表"损害(affecting injuriously)他人的生命、自由、声誉,或者损害与他国和平关系"的"虚假事实"。② 1859年,密尔更在普遍意义上指出,"个人的自由必须约制在这样一个界限上,就是必须不使自己成为他人的妨碍"③。这表明,"毋伤害"伦理很早就嵌入了自由这一人类精神的基本理念,新闻自由只是在"毋伤害"的限制性规定之下才能实现其逻辑的完整性与自洽性,即唯有"不伤害"的新闻自由才能被称为真正的自由。不过,言论或新闻的"毋伤害"究竟是指何种意义上的伤害——对象是什么、伤害如何形成——并非一见而知,而这种伤害又在何种意义上成为不道德(以及不合法)也同样缺少充分的理解。比如在"加图来信"中,言论的伤害对象仅仅是与言论权利相对应的"他人权利",杰斐逊尽管分别列举了私人性的他人生命、自由、声誉和政治性的国家关系四个内容,但依据这种简单列举也很难在具体的言论(新闻)实践中实行合理的控制(regulation)。另一方面,人们却又很早就对言论和新闻施加了许多行政、法律限制,如许可证制度、内容审查、煽动性诽谤(刑事)、诽谤(民事)以及隐私侵犯等。虽然这些限制都对应于一种具体的侵犯或伤害,但整体上把握这种种侵犯或伤害的伦理意义的讨论却并不充分——因此实际也是其法律依据的不充分,正如常识告诉我们的,法律论证的前提是道德或伦理论证,道德的法才是正当的法,真正的法。作为一种方法论意义上的总体观照,本

---

① Sheila S. Kennedy (ed.), *Free Expression in American: A Documentary History*, Westport, Conn.: Greenwood Press, 1999, p. 12.
② A Letter from Thomas Jefferson to James Madison, quoted in Jerome Lawrence Merin, "Libel and the Supreme Court", *William and Mary Law Review*, Vol.11, No.2, 1969, p. 379.
③ 〔英〕密尔:《论自由》,程崇华译,北京:商务印书馆1959年版,第59页。

章第一节首先描述人的私人性与公共性的本质区分和同体、同在特征,并依据人的私人性与公共性的不同价值诉求,区分言论的私人性和公共性的内涵与不同表现。以此为前提,第一节进一步论证公共性表达和私人性表达的伦理依据——分别是人的私人性、公共性的价值诉求,从而使整合言论和表达的私人价值和公共价值的分歧、冲突的伦理概念——普遍善(general good)成为研究对象。作为结论,普遍善这一整合私人价值与公共价值的复合善被确立为评判与限制言论和表达(新闻作为其核心内容)的合理性、正当性的终极标尺,从而完成本章的理论建构。本章第二节、第三节依据这一总体理论分别考察新闻侵权和新闻品位这两个有关"毋伤害"这一新闻德性的典型案例,即诽谤、隐私侵犯与煽情性新闻等新闻现象中蕴含的价值冲突与伦理悖论。在这些因价值冲突形成的伦理困境中,合理的选择应该是,一方面强调以普遍善对言论自由和新闻自由施行必要的管理和限制,但另一方面也强调,自由的言论和新闻同时更是普遍善的构成要素,毋伤害因此应该成为新闻和言论自由最低的伦理限度。

第一节　新闻德性与人类普遍善之关系

1927 年,美国最高法院大法官布兰代斯针对"惠特尼诉加州"(*Whitney v. California*)案发表的附议书将四种价值列为最高法院保护新闻自由的合理性依据:自由本身作为"幸福的秘诀";"发现及散布真理";保障公民实现"参与公众讨论"的"政治义务";保障社会秩序的稳定。[①] 按照布劳斯泰因(Edward J. Bloustein)的理解,布兰代斯所说的"四价值"实际上可以概括地表述为两种基本价值:个体价值和社会或政治价值,两者在布兰代斯那里分别也被称作目的性价值和手段

---

① Whitney v. California, 274 U.S. 357, 375, 1927.

性价值。① 相较于弥尔顿、密尔、霍姆斯大法官等人单纯地在认识论领域以发现和传播真理为目标的价值学说，布兰代斯的"四价值"说无疑使新闻价值理论有了更为开阔的视野，也有了更为充分的论证说服力，因而成为西方新闻价值学说的基础理论。② 在布兰代斯的表述里，以个体自由或自我实现为目标的言论和以真理、民主化的政治决策或政府与社会稳定为目标的言论似乎并不存在着价值冲突，两者并行不悖、互为补充，布兰代斯对其间的紧张关系用目的性与手段性的区别进行了消解。然而，思想史中个体与社会整体究竟何者为目的、何者为手段实际上是一个充满歧异性的老问题。一种言论既可能被其行为主体用以表达对社会、公共事务的关心，也可能仅仅用以主张其个人的自由、权利、利益，一个人总是同时具有私人和社会共同体的成员这双重身份，不同的主体身份通过言论所表达的不同利益诉求赋予了言论不同的价值与伦理意义。在现代新闻理论看来，正是因为这种价值与伦理意义的差异，私人性言论与公共性言论应享有不同程度的法律保护。③

讨论言论的公共性和私人性，需要将两个自明的事实作为前提纳入理论思考。其一是人类所有的活动都依赖于人们共同生活，没有他人在场，即不和他人发生关联的人类活动虽然在短时间内是可能的，但长时间里或者说绝对意义上的孤单生活是不可想象的。生活必需

---

① Edward J. Bloustein, "The First Amendment and Privacy: The Supreme Court Justice and the Philosopher," *Rutgers Law Review*, Vol.28, 1974, p. 43.

② 例如，美国宪法学者爱默生（Thomas Emerson）在其《第一修正案导论》一文中提出的新闻自由"四功能"说几乎就是布兰代斯"四价值"的翻版。爱默生的四功能分别是 individual self-fulfillment, attainment of truth, participation in decision-making, balancing between stability and change。See Thomas Emerson, "Toward a General Theory of the First Amendment," *Yale Law Journal*, Vol.72, No.5, 1963, pp.878-888.

③ 〔美〕米克尔约翰：《表达自由的法律限度》，侯健译，贵阳：贵州人民出版社 2003 年版；Alexander Meiklejohn, "The First Amendment is an Absolute," *The Supreme Court Review*, Vol.1961, 1961, pp.245-266; Edward J. Bloustein, "The First Amendment and Privacy: The Supreme Court Justice and the Philosopher," *Rutgers Law Review*, Vol.28, 1974, et al。

品的获得和人种延续这两个基本需要决定了人类总是生活在与他人发生关系的共同生活之中;其二是人类中每个人的个体性,即每个人就其个体性来说都是独特的,其生活处境与心理感受都是独一无二的,不可复制也不可替代——阿伦特将这一事实称为人的复数性(plurality),即"没有人和曾经活过、正活着或将要活的其他任何人相同"①。这两个事实可以用一个"极其平庸"的观点加以概括,即"单个的人是一个更大的整体的一部分,这个整体是由他和其他人一道组成的"②。虽然第一个事实在亚里士多德看来并不具有特殊意义,因为它仅仅促成人们缔结任何动物和奴隶都能够缔结的"纯自然的社会联合"③,不过,这一事实对于理解人的公共性存在实际上还是具有基础性意义。因为正是从纯粹孤立的私人性的不可能性中产生了公共事务的命题,即由于个人无论如何不可能绝对地离群索居,自其出生之初他便不可避免地置身于与他人具有关联性的情境之中,其个人事务也因此就不可避免地与他人事务发生关联。这种彼此不可断绝的关联性网络即形成超越个人事务的具体安排的群体性事务,公共性因此获得其第一块原始基石。但另一方面,群体事务能否真正成为公共事务,不在于其是否对于作为群体成员的个人具有必要性,而在于它是否能成为每个具体个人可以施加影响、可以以特定方式处置或参与处置的事务。所谓公共事务,首先自然是关乎群体整体或成员全体的事

---

① 〔美〕阿伦特:《人的境况》,王寅丽译,上海:上海世纪出版集团2009年版,第2页。
② 〔德〕埃里亚斯:《个体的社会》,翟三江、陆兴华译,南京:译林出版社2003年版,第13页。"极其平庸"系埃里亚斯本人所称。埃里亚斯说,在我们每个人朴素的直观中,人类总是首先表现为一个个具体的个体,但就每一个具体的个人来说,在其成人之前又总是"吃别人奶水的孩子",因此总是"被掷于先他在场的某个人类群体之中"。见《个体的社会》,第24页。
③ 见〔古希腊〕亚里士多德:《政治学》,吴寿彭译,北京:商务印书馆1965年版,第140—141页。亚里士多德的这个观点在阿伦特那里得到进一步阐发,她说这种"纯自然的社会联合"乃是"生物的生命需要加在我们身上的一种限制",人作为公共性的存在,即人结成政治组织"不仅不同于以家庭为中心的自然联合,而且与后者直接对立"。参见〔美〕阿伦特:《人的境况》,王寅丽译,上海:上海世纪出版集团2009年版,第15页。

务,而它具有公共性则是因为其成员通过讨论、协商形成决策而非特定的个人或少数人专断地做出决定,这种公共性也就是亚里士多德所说的"政治"。

在《政治学》(Politika)这部被称为西方政治理论的首创著作中,亚里士多德断言"人类在本性上,正是一个政治动物(zoon politikon)"①,并称"城邦(虽在发生程序上后于个人和家庭),在本性上却先于个人和家庭"②。对于亚氏的术语因为已有许多解读,不需要再做多少阐释,理解"政治的"(politikon)的词根为"城邦"(polis)、"政治动物"是指在城邦生活者即可。需要特别关注的是,亚氏如此断言的依据何在,也就是他何以判断某种生活表现了人的"本性"。其实,认定两种生活哪一种属于人的本性,《政治学》一开篇就给出了准则:"所有人类的每一种作为,其本意总是在求取某一善果""一切社会团体的建立,其目的总是完成某些善业。"③因此,所谓"在本性上",实际上说的是更多的善,也就是在伦理上价值更充分、在道义上更优先。"政治的"或"城邦的"生活之所以是善业"最高而最广的"生活方式,亚里士多德的判断依据是,它"不仅为生活而存在,更为优良的生活而存在"④。具体而言,也就是城邦与按血亲结成的"纯自然的社会联合"(如氏族或宗族)有两个重大区别。其一是成员间的相互关系不同。氏族或宗族由一个家长或主人统治,其他成员相对于家长是一种隶属性关系甚至是"主—奴"关系,主人对其奴隶拥有绝对的支配权;城邦,如雅典,则与此相反,其基本特征是"自由的人的联合",在城邦中,自由人成为公民(polites),公民自己治理自己,被统治者就是统治者,公民轮流进行统治和被统治,其具体做法是"主要的政府职位通过选举获得,同时

---

① 见〔古希腊〕亚里士多德:《政治学》,吴寿彭译,北京:商务印书馆1965年版,第7页。该句又译为"人类自然是趋向于城邦生活的动物",译本以方括号提供了两个译法。
② 同上书,第8—9页。
③ 同上书,第1页;并参见第140页。
④ 同上书,第140页。

许多别的职位由抽签产生,所有公民因此都拥有参与治理自己的平等权利"①。其二是两者统治方式的不同。前政治形式的统治主要凭借暴力和强迫,主人以命令的方式将自己的意志施加给被统治者;城邦中的统治则通过言说(lexis)和说服来实现:公职人员在公共场所(如议会、广场)发表演讲,陈述其对城邦公共事务的观点以争取公众的支持和选票,普通公民也可以在广场上自由发言,表达其对公共政策和公职人员的批评和建议。显然,所谓城邦或"政治的生活"在"本性上的优先"、所谓"优良的生活"主要即是体现为其成员社会地位的平等及其通过成员的自由意志和自由选择而实现的治理方式,人成为公共性存在,即他通过言说②介入公共事务则是"政治的生活"优先性的重要源泉。

　　古希腊城邦开创性地伸张人类生活的公共性一极,公民参与公共事务作为一种伦理理念,从希腊城邦开始经过罗马共和国和罗马帝国,经过17、18世纪的思想启蒙和17世纪的英国革命,18世纪的美国和法国革命而成为西方政治思想的常识,言论也因其作为公共性的实现途径和手段而获得正当性。但另一方面,人类生活的另一个基本事实,即人作为私人和个体的一极在古希腊城邦以及此后的公共领域形构过程中,往往成为被忽视、被抑制的一个方面。柏拉图《理想国》中关于妇女、儿童为城邦共有,禁止小家庭生活的制度设计③虽然并非城邦生活的真实描述,但个人权利和私人幸福作为一种价值理念之不被认可却也由此可见一斑。城邦虽然在政治领域里主张自由,但一如

---

① 参见〔美〕斯东:《苏格拉底的审判》,董乐山译,北京:三联书店1998年版,第11页。
② 以及行动(或称实践,即 praxis)。阿伦特说,存在于人类共同体并为人类共同体所必需的活动中,只有言说和行动被看作是政治的并构成亚里士多德所说的"政治生活",从这两者中产生出了人类事务的公共领域,而一些仅仅是必需的和有用的东西是被排除在政治生活之外的,如劳动、贸易等。见〔美〕阿伦特:《人的境况》,王寅丽译,上海:上海世纪出版集团2009年版,第15—16页。
③ 见〔古希腊〕柏拉图:《理想国》,郭斌和译,北京:商务印书馆1986年版,第190—207页。

阿伦特的判断,"城市国家和公共领域的兴起极有可能是以牺牲家庭和家族的私人领域为代价的"①。这个牺牲并不是说城邦的政治和法律制度公然主张侵犯公民的私人生活或个人财产,与此恰恰相反,所谓牺牲是指公民的私人生活被排除在城邦关心的事务之外,即私人生活并不是按照城邦政治和法律制度业已规定的"政治的"方式(用亚里士多德的话说,也就是非暴力的言说、辩论方式)运作。进入到家庭、家族的生活领域,家长对其家庭成员、对作为其财产的奴隶有权施行前政治的支配性管理和绝对控制。个人权利与私人幸福的领域与其说是受到了公共权力的压制和侵犯,不如说公共权力未能为作为人的尊严及其神圣性表征的私密性(intimacy)和私人性(privacy)提供充分的保护,人类生活的私人性方面被政治和法律制度设计遗忘或忽视了。②

两个自明的事实将人类生活划分为两个相互联系而又相互独立的领域:公共领域和私人领域。人们在两个领域扮演不同的社会角色并形成不同的利益、价值诉求和幸福体验,从而形成了不同的关于善的伦理界定。在我们熟知的哈贝马斯的论述中,公共领域是由私人集合而成的、与公共权力机关相抗衡的公共舆论领域,但如果以古希腊城邦为考察原型,所谓公共领域的起源就并非仅仅是哈贝马斯所说的沙龙、咖啡馆等文学公共领域,而是以讨论、协商、决策公共事务为基本功能的广场和议院,公共领域与公共权力机关不仅不是相抗衡的,它们根本上就是一个东西。因此,当哈贝马斯以18、19世纪资产阶级公共领域为研究对象的有关理论把抵制公共权力向私人领域,如人身安全、家庭生活、财产等的侵犯作为公共领域的首要职能时,他实际上

---

① 〔美〕阿伦特:《人的境况》,王寅丽译,上海:上海世纪出版集团2009年版,第18页。
② 美国制宪史也走过了同样的过程。我们知道,作为个人权利和私人幸福保障的《权利法案》是作为修正案而不是宪法正文出现的。参加制宪会议的弗吉尼亚代表梅森(George Mason)正是因为宪法缺少了公民权利的相关表述而拒绝在宪法文本上签字,弗吉尼亚州最终也是以添加《权利法案》为条件才批准了宪法。

过分强调了公共领域和公众的私人性质,相应地就不可能不对人类公共生活产生误解。在一个统治集团业已形成、政治秩序相对固定的历史背景下,普通公众往往被排除在公共权力之外,无法参与,因此常常仅表现为私人而只能以一种否定的角度去把握公共权力。但在一些特定的时期,比如美国和法国革命时期,既有统治秩序崩溃之后,公众进入公共权力领域并不立刻以扩张其个人特殊利益诉求作为行动目标,他们的确是以其公共性而非私人性参与公共权力的实施过程。因此,正确地理解公共领域,应该将其看作是人类依据其公共性而形成的以公共权力、公共事务——比如政府组成及其职权范围、交通等公共设施、教育、就业、社会保障等为对象的对话、协商、说服、决策、监督体制,公开性、协商性、成员的身份平等和互动合作乃是公共领域赖以形成的基本价值,也是其应追求的公共善(public good)的基本尺度。

不同于公共领域中的一般事务及其处置规则总是关涉其中的每一个成员或者多数成员,私人领域是因其所涉事务与一定政治、文化共同体的全体成员或多数成员无关而具有私人性,家庭是私人领域的典型类型。尽管在古希腊城邦(以及前城邦的群体生活、与希腊城邦极其相似的罗马帝国)中,这种私人性最初是以剥夺公共性而被表现的,即私人领域的成员因为相对于家长或主人的隶属性而被剥夺进入公共领域的权利。他们即使不像奴隶那样失去自由、成为他人的财产,也往往处于一种被剥夺的状态,意味着被剥夺了"人的能力中最高级的、最属于人的东西",意味着不是完整意义上的人。但接下来西方世界在精神和物质生活领域发生的两个历史性变化彻底结束了私人生活的隐秘性,私人领域再也不是孤立于公共领域之外的封闭世界,它不得不逐渐向他人和公共领域敞开其自身。首先是基督教文明的兴起,外部世界的影响开始深入人的精神世界和家庭生活,家庭的、私人的生活变得丰富起来,并逐渐走出孤立状态与他人和作为非政治公共领域的教会发生频繁的联系,教会和他人作为外部势力也越来越热衷于介入他人的家庭和私人生活。其次是社会作为政治公共生活和私人家庭生活之外的第三种生活样式的兴起。最初是行会、同业公会,以及商业公司,接着是资本主义作为一种生产方式在欧洲全面发展起来,公共领域和私人领域的二元结构解体,普遍的大众社会最终取代政治公共领域成为与私人领域的对应物。①

在时间上界定大众社会的起点显然是一件十分困难的事,但由分散的、原子化的、同质性的大众组成的庞大的社会共同体最迟在18世纪开始形成却可以确定,这一点可以通过私人和个体与某种非政治的公共领域之间的紧张关系得到印证。这个非政治的公共领域,就是社会。据阿伦特称,第一个阐述人的私人性和亲密关系的理论家是法国人卢梭。她说,卢梭"获得他的发现不是通过反抗国家压迫,而是通过反抗社会对人的心灵无法忍受的扭曲、反抗社会对一个最内在的领域的侵扰,而直到那以前这个内在领域还不需要特殊的保护"②。不同于政治公共领域把成员的扩张视为负担、把其权力的分享视为危险,③社会总是倾向于扩张、倾向于尽可能多地将人们吸纳入相应的社会团体,并总是要求它的成员像一个大家庭内的成员一样行动,只有一种意见、一种利益。社会学者对现代早期社会的研究发现,社会的这种扩张对于个人业已形成一种无形的压力:"虽然人们待在家中,但在某种意义上说,他们仍承受着巨大的团体压力。他们并不认识那

---

① 稍稍留心罗马帝国之后的欧洲社会发展史,就可以形成这样的总体印象。基督教最初就是通过攻击、驱逐其他宗教的信仰者而确立其权威的。其后,宗教裁判所进行异端审判,英国清教徒被迫离井别乡辗转荷兰、美洲新大陆,更表明其深度介入民众私人生活的事实。另一方面,大众社会侵入私人领域却要细微而持久得多,这甚至成为现代性社会的一个重要特征。
② 〔美〕阿伦特:《人的境况》,王寅丽译,上海:上海世纪出版集团2009年版,第24页。
③ 作为一个政治学常识,我们知道,权力总是具有排他性的,不受限制的权力总是倾向于集中而不是分散,权力分享是一种制度约束而不是自然发展趋势。早在柏拉图那里,对此就有清醒的认识。他认为最好的政治制度是贵族掌握权力的"荣誉政制",但贵族的多数统治并不稳定,极容易形成少数寡头的集权。集权引发反抗产生混乱的民主制,从混乱中最终产生掌握绝对权力的僭主,人民将因此受到"绝对的奴役"。见〔古希腊〕柏拉图:《理想国》,郭斌和译,北京:商务印书馆1986年版,第313页及以下。

个'法官',但他的阴影无处不在。"①这种压力促使人们密切关注他人的私人生活,对于种种与己不同的生活方式往往会产生异乎寻常的好奇心,并刻意加以模仿。那些被关注和被模仿的对象与其社会环境的关系因此也紧张起来。在这种情境下,私人领域再也不是一个被剥夺、被排斥的领域,相反,它甚至成了对抗公共领域和大众社会干扰的庇护所和精神栖居地。

那么,私人领域和私人生活究竟在何种意义上成为私人的呢?它之于人又有怎样的意义?在回答这两个问题之前,我们可以先看一下美国司法史上的一个经典案例——1881年的"德梅诉罗伯兹"(De May v. Roberts)案。这是一起由美国密歇根州法院处理的个案,尽管早于沃伦和布兰代斯发表题为《论隐私权》("The Right to Privacy")的论文九年前发生,却被法学界确认为一起有关隐私侵权的诉讼——也可能是历史上有关隐私侵权的第一起诉讼。该案有关妇女生产这一极其私密的事件。原告是一位姓 De May 的妇女,起因是为 De May 接生的医生 Roberts 未经允许带了一个并非医护人员的外人进入产房旁观了生产的过程。De May 夫妇误以为闯入者是医生的助手而未加阻止。De May 在得知闯入者的身份后以 Roberts 故意隐瞒其身份、涉嫌欺骗为由起诉医生和闯入者。法庭判定医生和闯入者侵权行为成立,同意对被告进行司法救济。法庭认为,"对于原告来说,(生产)是一个极其神圣的时刻,任何人都无权侵扰,除非是受到邀请或是因为某种现实而急切的必需"②。奇怪的是,这起明显侵犯隐私的案例居然未能引起沃伦和布兰代斯这两位隐私权观念首倡者的注意,本案被告究竟侵犯了何种权利长时间里未曾得到阐释。直到1960年,加州大

---

① M. Young & P. Willmott, *Family and Kinship in East London*, Harmondsworths: Pengiun Books, 1957, p. 154. 引自〔美〕舒德森:《探索新闻:美国报业社会史》,何颖怡译,台北:远流出版公司 1993 年版,第 103 页。

② De May v. Roberts, 46 Mich. 160, 9 N. W. 146 (1881), 46 Mich. at 165, 9 N. W. at 149.

学伯克利分校法学院的普罗瑟院长(Dean William L. Prosser)才在其被称为隐私权理论领域的"哥白尼式革命"的论文《论隐私》("Privacy")中指出,被告侵入了他人的"隐私或私人事务",侵扰了他人内心的平静并因此给他人带来了"严重的精神痛苦"。① 但普罗瑟的理论并未能说服布劳斯泰因,在一篇全面回应普罗瑟的论文中,布劳斯泰因正确地指出,在"德梅诉罗伯兹"案中,原告被侵犯的是其个体性和人格尊严。布劳斯泰因说:"妇女生产时不被旁观的正当权利所保护的不是其要求情绪平静的心理,而是其拥有完整的个体性和人类尊严的愿望。这一权利被违背时,她即已受到了冒犯和凌辱而无须精神创伤和情感痛苦加以证明。即使这一经历的确使其产生了焦虑或其他精神病理症状,这也只是她所经历的侮辱的自然后果。"② 布劳斯泰因从"德梅诉罗伯兹"案以及其他众多以隐私侵犯为诉因的案例中获得结论,认为,所谓隐私侵权所侵犯的并非像普罗瑟所说的可能分别是名誉、情感安宁或无形财产,它实际上应该是某种整体性的东西,可以称之为"不容侵犯的人格"(inviolate personality),或者追求幸福的个人自由,总之是一个整体性的精神利益。③ 布劳斯泰因的理论不仅令人信服地解释了隐私权意义之所在,更在普遍的意义上提供了理解私人领域及其意义的线索:所谓私人领域(private-sphere)即是一个人追求其人格完整、人生幸福以及个人利益的领域。在其间,每个人都是独立自主的私人,在其追求人格完整、人生幸福及个人利益之时拥有充分的自由,仅以不侵害他人相应的自由为限。私人领域之所以成为私人的,其本质上的原因与公共领域之成为公共的并没有什么

---

① William L. Prosser, "Privacy," *California Law Review*, Vol.48, No.3, 1960, pp. 389-390, 422."哥白尼式的革命",见 Harry Kalven, Jr., "Privacy in Tort Law – Were Warren and Brandeis Wrong?" *Law and Contemporary Problems*, Vol.31, No.2, 1966, p. 332.

② Edward J. Bloustein, "Privacy as an Aspect of Human Dignity: An Answer to Dean Prosser," *New York University Law Review*, Vol.39, 1964, p. 973.

③ Ibid., pp. 1001, 1002.

不同,它们同样根源于西方文艺复兴和启蒙运动以来诸多艺术家、哲学家、思想家在其文学艺术创作、哲学伦理学论著、对理想社会的描述中所表达出来的对人的本性和天赋权利的基本理解,即人之所以为人、人之作为人而具有意义,源于他在本性上是理性的、自由的、自主自律的、具有人格尊严的。因为这一本性,他天然地拥有一个仅仅属于他自己的世界,在这一世界中,他有能力、有权利按其意愿自由地决定和行动,这一决定和行动因为其自由而具有正当性与合理性;这一决定和行动同时又是私人而排他的,他是否与他人分享、向他人公开、受他人关注,仅仅取决于这个人的自由意志。个人凭其自由意志追求人格完整、私人利益和幸福生活,形成了这个世界特殊的个体善(personal good)。如果漠视这个人的自由意志而要求他分享、关注、评价这一世界,即构成对其私人领域的侵犯,也是对其个体善的侵犯。

在法学家眼里,私人领域涉及一系列以个体为主体的有形无形利益,这些利益因其并非由国家创造、因公共利益或社会利益而产生,所以应该被称为"自然权利",美国社会法学派著名法学家、哈佛大学法学院院长罗斯科·庞德(Roscoe Pound)专门撰文对此进行了阐述。[①]关于人的自然权利,最为经典而简洁的表述是洛克所说的"生命、自由和财产"。和洛克比起来,庞德对个体利益和权利的描述要细致得多:首先,他将个体利益和权利总体上分为三个类别。其一是人格利益(interests of personality),即人作为物理和精神的存在物而产生的利益;其二是家庭利益(domestic interests),即因个体生活的延伸而产生的利益;其三是实体利益(interests of substance),即个体经济生活产生的利益。然后,由于三种利益的基础是人作为个体的人格,庞德因此进一步分析了人格利益的七个内容:身体完整的权利、自由迁徙的权利、使用自然媒介(人的生存环境中的自然条件,如空气、水、海洋及其

---

① Roscoe Pound, "Interests of Personality," *Harvard Law Review*, Vol.28, No. 4, 5, 1915, pp. 343-365, 445-456.

生成物)的权利、财产权利、自由交易和签订契约的权利、自由创业的权利、自由信仰和思想的权利。在庞德看来,基于这些个体的权利和利益而产生的需求都是应该予以满足的,除非这些需求与他人的、公共的或社会的利益相冲突。最后,庞德拣选了三个最为重要的个人利益作为"不容侵犯的人格"进行了更为详尽的阐释,即身体完整、荣誉(或名誉)以及信仰和思想。在庞德看来,它们乃是人之为人更具本质性的私人领域。

尽管根源于共同的人类意识和基本价值,但无可争辩的事实是,需要公开的公共领域和倾向于自我封闭的私人领域、公共善和个体善在现代社会这个竞技场形成了一个相互冲突却又相互纠结的矛盾体。所谓"共同的人类意识和基本价值"即人对其同时具有的作为群体的成员与作为独立的个体这两重身份以及由于这两重身份所产生的利益、权利和目的性价值的自省和反思。作为独立的个体,他形成了他个体化的利益、权利和目的性价值——这些利益、权利和价值可以被定义为其"个体善";作为群体的成员,他又与其他群体成员一起形成了群体性的、公共性的利益、权力和总体性目标——它们形成了来源于个体成员但又超脱于、超越了个体成员的具体利益和目的的公共利益、公共权力和公共价值(或称公共善)——如果公共权力是基于这样的方式形成,那么,公共利益和公共权力也可以被纳入公共善的范畴。关于公共善与个体善不可避免地存在着两个问题。其一是公共善与个体善之间的关系。由于公共利益或公共善超越了个体利益和个体善的个别性,虽然个人利益和个体善原本是形成公共利益与公共善的基础,但作为整体的公共利益和公共善却并不能满足每一种具体的个人利益与个体善的要求。相反,由于公共利益和公共善已经形成了公共权力,公共利益和公共善将通过公共权力迫使某种与公共利益和公共善发生冲突的个体利益和个体善服从公共利益和公共善。于是,每个个体由于他(她)身份的双重性,其自省和反思就需要考虑个人利益与群体利益、个人权利与公共权力、个人目的与社会目标的一致性和矛盾性,需要考虑如何协调个人利益、权利、目的与群体利益、权力、目标的关系,尤其是当个人利益、权利与目的和群体利益、权力与目标发生矛盾、冲突时,他需要考虑如何尽可能维持和扩张个人利益、追求个人价值而不违背群体利益和群体价值,不致引来公共权力的限制与惩罚。

第二个问题产生于个体善内部,即由于不同的个体对个体善的理解和利益的具体要求不同,个体之间的利益冲突、具体私人领域的冲突性及其协调的问题。实际上,调解、仲裁这种冲突以及保障共同体内部的安宁正是公共权力和公共善之所以形成的根本原因之一。实际上,如果没有了这种冲突,公共权力和公共善也就失去了一个重要的正当性依据。前文所述的对他人的私人生活的好奇心和关注,显然是一种个体利益,并也有其个体善的特征——他人的私人领域是个体生活的现实环境之一,生活于现实环境中的个人需要通过关注他人获得知识和经验以规划自己的生活,但与此同时个体利益和个体善却是,他本人的私人生活和私密关系作为他人的生活环境是向他人关闭的,对其好奇、关注和谈论就形成了对个体善的侵犯。公共权力因此而划定关注他人私人生活的界限,形成了现代隐私权的基本观念。

公共领域和私人领域、公共善和个体善组合成一个极其复杂的关系。言论和新闻如何在这个复杂的关系中确立自己善的基准?如何处理公共性和私人性、公共善和个体善尽管源出于同一个认识论、伦理学基础,却在表现上倾向于对立、冲突的基本悖论?换句话说,新闻如何在普遍的意义上实现善的目标、实现德性的新闻,即实现普遍意义的善——既坚持公共善又不伤害个体善?1923年美国报纸主编协会的《新闻规约》在其"庄重"的条款下首次提出了新闻道德与普遍善(general good)的关系问题,它认为,"凡会激起低级行动,如着意描写犯罪或其他恶行细节"的新闻,都确证无疑地无益于普遍善。但普遍善作为新闻德性的价值诉求，其实同样出现在前一款，即有关公平（fair play）的规定之中。"公平"条款反对刊登影响他人声誉、侵犯他人隐私或情感的新闻，除非给予他人申诉、辩驳的机会，或者出于公共权利的需要。这一条款将新闻作为公共领域、公共权利的善的要求与新闻作为私人领域，作为个人声誉、隐私、私人感情的关系领域而产生的善的要求纳入总体思考框架，在公共善和个体善的权衡中谋求善的普遍性，"毋伤害"的德性意义即体现在这一权衡过程中。

那么，新闻实践如何进行这一权衡、如何避免伤害从而实现善的普遍性呢？回答这一问题需要对西方新闻事业发展史和西方新闻伦理的基本理念有一个总体认知。这个认知就是，西方新闻事业是将言论和新闻视为公共领域并以公共善为目标而建构其基本伦理架构的，其表现之一是新闻自由在新闻伦理诸理念中的基础性地位。尽管人们针对新闻自由的正当性论证并没有形成一个普遍性共识，但在总括性的布兰代斯"四价值"说中，我们可以清楚地看出公共性和公共善的主导性地位：第三、第四两种被称为手段性价值的价值论证直接诉诸作为整体的政治和社会共同体利益；第一种被称为目的性价值的自由（以自由和个人自我实现作为目的）和第二种被称为手段性价值的发现和传播真理，尽管其论证基础源出于个体，但其所依据的也同样是个体作为公共领域一分子的公共性属性，个体作为私人、私人领域之成为一个自足的价值领域的正当性，实际上仅仅作为一个模糊的理念隐含在个体的公共性与公共善的宏大叙事之中。也正是因此，尽管诽谤（侵犯名誉）和隐私侵犯作为刑事和民事诉讼的诉由或判案依据分别都有数百年、上百年的历史，但作为私人领域和个体善之核心理念的名誉与隐私迟至20世纪中后期才成为新闻法和新闻伦理研究的重要课题。然而，尽管一如阿伦特所说，"照亮了我们私生活和亲密关系的微光，最终来源于公共领域更耀眼的光芒""那些被认为与公共领域有关的、值得被看和被听到的东西,才是公共领域能够容许的东西",①但是,现代新闻实际上已经不再是一个仅仅以公共事务、公共利益为关注对象的公共领域,公职人员、公众人物甚至普通民众的私人生活经常性地成为大众传媒追踪报道的对象。这样,在一些具体的情境中,新闻自由的理念和制度设计往往与公共利益、公共领域毫不相关,它往往仅是在为新闻侵犯私人领域的私密性、神圣性扫清道路。同时,低俗、煽情的新闻及色情的印刷、音像出版物也以新闻和表达自由的名义肆意冒犯人之为人的价值与尊严。于是,在新闻和其他传播事业中实现善的普遍性、实现"毋伤害"的德性主张,其实质就转化成对新闻自由的理念和制度设计进行必要的补充或限制,但这种补充和限制的基准线又当如何划定?

现代新闻法和新闻伦理理论限制新闻(表达)自由的普遍做法是区分报道对象的身份,并根据其身份的差别以区别对待,即当新闻报道涉及公职人员、公众人物时就可以获得更大的自由度,公职人员和公众人物的名誉权、隐私权都将屈从于新闻自由而不得不做出相应的牺牲,但当新闻的报道对象仅仅是普通民众时,名誉权、隐私权的正当性便超越了新闻自由的正当性,侵犯新闻报道对象的名誉权、隐私权的行为因此将失去其正当性依据,因而会受到新闻职业规范的约束以至受到法律的惩处。从 1964 年的"纽约时报诉苏利文"案到 1974 年的"格兹诉韦奇公司"(Gertz v. Robert Welch Inc.)案,美国联邦最高法院依据这一原则处理了一系列因事实性错误而发生的新闻侵犯名誉权的案件,具体措施是依据新闻侵权案原告身份的不同,要求提供不同性质的侵权举证。如果原告为公职人员、公众人物,他不仅要举证不实新闻侵犯了他的正当权益,还要同时举证新闻媒介在报道这一不实事实时具有实际恶意,即明知其虚假或不顾后果地漠视真伪;但如果新闻侵权诉讼的原告仅是普通民众,他仅仅需要举证新闻报道虚假

---

① 〔美〕阿伦特:《人的境况》,王寅丽译,上海:上海世纪出版集团 2009 年版,第 33 页。

而无须另行举证媒介具有实际恶意。这一原则随即也延伸到有关隐私权侵权的诉讼,如1967年的"时代诉希尔"(*Time Inc. v. Hill*)案等。实际上,1890年沃伦和布兰代斯首创隐私权概念时,他们就明确宣称公职人员和公众人物仅能拥有较普通人远为低水平的隐私保护,因为他们的私人生活更多地与公共利益产生关联——这也正是依据身份差异区别对待报道对象的名誉保护和隐私保护的正当性来源。① 然而,这种简单地依据身份区别对待的做法同时也受到相当数量的法学家、伦理学者的质疑,在他们看来,身份理论存在着诸多疑点,如:公职人员、公众人物的私人生活何以更多地与公共利益相关?对其穷追不舍地进行报道为何就会增进公共利益?一个私人生活不检点的公职人员(如与女实习生发生私情的总统比尔·克林顿)是否就不能在处理公共事务时做出正常、理性的判断和决策,即是否就不能称职地履行其公共职责?尤其令人不解的是,一个普通人被动地卷入了一个公共事件为何就会成为公众人物,因而必须牺牲私人生活的隐匿性而屈从于媒介和新闻不依不饶的曝光,如"时代诉希尔"案中的希尔一家人?含义模糊的术语"公共利益"很难对众多类似的问题给出合理的解释,因此,他们认为需要更合理的思想资源来解决新闻中的自由与限制、新闻曝光与私人免受他人和媒介打扰的权利之间尖锐的矛盾对立。

在法学家布劳斯泰因看来,米克尔约翰提出的公言论和私言论理论极其智慧地解释了新闻自由与限制的复杂理论问题。② 我们知道,米克尔约翰是以个人同时作为统治者和被治者的共和主义民主理论为逻辑起点推论出公言论和私言论理论的:作为统治者,他有权力(power)了解(be informed)、传播(communicate)一切与其行使统治者

---

① Samuel Warren & Louis Brandeis, "The Right to Privacy," *Harvard Law Review*, 1890, Vol.4, No.5, pp. 214-216.

② Edward J. Bloustein, "The First Amendment and Privacy: The Supreme Court Justice and the Philosopher," *Rutgers Law Review*, Vol.28, 1974, pp. 41-95.

的权力有关的信息,以确保作为统治者的权力得以充分行使,知情、传播的权力不受任何约束;作为被治者,他有权利(right)了解(be informed)、传播(communicate)一切有关他人和客观世界的各类新奇事件,但此项权利将受到法律依照正当程序施加的限制。米克尔约翰据此提出,习惯上被称为《权利法案》(Bill of Rights)的美国宪法第一至第十修正案并不仅仅是"权利法案",它们实际上应该被称为"权力和权利法案"(Bill of Powers and Rights)。① 布劳斯泰因认为,米克尔约翰的理论在阐明新闻曝光与公众日常生活的种种矛盾而复杂的相互关系方面提供了极大的便利。首先,米克尔约翰的理论在一般意义上解释了日常实践中新闻选择的动机和所谓新闻的真实意义。在实践中,每当新闻媒介被起诉或被批评侵犯了公众私人生活或者滥用了新闻自由的权利时,新闻工作者往往声称他们如此行动的理由是新闻涉及的人物或事件具有新闻价值(newsworthiness),但如果继续追究新闻价值的具体含义,他们又无法对其进行清晰的界定。布劳斯泰因认为,如果依据米克尔约翰的理论,新闻价值实际上并不是一个复杂得无法界定的东西。他说,说某一信息或事实具有新闻价值,既可能是指(1)它能够满足公众知情的权利,也就是说公众作为统治者行使治理的权力需要被告知这一信息或事实,但也可能仅仅是指(2)它体现了私人出版商的言论和发表权利,或者是(3)迎合了公众对他人的私人生活和奇闻轶事永不餍足的欲望。② 当然,布劳斯泰因参照米克尔约翰的理论进行的分类并没有一个整齐划一的标准,但可以看出,他所说的第一种新闻价值体现的是公言论的基本意义,它强调作为言论内容的信息或事实来源于公共领域,比如国际国内政治新闻、财经

---

① 见〔美〕米克尔约翰:《表达自由的法律限度》,侯健译,贵阳:贵州人民出版社2003年版;Alexander Meiklejohn, "The First Amendment is an Absolute," *The Supreme Court Review*, Vol.1961, 1961, pp. 245-266.

② Edward J. Bloustein, "The First Amendment and Privacy: The Supreme Court Justice and the Philosopher," *Rutgers Law Review*, Vol.28, 1974, p. 56.

商务新闻、警事治安新闻等,这些新闻与公共事务、公共治理或者说公共利益密切相关,正是这种相关性使其具有了新闻价值。尽管在实践中客观地依据公众作为统治者的知情需要判断新闻价值并非是一件轻而易举的事,但这种新闻价值所依据的却是人类新闻事业的理想和根本正当性所在,它也构成了现代公共新闻事业的基本价值取向。

关于第二种新闻价值,布劳斯泰因强调了言论和新闻媒介所有者的权利,即出版商、发行人、拥有新闻媒介的党派或其他社会团体,也包括具体的新闻工作者,凭借其对新闻资源的控制而界定何种信息或事实具有新闻价值,也就是说这种新闻价值的判定来自言论所有者的主观意志和主观判断。这种主观判断的形成实际上也有两个来源——或者是言论所有者纯粹个人或党派意志的表达,或者是他们所认为的服务于公众为实现公共治理而产生的知情需要,但无论是个人意志的表达还是想当然地认为的知情需要,它在本质上乃是私人表达权利的表现,新闻史上的政党新闻和现代市场化新闻(market-driven journalism)在很大程度上都依据这一新闻价值进行新闻判断和新闻选择,它是日常新闻实践中主导性的一种新闻价值观念。布劳斯泰因所说的第三种新闻价值在市场化新闻中也表现得极其普遍,这种新闻价值将其判断标准建立在公众兴趣或者说公众好奇心的需求之上。尽管这一公众与作为第一种新闻价值诉求对象的公众表面上看是同一个人类群体或个体,但此时他们是作为被治者、作为私人形成其了解新闻的私人欲求,正是因为这一区别,奇闻趣事和社会生活的琐碎细节也因此被认为具有新闻价值。

其次,依据这一新闻价值理论,新闻与人类普遍善的关系也变得清晰起来。显然,三种不同来源的新闻价值体现了不同的善的目的,其伦理意义因此也明显不同。第一种新闻价值必然与公共事务、公共利益密切相关,某个具体的人的奇思异想或隐私绯闻——哪怕是公职人员、政府高级官员的绯闻不可能具有这个意义上的新闻价值。这一新闻价值体现了新闻报道的公共善的基本要求,而它实际上与个体善也不可能发生冲突——因为它与个体善本质上不发生关系。另一方面,第二、第三种新闻价值不具有如此重要的伦理意义,它们根源于私人权利、服务于私人欲求,其内容往往也涉及报道对象的私人生活,因此,尽管这些新闻也可能在一定意义上满足了公共善的要求,却不可能不与个体善发生关系甚至冲突,慎重权衡公共善和个体善、依据善的充分性做出取舍和选择就成为新闻实践过程中的基本要求,实现普遍善和毋伤害也因此成为追求这两种新闻价值必须加以考量的内容。比如,当新闻报道涉及知名人物[如神童西迪斯(Sidis)][1]、性侵犯案件的受害者(如BJF)时[2],是否报道当事人的真实姓名、真实住址,就成为新闻毋伤害的德性实践要考虑的问题。

再次,米克尔约翰的公言论、私言论理论的要点是,新闻事件与公共利益的相关性根源于议题,即新闻事件本身的性质,而不是如身份理论所主张的那样依据新闻人物的身份,由人物身份而产生的种种矛盾和分歧随之迎刃而解。依据公言论、私言论理论,公众人物(包括公职人员)的私人生活受到新闻和公众关注的唯一合理理由是公众出于治理的目的而产生的知情需要。实际上,正如布劳斯泰因明确指出的那样,"与其说所谓公众人物因为其作为公众人物的社会地位催生了公众对其知情的权利,不如说恰恰是因为公众知情的需要、公众实现其作为统治者进行治理的需要使该人成为公众人物"[3]。这就是说,如果普通人主动、被动地卷入了公共安全、公共机构管理、公共资源分配等公共事务、公共议题,他便因为这一卷入而成为公众人物,公众因此也就对其产生了知情的需要,其个人生活也因此不得不向公众公开(被新闻报道)。但当时过境迁,该人与公共事务之间的关系淡化之

---

[1] 见西迪斯案(*Sidis v. F-R Publishing Co.*)。
[2] 见"佛罗里达星报诉BJF"案(*The Florida Star v. BJF*)。
[3] Edward J. Bloustein, "The First Amendment and Privacy: The Supreme Court Justice and the Philosopher," *Rutgers Law Review*, Vol.28, 1974, p. 65.

后,他也就随即失去了公众人物的身份,其个人生活也就成为一个完全的私人领域,新闻为迎合公众的好奇心,试图继续将这一私人领域公开时,该人便有权要求记者尊重其隐私而拒绝这一公开。至于公职人员(以及谋求公职的候选人)和公认的公众人物(如各类社会活动家和体育、影视明星等)的私人生活较之普通人受到更多的关注,其私人领域似乎变得相对狭小,也并非仅仅因为他们是公众人物,而是因为他们的个性和信仰、他们待人处事所依据的原则和所持的态度往往因其所处的地位而影响到公共事务的处置,或影响到他人的人生信念、生活规划,从而在一定程度上成为公共领域的议题。因此,依据米克尔约翰的公言论和私言论理论,公众人物与普通人一样有权要求其隐私受到尊重,除非其隐私可能会影响其职责的履行或者因其职务、地位而影响公众信任。这也正是近来新闻伦理学者在公众人物的隐私问题上形成的普遍观点。[1]

显然,作为本研究的基本观点,人类新闻实践体现了多种人类基本价值和信仰的竞争,一种价值的实现往往是以其他价值的牺牲为代价的,而普遍善,具体地说,公共善的最大扩张与个体善的最小牺牲则成为实现新闻德性的最低限度。如果这一最低的伦理限度无法实现,随之而来的必然是法律的强制调整。不过,在法哲学的理论中,良好的法必须是道德的法,因此,新闻法治必须彰显新闻德性的基本价值——这也使西方新闻法治史同时成为观察、了解、阐释新闻德性基本意义的有效途径。这样,我们就有必要深入新闻侵权法理念与实践的历史发展进程,以便进一步了解普遍善的基本要求在西方的新闻实践中是如何展开的。

---

[1] See Andrew Belsey, "Privacy, Publicity and Politics," in Andrew Belsey & Ruth Chadwick(ed.), *Ethical Issues in Journalism and the Media*, New York: Routledge, 1992, pp. 84-89.

第二节　毋伤害与新闻侵权

严格说来,"新闻侵权"并不是一个被普遍接受的法学范畴,据中国人民大学张新宝教授考证,西方各国的《民法典》并无"新闻侵权"之说。① 但张新宝教授说,"美国法官和法学家们并没有发明新闻侵权(news tort)或媒体侵权(media's tort)",却还是武断了些。笔者阅读所及,类似的表述并非没有。1966 年,美国芝加哥大学的哈里斯·卡尔文教授(Harrys Kalven, Jr.)就在《侵权法中的隐私》中使用了"mass press tort""mass media tort"的说法;两年后,布劳斯泰因教授在对该文的回应文章《隐私、侵权与宪法》中又使用了"mass publication tort"的表述。② 所谓"mass press""mass media""mass publication"也正是中文中"新闻""媒体"的对应表达,因此,"新闻(媒体)侵权"在英美法学家们那里并不是没有先例。当然,卡尔文和布劳斯泰因所说的"新闻(媒体)侵权"都是指新闻采集、报道、发表等生产过程中侵犯了他人的隐私,而不是指张新宝教授所说的"侵犯人格尊严、侵犯名誉权或隐私权等人格权"的侵权行为,但两位法学家关于隐私侵权的争议和对话实际上也包含着诽谤(defamation/injury to reputation)与隐私侵犯(invasion of privacy)的相关性甚至同一性关系的议题。因此,将卡尔文和布劳斯泰因的"新闻侵权"理解为统称侵犯名誉权与隐私权的新闻侵权,也并非完全不妥。不过,如此这般纠缠于表述方式,对于思考新闻德性或者说新闻生产中的伦理问题并不具有特别的积极意义。毕竟,

---

① 参见张新宝:《新闻(媒体)侵权否认说》,《中国法学》2008 年第 6 期,第 183—189 页。
② Harry Jr. Kalven, "Privacy in Tort Law-Were Warren and Brandeis Wrong?" *Law and Contemporary Problems*, Vol.31, No.2, 1966, pp. 326-341; Edward Bloustein, "Privacy, Tort Law and the Constitution: Is Warren and Brandies' Tort Petty and Uuconstitutional as Well?" *Texas Law Review*, Vol.46, No.5, 1968, pp. 611-629. 笔者另外还发现大量研究新闻侵权的论文, *Washington and Lee Law Review* 更出版了传播侵权法(communicative tort)研究专辑(Vol.47, No.1)。

有关名誉与隐私的侵权法(tort law)已经以刚性的语言表明,人类新闻传播活动中的确存在着侵犯新闻相关人的权利、对他们构成了伤害的情况,所以,新闻侵权不仅是一个被广泛关注的事实,而且是一个被广泛讨论的法学与伦理问题,其中需要在伦理意义上讨论的问题则很可能是:可以被称作侵权的新闻传播活动究竟侵犯了新闻相关人的何种权利,也就是说,所谓名誉权、隐私权究竟是什么性质的权利;这种侵犯究竟对当事人构成了怎样的伤害;最后,这种伤害究竟是如何发生的。如果无法对这些问题做出令人信服的回答,新闻德性的毋伤害原则显然也很难获得明晰的阐释。

我们知道,西方人认识并论述作为权利的隐私、将隐私侵犯视为一种侵权的历史,并不久长,其起点是沃伦和布兰代斯发表在《哈佛法学评论》上的论文《论隐私权》,报纸对私人生活与隐私的狂热追逐则是两位作者写作该文的直接动因;诽谤则不同,其古老源头最早见于公元前5世纪的早期罗马法《十二铜表法》,1275年的《西敏斯特条例》将这一"以侮辱性文字或歌唱诽谤他人"的罗马法引入英国普通法,1605年,具有无限权力的英王室星法院开始运用诽谤罪惩治当时的大众出版物——传单、小册子("*De Libellis Famosis*"案等),在许可证法(Licensing Law)失效之后(1695年),诽谤罪进一步取代出版前审查制度成为钳制新闻自由的主要手段。不过,与现代侵权理论中的诽谤不同,这些早期规定和案例中的诽谤往往是一个政治或公共事件,而不仅仅是与受害者本人相关的私人事务,诽谤案所要控诉和处罚的并不是民事侵权,而是危害社会的犯罪活动,哪怕诽谤言论只是针对具体的个人。"*De Libellis Famosis*"案的首席法官寇克爵士(Sir Edward Coke)就在其报告中称,诽谤的关键是"破坏和平安宁(breach of the peace)"①。

---

① 寇克对此给出的理由是,诽谤虽然针对的是一个人,但它将刺激这个家族中的所有成员、亲戚、朋友起来复仇,必然会引起诸多争吵和骚乱,成为流血牺牲和其他大麻烦的渊薮。See Van Vechten Veeder, "History and Theory of the Law of Defamation(Ⅰ)," *Columbia Law Review*, Vol.3, No.8, 1903, p. 565.

诽谤成为侵权行为,意味着侵权与被侵权者首先具有了法律意义上的权利与义务主体资格:一方面,新闻自由获得政治、法律体制的确认(最具历史意义的是美国各州和联邦的宪法权利法案),新闻业成为独立于政府强权控制的自由职业,新闻记者和出版发行人有权利依据其自主判断与自由意志报道新闻、发表言论;另一方面,个体由君主或专制政治权力统治下的臣民转变为公民,经过这种转变,每个人凭借其作为人本身而不是某种社会或政治秩序的需要具有人身、自由、财产等权利,包括名誉不受侵犯的权利。不过,诽谤从犯罪到侵权并没有截然的时间分界线,而且几乎在名誉权被普遍地看作个体权利的同时,每个人独特而私人化的生活、思想、情感不被公开的权利也开始获得社会认同。实际上,沃伦和布兰代斯发明隐私权这一概念时也注意到,名誉侵权判例中的一些主张与他们所说的新权利有着明显的相似之处,尽管两位作者仅仅称这种相似为"表面的相似"(superficial resemblance)。① 进入20世纪,越来越多的法学家发现,这两种侵权的相似并不仅仅是"表面的",就其对他人造成伤害的本质而言,两者并没有什么不同:它们同样侵犯了他人追求幸福的权利——这种权利或称名誉权,或称隐私权,而其实质都是对受害者的内心安宁(the peace of mind)的侵犯和对人格的侮辱,因而造成感情上、精神上的伤害和痛苦。② 当然,从"表面上"看来,名誉侵权与隐私侵权有着许多明显的不同。

---

① Samuel Warren & Louis Brandeis, "The Right to Privacy," *Harvard Law Review*, 1890, Vol.4, No.5, p. 197.

② 如:William Prosser, "Intentional Infliction of Mental Suffering: A New Tort," *Michigan Law Review*, Vol.37, No.6, 1939, pp. 874-892; John W. Wade, "Tort Liability for Abusive and Insulting Language," *Vanderbilt Law Review*, Vol.4, No.1, 1951, pp. 63-115; John W. Wade, "Defamation and the Right of Privacy," *Vanderbilt Law Review*, Vol.15, 1962, pp. 1093-1125; Frederick Davis, "What do We Mean by Right to Privacy," *South Dakota Law Review*, Vol.4, 1959, pp. 1-24; Edword J. Bloustein, "Privacy, Tort Law and the Constitution," *Texas Law Review*, Vol.46, No.5, 1968, pp. 611-629, et al。

这个不同,在沃伦和布兰代斯看来最重要的一点是,名誉侵权涉及的恶行和权利"本质上是物质的,而不是精神的";侵犯隐私却是纯粹的情感或精神伤害。① 他们认为,新闻侵犯一个人的名誉,实际上是指新闻报道降低了他所在社区对他的评价,周围人因此产生了仇恨、嘲笑或鄙视他的印象,从而损毁和伤害了他与社区的关系。一则报道被认定为诽谤,与其发行范围如何、内容是否适合公开关系不大,关键是它必须具有影响他与他人交往的倾向性,而不是他对自己的评价以及情感上所受到的影响。相反,新闻报道侵犯隐私并不是影响了他人对当事人的评价,其要点是违背了他的意愿,将其"私人与家庭生活的神圣领域"公之于众,因而破坏了"内心安宁"——沃伦和布兰代斯正是据此界定了隐私权的概念。他们还在不同的语境中将这一权利分别称为"不容侵犯的人格""与世界对抗的权利(the right against the world)""人格权(the right to one's personality)"等,并将其与库利法官(Thomas Cooley)前此两年主张的独处权(the right to be let alone,不受惊扰的权利)联系起来。不过,沃伦和布兰代斯认定的隐私侵犯的精神性并非没有遇到反对意见,普罗瑟院长著名的隐私侵权分类学就涉及大量与物质性、商业性利益相关的案例,而不仅仅是精神性伤害的问题。② 当然,就沃伦、布兰代斯讨论的现象——黄色新闻所热衷的绯闻报道来说,隐私侵权的确是一种精神伤害。尽管沃伦本人就

---

① Samuel Warren & Louis Brandeis, "The Right to Privacy," *Harvard Law Review*, 1890, Vol.4, No.5, p. 197.
② 普罗瑟对美国司法实践中的隐私侵权做了极其详尽的考察,他发现,出现在隐私侵权判例中的并不是一个单一的东西,其中不是一种侵权,而是四种侵权。这四种侵权分别是:(1)侵入他人私人生活领地或者私人事务;(2)公开曝光他人生活中令其尴尬的事实;(3)公开曝光使他人在公众眼中产生虚光(false light)的幻象;(4)盗用他人的姓名等,获取其中的好处。其中第四类隐私侵权直接与商业利益相关。See William L. Prosser, "Privacy," *California Law Review*, Vol.48, No.3, 1960, p. 389.

是这种伤害的受害者的说法最终被认为缺乏足够的证据,①但威廉·西迪斯(William James Sidis)的悲剧却使公众对新闻侵权的精神伤害有了深刻的理解,"西迪斯"案(Sidis v. F-R Publishing Corp.)也成为美国新闻侵权研究中最为经典的案例。

出生于1898年的威廉·西迪斯早年是全美知名的神童,其父为教育心理学家。小威廉婴幼年时期就在语言和数学方面表现出极强的天赋:1岁左右掌握了英法双语,5岁撰写过解析几何的论文,8岁提出了新的对数表,不满12岁,就在哈佛大学做了关于"四维空间"的惊人讲座。这些早年经历被威廉的父亲当作教育试验的证据,一一向媒介推介,全国各大报纸对此也做了大量报道。威廉的父亲还据此撰写了《庸人和天才》一书,推介自己的教育理念。但接下来,新闻的频繁曝光开始让威廉感到烦恼不已,他不仅不断拒绝各种采访要求,而且开始厌倦引来这些采访的学术研究工作,最终拒绝了父亲为他规划的人生道路,甚至没有取得学位就离开了大学。为了隐姓埋名,威廉不惜从事收入菲薄的普通工作,并不断变换自己的工作和住所。尽管如此,他还是一次次地被记者发现并被再度曝光。1937年,《纽约客》杂志以《愚人节傻瓜》("April Fool!")为题再次曝光了威廉的隐居生活。威廉终于忍无可忍,愤而提起了诉讼。《纽约客》的文章对威廉的态度从标题就一望而知,②细节的漫画式勾勒更有丑化之嫌:"他似乎要费老大的力气才能找到想说的话,但话又说得极快,左手夸张地打着手势,痉挛似地点着头强调自己的话,偶尔还喘息着爆出一阵怪异的狂笑。"③在诉状中,威廉说,报道"意图且的确将原告未授权、不愿意公

---

① 不少人(包括普罗瑟)依据布兰代斯的传记作家的记录认为发明了隐私权概念的这篇论文与沃伦一家被媒体过度曝光有关,但经考证,并非如此。See James H. Barron, "Warren and Brandies, The Right to Privacy, 4 Harv. L. Rev.(1890): Demystifying a Landmark Citation," *Suffolk University Law Review*, Vol.8, No.4, 1979, pp. 875-922.
② 4月1日是西迪斯的生日,标题为双关语,意为西迪斯是上帝制造的愚人节笑话。
③ Jared Manley, "Where are They Now: April Fool!" *The New Yorker/Saturday*, August 14, 1937, pp. 22-26. http://www.sidis.net/newyorker3.htm,浏览时间2009年12月10日。

开的私人生活公之于众,这种公开对原告来说是陌生且有害的。该文意图且的确将原告暴露于公众的嘲笑、轻蔑、羞辱之下,置其于极度痛苦、羞惭、悲愤之境,且名誉尽失"①。可以想象,威廉的确经受了诉状所称的精神伤害。也许文章的描述对其他人来说没有多大的冒犯,但对于竭力隐藏身份的威廉来说,不要说这种漫画式的描述,就连正常的报道都是不可忍受的。不过,威廉的诉讼并没有得到法院的支持。尽管法官们对威廉的境遇怀有深切的同情,但他早年极高的知名度却使法庭认为《纽约客》杂志的隐私侵权不成立。该案终审后不久,威廉悄无声息地郁郁而终。

显然,威廉·西迪斯对于隐私、名誉伤害的理解与沃伦和布兰代斯颇不相同。威廉对《纽约客》提出的侵权指控,不仅是"April Fool!"一文公开了他"不愿意公开的私人生活",还包括公开这种私人生活的"陌生、有害"的性质或方式,两者均对威廉构成严重的精神伤害。这种精神伤害既是源于私人生活被无端曝光而产生的痛苦和悲伤,更是源于成为公众嘲笑和蔑视的对象而产生的羞惭和愤怒。威廉的这一指控验证了范德毕尔特大学的著名法学家约翰·魏德教授(John W. Wade)二十余年后做出的判断,"绝大部分的诽谤诉讼都能够作为隐私侵权诉讼提出来……隐私侵权诉讼可以作为诽谤诉讼的补充"②。当"公众的嘲笑、轻蔑与羞辱"成为威廉的诉由时,他实际上已经不仅是在追究《纽约客》侵犯隐私,也在维护名誉,追究《纽约客》侵犯了他的名誉权。但无论是私人生活被无端曝光的痛苦还是成为公众嘲笑、轻蔑对象的羞惭,无疑都是精神伤害。也就是说,沃伦和布兰代斯将名誉侵犯看作一种物质性伤害并不符合"西迪斯"案这类案例的事实。

至于将外部评价理解为具有物质性特征并以此强调诽谤或名誉

---

① 34 F. Supp. 19, 20 (S. D. N. Y. 1938).
② John W. Wade, "Defamation and the Right of Privacy," *Vanderbilt Law Review*, Vol.15, 1962, p. 1121.

侵权的非精神性特征,沃伦和布兰代斯倒不是唯一的思考者,法学史家范·维奇顿·威德(Van Vechten Veeder)在这个意义上将名誉称为某个人的所有物,也就是"财产"。他在《诽谤法的历史与理论》(History and Theory of the Law of Defamation)中说,所谓名誉,"不是才智或其他特别成就,而是通过诚实的品质、正直的行为、正当的生活方式缓慢建立起来的名望,它就像其他物质性的私人财产一样,是其个人努力的产物"①。但这一财物却又如莎士比亚在其名剧《奥赛罗》中所说,与其他财产并不完全相同:"无论男和女,名誉(good name)是灵魂中无上之宝。偷我的钱袋的人不过是偷去一把臭铜钱,固然有点价值,实在算不得什么……但是他若夺去我的名誉,于他不见得有利,对我却是一种损失。"②范·维奇顿·威德也说,名誉不仅本身是财产,它还使其他物质财产成为幸福感的源泉,因此,名誉显然不是一般的物质财产。将名誉与品性(character)对照,威德还给名誉做了另外一个界定。他说,品性是一个人真实"所是",而名誉则是其看起来"所是",前者由一系列决定其如何行动的为人知、不为人知的原则、动机等构成,后者则是他人观察其行为的结果——通过这种观察,他人赋予该人以名誉。③ 这大约也就是名誉被称为财产、侵犯名誉被视为一种物质性侵犯的根源。然而,如果名誉果真仅是一种来自外部的评价,将其视为某人的所有物并主张为一种权利,就很难让人信服。因为一个人的所有物必然是其所能掌控的东西,而外部评价并不能为声称具有名誉权的人所掌控。名誉之所以成为某个人的名誉,归根到底还是因为名誉必然是其品性的衍生物。尽管从现象上看,某个人的名誉是他

---

① Van Vechten Veeder, "History and Theory of the Law of Defamation(Ⅱ)," Columbia Law Review, Vol.4, No.1, 1904, p. 33.
② 〔英〕莎士比亚:《奥赛罗》,梁实秋译,北京:中国广播电视出版社2001年版,第125、127页。
③ Van Vechten Veeder, "History and Theory of the Law of Defamation(Ⅱ)," Columbia Law Review, Vol.4, No.1, 1904, p. 33.

人对其品性、行为做出的评价,但这种品性并非这个人的品性的本来面目,而仅仅是可认知(这种可认知往往是这个人让其可认知)、可评价的部分。受到他人评价的品性、行为实际上已经是选择性展示出来可能为真也可能为假却可以供人评价的品性,因此,名誉在其成为外部评价前已是一个人对自我品性的鉴定、甄别、选择、展示包括伪装化展示的结果,是其依据对自我品性、行为方式等的自我评价而产生的对外部他人评价的估量与期待。正是这种社会化的个体心理使名誉成为个人的所有物,并能够被主张为个体权利。当然,这个期待并非总是能够实现,而如果这一期待的失落与某一特定的新闻报道相关——就这一新闻最具正当性的形式说,是揭露某个人伪装的品性与行为——该新闻就有了被诉诽谤即名誉侵权的危险。因此,尽管从现象上看,名誉与品性的关系极可能如同威德说的那样相互分离甚至相背,但归根到底,名誉只可能是一个人真实的或伪装出来的美德、善行等客观性内容的精神产品。

新闻侵犯隐私与侵犯名誉"表面上的不同"的第二个表现是,两者在司法应诉中的抗辩理由有着明显的区别。现代侵权理论认为,侵犯名誉权的新闻总是失实的新闻,真实性是诽谤应诉最为有力的抗辩理由,而侵犯隐私却与新闻是否真实无关,真实性不是隐私侵权的抗辩理由。就名誉侵权而言,即使依据1964年"纽约时报"案的"实际恶意"原则免除了某些细节失实的新闻(主要是涉及公职人员或其他公众人物的新闻报道)的名誉侵权责任,但是真实性或者说事实准确依然是其隐含的价值。其逻辑是,所谓"实际恶意"是指新闻记者或编辑在处理新闻时明知报道存在着事实错误,或者疏忽核实新闻事实而发生失实报道。这就是说,可以免责的失实新闻是记者、编辑等在处理新闻时对其真实性确信无疑的新闻。另一方面,新闻侵犯隐私时,报道内容真实抑或虚假并不影响当事人所受伤害的性质,大量被诉侵犯隐私的新闻恰恰是真实的新闻,但同时虚假的新闻也不能因为其不真实而被排除在隐私侵权责任之外。用法学学者斯皮格尔（Irwin Spiegel）的话说，"真实明显不是抗辩的理由，而虚假同样不是"①。侵犯隐私的要点是私密的曝光，是曝光的新闻与私人事务的相关性及其程度。那么，名誉侵犯与隐私侵犯在真实性要求上的差异是否是两者的根本区别呢？或者说，这一区别具有怎样的伦理意义，是否足以使它们成为两种不同性质的侵权或伤害？

我们知道，在西方诽谤法发展的不同历史阶段，真实性问题具有不同的法理和伦理意义。早期罗马法把虚假看作诽谤的必要构成要素，"凡真实则非诽谤"，一个表述尽管对他人的声誉有所毁损，但只要有事实根据，就不能被称为诽谤。但这一原则却没有随诽谤法一起进入英美普通法，哈德逊（William Hudson）在评论星法院"*De Libellis Famosis*"案时甚至认为真实性原则是罗马法诽谤法的两个"明显错误"之一，寇克法官在审判报告中也说，"诽谤是否真实，或者受诽谤的当事人的名声是好是坏，并不重要"②。应该说，寇克与"*De Libellis Famosis*"案所界定的诽谤原则并非看起来那样荒诞不经，其中也蕴含着独特的法理、伦理逻辑。从法理上说，诽谤法总是用以保护当事人的名誉，但名誉的界定却无法脱离既定的社会关系与社会意识。星法院认定名誉的根本点是国王、官员及政府的神圣性，与名誉相关的尊严、社会安宁都以这个神圣性为前提，都是对既定社会、政治秩序的合理性、正义性的深度认同。星法院否认真实性原则，甚至进一步推论出"越是真相，越是诽谤"，其理由则是，如果作家、出版商怀有恶意，怀疑甚至不满以国王和政府的神圣性、不容侵犯性为核心价值的既定政治和社会秩序，他所撰写、出版的内容越是真相，也就越具有煽动性，越

---

① Irwin Spiegel, "Public Celebrity v. Scandal Magazine-The Celebrity's Right to Privacy," *Southern California Law Review*, Vol.30, No.3, 1957, p. 291.

② 哈德逊所说的另一个错误是诽谤的匿名性，即署名的陈述不构成诽谤。寇克审案报告和哈德逊评论的片段分别见 Van Vechten Veeder, "History and Theory of the Law of Defamation（Ⅰ），" *Columbia Law Review*, Vol.3, No.8, 1903, pp. 565, 567。

可能引发社会骚乱。这样,报道官员腐败、邪恶的事实真相,自然比虚构一个这样的故事具有更大的危险性,也就更是诽谤。说到底,这种诽谤法正如哈德逊所说,惩治的并不是(言论或出版物的)内容(the matter),而是(作家、出版商的)态度或方式(the manner)。这种逻辑不仅被运用于公共性言论,甚至关于私人的诽谤中也同样贯穿着这样的原则。哈德逊就认为,诽谤妓女与诽谤良家妇女是一样的冒犯,甚至会因为更容易激发的争端、破坏社会安宁而更危险。

星法院与"*De Libellis Famosis*"案中的名誉观,在波斯特(Robert C. Post)的名誉社会学研究中被称为"作为荣誉的名誉"(reputation as honor),它与威德等人所说的"作为财产的名誉"(reputation as property)以及波斯特所谓的"作为尊严的名誉"(reputation as dignity)一起,成为不同时期主导西方诽谤法法理与伦理论证的主导理念。① 名誉是个人品性与他人评价的综合,而相关的新闻描述、报道某人过去或当下的经历、状态、言论、行为等时总是会遇到与某种客观事实相对应、相一致的问题。对应、一致则意味着真实,否则则为虚假,但真实性原则对于判定是否侵犯名誉权的意义只是表象、虚假,或者说新闻或言论的事实错误本身并不直接伤害某人的名誉,真正构成伤害的是名誉价值的损失。错误地传言某人的身体状况,比如身患公众并不知晓的绝症可能会影响候选人的选票,但这并不构成诽谤;凭空杜撰某人曾向管理机关提供行为不轨的顾客名单可能会影响该人的生意,但这同样不构成诽谤。② 波斯特认为,名誉作为荣誉表明,名誉是一种公共资源,是社会对该人所扮演的社会角色的评价和态度,它主要

---

① Robert C. Post, "The Social Foundations of Defamation Law: Reputation and the Constitution," *California Law Review*, Vol.74, No.3, 1986, pp. 691-751.

② 后者参见"康奈利诉麦凯"(*Connelly v. McKay*)案,176 Misc. 685, 28 N.Y. S. 2d 327(1941)。康奈利是一家汽车旅馆的老板,主要服务对象是从事州际运输的卡车司机。康奈利起诉被告诽谤他曾向州际贸易委员会(Interstate Commerce Commission,ICC)提供违反该委员会的规章的司机名单。法庭认为,向权威部门提供违法者信息不能成为诽谤诉因。也就是说,这与名誉无关。

应该作为分析工具用以理解早期普通法的刑事诽谤,在现代侵权理论中,构成名誉之法理、伦理逻辑基础的,是作为财产与尊严的名誉。①

以企业或商品的信誉(goodwill or credit)作类比,我们很容易明白作为财产的名誉。作为无形财产,正如威德所说,名誉是个人天赋与勤勉工作的结晶。它表明,侵犯名誉的实质就是剥夺了他人因其努力而获得的财产,毁坏了他人努力的成果,因此,侵犯他人名誉者需要以相应的金钱弥补受害者的损失和受到的伤害。相比较而言,作为尊严的名誉则复杂得多。对此的经典表述莫过于大法官斯图尔特1966年在"罗森布拉特诉巴尔"(*Rosenblatt v. Baer*)案的附议书中的断言。他说,"一个人保护其名誉不受无理侵犯和不正当伤害的权利体现着我们认为人类尊严与价值不可或缺的基本理念,这一理念奠定了实现有序、自由的完美体制的基石。保护私人人格,与保护生命本身的权利一样……"②但这里的问题是,名誉作为主要呈现于社会性、公共性领域里的"对一个人的总体评价"如何就可能影响到个体人格中不可或缺的尊严?恰恰在这个问题上,名誉侵权与隐私侵权成为同一种侵权(侵犯不可侵犯的人格)的不同表现。要理解这种名誉,波斯特认为,必须在自我的私人面与公共面这一鸿沟间架起连接的桥梁。这个桥梁,主要就是库利(Charles H. Cooley)、米德(George H. Mead)等人的符号互动理论。

符号互动理论强调个体人格与社会总体观照之间的相互依赖,强调个体形成自我、建构身份就是各种不同观念的内化过程(internalization)。在《心灵、自我与社会》(*Mind, Self and Society*)中,米德借用儿童学习参与游戏的经验描述了个体在社会中形成自我的过程。如同游戏一样,米德指出,个体进入社会不仅需要形成某种特定的个人态

---

① Robert C. Post, "The Social Foundations of Defamation Law: Reputation and the Constitution," *California Law Review*, Vol.74, No.3, 1986, pp. 707, 722.

② Rosenblatt v. Baer, 383 U.S. 75, 92 (Stewart, J., concurring).

度、立场,还需要采取他所在的共同体或社会群体的态度,这些共同体共有的态度成为一个泛化的他人。通过泛化的他人,社会化过程或者说共同体作为一种决定因素进入个体的思维。米德说,"构成有组织的自我的,是对群体共有态度的组织。某人作为人存在,因为他属于一个共同体,因为他接受该共同体的规定并使之成为他自己的行动。他用它的语言作为媒介借此获得他的人格,然后通过扮演所有其他人所具的不同角色这一过程,逐渐取得该共同体成员的态度。在某种意义上,这便是一个人人格的结构……自我所依赖的结构便是大家共有的反应,因为一个人要成为自我就必须成为一个共同体的成员"①。米德接着说,具有这样一组有组织的反应的人,"便是我们在道德意义上说的具有人格"的人。在伦理学意义上,人格的内在一致、完整(integrity, completeness)即所谓尊严。② 由于人格与身份在持续不断的社会互动中被建构,新闻与其他言论作为一种他人态度也就必然参与其中。如果这种新闻或言论陈述的事实或议论在某人看来具有否定性、毁损性,尽管这种否定性、毁损性并非真实存在,也就是说在他人看来并不具有这种特征,但这种表述在该人的自我与身份建构的社会互动过程中却将导致其内在人格的分裂与破损,人格的完整性即尊严则因此而受到伤害。因此,尽管名誉侵犯是否成立需要通过追究和求证真实性才能做出裁判,但当事人提起诉讼时就已经在维护自我人格的完整性,或者说尊严。至于对抗这一侵犯的维权行为能否得到他人与司法裁判的认同与支持,则与当事人的人格与尊严是否受到侵犯并非完全一致。两者实际上也具有不同的伦理意义,前者涉及的是名誉侵犯的意义本身,而后者涉及这一侵犯的社会标准。这一特征在当事

---

① 〔美〕米德:《心灵、自我与社会》,赵月瑟译,上海:上海译文出版社1992年版,第144页。
② Michael S. Pritchard, "Human Dignity and Justice," *Ethics*, Vol.82, No.4, 1972, pp. 300-302; Robert C. Post, "The Social Foundations of Defamation Law: Reputation and the Constitution," *California Law Review*, Vol.74, No.3, 1986, p. 710.

人的熟人明确知道新闻或言论失实、对当事人的外部评价并未因失实的言论受到毁损的情境中表现得尤其明显,如"纽约时报案"中的苏利文。苏利文是因为《纽约时报》发表的一则付费广告而向广告主及报社提起诽谤诉讼的,这则广告尽管有部分内容失实,但广告本身并没有提及或不指名提及苏利文。进一步的研究还发现,刊登该广告的当期《纽约时报》共发行 65 万份,苏利文所在的阿拉巴马州只有 394 份,蒙哥马利郡更只有 35 份,而且,广告"使用的语气在一般的南方受众看来并不具有诋毁性"①。这表明,这则内容部分失实的广告并不会影响外部环境对苏利文本人的总体评价。如果不将这则广告理解为阻碍了苏利文身份建构中的社会互动过程,即其人格的完整性或尊严,就很难理解苏利文何以会认为该广告侵犯了其名誉。

将名誉侵犯理解为对人格完整与尊严的冒犯,将名誉侵犯与隐私侵犯之间的差异理解为"表面上的不同"就不仅言之有据,而且是理所当然的了。不过,名誉问题强调人格、自我的构成性、过程性,隐私则更多地强调人格与尊严的完整性、完成性,即所谓人格的不容侵犯。相比较而言,人格、尊严在隐私类争议中要敏感得多。沃伦与布兰代斯倡导隐私权时就提出,这项权利不仅用以"防止对私人生活的不准确描述,而且是用来防止这个描述本身"②。哪怕这种描述是积极正面的,哪怕用虚构情节突显当事人的正面形象、强化其美誉度,当事人依然可能主张隐私以反对这种描述,而原因依然是其隐私、其人格尊严受到了冒犯。希尔(James Hill)在"时代公司诉希尔"(*Time Inc. v. Hill*)案中提出的诉讼即是这种性质。1952 年,由于被越狱犯闯入住宅并被劫持为人质,希尔一家成为当时各大媒体重点报道的对象。一年后,一位作家(Joseph Hayes)以此事件为原型创作了小说《惊魂时

---

① See Harry Jr. Kalven, "The New York Times Case: A Note on the Central Meaning of the First Amendment," *Supreme Court Review*, Vol.1964, 1964, p. 197.

② Samuel Warren & Louis Brandeis, "The Right to Privacy," *Harvard Law Review*, 1890, Vol.4, No.5, p. 218.

刻》(The Desperate Hours),该小说又被改编为戏剧和电影。这些艺术形式的描述虚构了部分细节,但没有提及希尔的名字。据希尔对记者所称,三名罪犯将希尔一家劫为人质之后,行为很节制,并不粗暴,希尔一家因此也没有如小说、电影反映的那样"英勇地"与歹徒搏斗,但《生活》(Life)杂志报道戏剧《惊魂时刻》时却直接将该剧称为希尔一家的真实经历——该报道的标题即为"True Crime Inspired Tense Play",并配发了三幅内容为歹徒殴打人质、人质一家人反抗歹徒暴行的剧照。希尔因此起诉了剧作者与《生活》杂志,称该报道重新唤起了对那段不幸经历的回忆,侵犯了他们一家人的隐私,对其感情和精神造成严重伤害——实际上,人质劫持案结束后不久,希尔一家就从事发地费城迁居他处以避开公众关注。成为犯罪行为的牺牲者,无论如何都是一种人格受损的经历,多数人都把这种经历看作隐私,不希望他人提及,尤其是一些特别的犯罪行为如强奸等的受害者。在希尔案几十年之后,1989年,一位姓名被简称为"BJF"的女性又将报道其被强奸经历的报纸《佛罗里达星报》告上法庭。尽管以保护新闻自由为优先理念的美国最高法院最终没有支持希尔、BJF等人的诉讼请求,但在法庭意见的陈述中,人格尊严与隐私权作为基本人权还是得到了普遍认同。

1931年,加利福尼亚州法院处理美国第一起媒体(电影)侵犯隐私的诉讼时,法庭认为,"在新闻和新闻事件的传播中不存在"隐私权。1940年,法官克拉克(Judge Charles E. Chark)在西迪斯案中又称,"在某种意义上说,获取信息的公共利益超越了个人保护其隐私的愿望"①。在1967年的希尔案中,由布伦南大法官(J. William Brennan)撰写的法庭意见进一步主张,"保障言论和出版不是仅仅维护良好政府所必需的针对公共事务的政治表达和评论,报刊上绝大多数版面都是

---

① Melvin v. Reid(1931) 112 Cal. App. 285, 290[297 p. 91]; Sidis v. F-R Publishing Corp., 113 F. 2d 806, 809(1940).

将各种人物曝光于公众关注之下,既包括公共官员也包括普通人。不同程度地将自己曝光是文明社会的生活的必然结果。曝光的风险是特别注重言论和出版自由的社会必不可少的一部分生活"①。在公共善主导新闻传播的现代西方法制环境中,作为个体善的主要内容的私人名誉与隐私受到的法律保护并不充分。值得注意的是,报道《惊魂时刻》一剧的第一稿并没有提及希尔等人,而仅将该剧称为对一桩真实案件的"令人毛骨悚然的报道"。希尔的名字被添加进来,仅仅是因为高级编辑批评原稿缺乏"新闻性"。布劳斯泰因对此发问道:提及真名实姓的第二稿是不是真的向公众提供了更多的信息?它是不是真的对公众理解戏剧、戏剧写作乃至于犯罪有更多裨益?布劳斯泰因相信,假如文章删掉受害者的姓名并无损于公众的理解,也就无损于其新闻价值。他指出,《生活》杂志这样点出真名实姓,其意义仅在于满足公众对感情色彩、对绯闻、对煽情性的趣味性要求,而这显然并不是服务于公众知情权的正当理由。②

有意思的是,1989 年美国最高法院尽管没有支持"佛罗里达星报诉 BJF"案(*The Florida Star v. BJF*)中 BJF 的诉讼请求,但审理此案的案卷却始终没有列出原告的全名。据称,这种情况在最高法院司法史上极其罕见。③ 美国最高法院以其实践表明,隐私是个人最宝贵的基本权利之一。这一实践还表明,虽然保护隐私与保护新闻自由涉及公共利益与个人权利、公共善与个体善之间极其艰难的权衡,但尽可能保护隐私(以及名誉)却是每个负责任的社会行为必须持守的道义要求。

---

① Time Inc. v. Hill, 385 U.S 374, 388 (1967).
② Edward J. Bloustein, "Privacy, Tort Law and the Constitution: Is Warren and Brandies' Tort Petty and Uuconstitutional as Well?" *Texas Law Review*, Vol.46, 1968, p.623.
③ 参见邱小平:《表达自由:美国宪法第一修正案研究》,北京:北京大学出版社 2005 年版,第 226 页,注释。

第三节 煽情性新闻的德性拷问

正如布劳斯泰因所暗示的,新闻侵权行为之所以发生,常常是因为媒体对趣味性、煽情性的过度热衷。沃伦和布兰代斯之所以提出隐私权的概念、强调对个体权利的法律保护,主要也是因为他们看到美国"新闻在每个领域都超越了庄重、得体的明显限度。绯闻传播不再仅仅源于丑陋、无聊的偷窥心理,它已经变成了一门生意,一门人们辛劳地、无耻地经营着的生意"①。这门生意就是煽情新闻(sensational journalism),或者用19世纪90年代以来的术语说,黄色新闻(yellow journalism)。不过,如果按照《纽约新闻报》的主编麦克尤恩(Arthur McEwen)的说法,这种新闻又可以被生动地称为"哎呀!"(gee-whiz)新闻,因为这种新闻"自其第一段开始便着力表达或浪漫或怜悯或仇恨的情绪,读者打开报纸后,会立刻惊叫'哎呀'。"②就其起源而言,煽情性新闻几乎与新闻业一样古老,而其成为主流的新闻样式,则与大众社会的兴起存在着明显的因果联系。③ 在发行方面取得成功的大众化报纸,如本杰明·戴(Benjamin Day)的《太阳报》、班乃特(James G. Bennett)的《纽约先驱报》、普利策的《邮讯报》与《世界报》,以及赫斯特的《纽约新闻报》等均是煽情新闻的经营好手。及至今日,煽情和娱乐化依然是报纸、电视以及网络媒体吸引受众、提高发行量、增加广告收入等的不二法门。

煽情、趣味性与庄重、得体构成了新闻品位(news taste)的两极。

---

① Samuel Warren & Louis Brandeis, "The Right to Privacy," *Harvard Law Review*, 1890, Vol.4, No.5, p.196.

② See J. Herbert Altschull, *From Milton to McLuhan: The Ideas behind American Journalism*, New York: Longman, 1990, pp.266-267.

③ 美国新闻史家埃默里等人称,在1620年、1833年、19世纪90年代及20世纪20年代,报界都曾掀起过"煽情主义的浪潮"。见埃默里等:《美国新闻史:大众传播媒介解释史》,展江译,北京:中国人民大学出版社2004年版,第126—127页。

第五章 毋伤害：新闻德性的最低限度

尽管何谓煽情新闻很少有人进行过精确的定义，①但对其进行文化与道德批判却由来有自。这种批评不仅来自正统的道德学家、文化学者或新闻史、新闻理论研究者，甚至也来自同样报道煽情性新闻的媒体同行。如早在1841年，格雷利（Horace Greeley）就以极其严厉的语言批评《纽约先驱报》对一例谋杀案的报道："带着仿佛旁观了这一残杀行为每一个细节的紧张兴奋，报道者喋喋不休地讲述谋杀者的审判、处决以及忏悔等或真实或编造的详细情节，再将其收集、出版，以供阅读。这一切既表明了社区中低俗堕落的阅读品味，也表明了一些人（报道者）的极端无原则与不负责任。为了攫取私人利益，这些人打算，不，应该说是热衷于毒化公众的智慧之泉，热衷于点燃毁灭之火以煽动目前还沉睡于社会深层的可怕激情。我们仔细思考之后认为，传播这一罪大恶极的犯罪行为中的可憎细节所产生的道德罪行、带来的对社会秩序和个人幸福的极度伤害，实际上十倍于该犯罪行为本身。"②显然，这一批评本身也是煽情的檄文而非理性的批判，所谓十倍（tenfold）罪行和伤害的判断肯定不是依据调查和计算，而且将运作煽情新闻的动机表述为纯然的攫取私人利益（private gain）也颇有诛心之嫌。不过，这一批评在煽情新闻与社会秩序、个人幸福之间所勾连的伦理关系也正是我们考察煽情新闻伦理问题的基本框架。

当然，做这样的进一步考察之前，我们仍然需要对煽情新闻做进一步界定。综而观之，煽情新闻主要包括三个类别：(1)生活八卦、名人丑闻，即沃伦和布兰代斯所谓绯闻（gossip）；(2)暴力犯罪；(3)社

---

① 这种定义往往是描述性的，如麦克尤恩的定义，如埃默里等人将"煽情主义"解释为"为追求轰动而追求轰动"（见埃默里：《美国新闻史：大众传播媒介解释史》，展江译，北京：中国人民大学出版社2004年版，第126页），如坎贝尔（Joseph Campbell）将黄色新闻描述为"引人注目的标题、耸人听闻的刺激情节、大量使用图片、各色各样的骗局、周日副刊与彩色漫画"（See Jessica E. Jackson, "Sensationalism in the Newsroom," *Notre Dame Journal of Law, Ethics & Public Policy*, Vol.19, No.2, 2005, p.789），等等。

② *New York Tribune*, April 19, 1941, quoted in J. Herbert Altschull, *From Millton to McLuhan: The Ideas behind American Journalism*, New York: Longman, 1990, pp.207-208.

205

会、自然等的异常灾变。丑闻八卦指有关名人生活习性、私人生活尤其是男女关系方面的隐私类新闻,是煽情新闻最古老的类型。1690年美国第一份报纸《公共事件》对法国王子妃与国王、王子暧昧关系的生动描绘可以算作美国煽情新闻的滥觞,舒德森的《探索新闻》也曾以1848年《纽约论坛报》的一则八卦新闻为例说明便士报报道国会新闻的新景观。新闻涉及一位名叫索尔的众议员,详细描述了他在餐厅进餐的情形:他打开油漉漉的纸,拿出面包和香肠,再用那张纸擦手,然后把纸丢到窗外;他用水手刀当牙签用,外套的袖口和裤管就是他的餐巾。尽管这位议员也可能是一位合格的政治人物,但煽情新闻的兴趣点却并不在他的政治观点、政治才能,而在于他猥琐、邋遢的生活习性。据舒德森观察,暴力犯罪与异常灾变成为报纸新闻的主要内容,应该始于19世纪30年代兴起的便士报运动。正是便士报第一次使警局、法院、商业区、教堂、社交与体育圈等本地的日常生活场所成为重要的新闻源,煽情新闻因此才有了更大的发展空间。戴在《太阳报》的发刊词中称,"本报的主旨,是在读者负得起的范围内,提供读者当天的新闻"。这所谓新闻主要就是煽情性的犯罪新闻与社会、自然各方面的异常事件,如强暴未遂、暴动骚乱、自杀未遂、邮车抢劫、火灾,甚至某个放置在别人门前的弃婴等。在便士报之前,报纸刊登如此多的信息是不可想象的。如果说便士报会逐字逐句在头版以大半版甚至全版刊登一个谋杀审判事件(当然也就包括了谋杀行为的细节),那么政党报纸不仅不认同便士报处理这种新闻的方式,甚至根本就不认为这种审判包括审判必然会涉及的犯罪细节是报纸应该刊登的新闻。正是经历了便士报的"新闻发现",对犯罪、暴力等事件的报道才成为新闻的同义语,舒德森因此才做出了"新闻(news)是19世纪30年代的产物"的判断。①

---

① 见〔美〕舒德森:《探索新闻:美国报业社会史》,何颖怡译,台北:远流出版公司1993年版,第66页。

依照接近性与人情味的原则报道当下生活世界的各种事件,使警事活动、司法活动、商业活动、政治或社会生活丑闻乃至某种生活方式成为新闻,具有舒德森所说的平等主义、民主主义意味,但从新闻主义(newsism)走向煽情主义(sensationalism)却并不是一种必要的选择,而是一种过度。煽情新闻之所以成为一种新闻类型,不仅因为其内容,也因为其表现内容的方式,即对琐碎细节的渲染。进入电视可视新闻时代,对细节的生动描述又增加了现场直播的新形式,动态的、直观的犯罪现场实录赋予现代新闻以更具煽情意味的呈现方式。这样,新闻德性的命题不可避免地包含着对煽情性新闻的道德判断与评价。包括全美报纸主编协会的《新闻规约》(1923)在内的新闻伦理规范主张以新闻的"得体、庄重(decency)"抵制犯罪、恶行等琐碎细节,新闻伦理学者斯莱特利(Karen L. Slattery)则认为,煽情新闻反映社区的道德生活,进而参与社区道德福祉建设,煽情性手段并不阻碍记者负责任地报道新闻,因此需要区别煽情性的新闻与为煽情而煽情的新闻。① 如果说一种社会现象——这里是煽情性新闻——的伦理意义需要依据其影响人类个体或群体的程度与方向进行判断,那么,煽情新闻之于社会与个人的价值与意义又当如何判定呢?

新闻煽情的目的在于吸引受众。无论将这一目的归因于何种更为内在的主观动机,全面而主动地采取煽情方式经营报纸之后,报纸发行量急剧增加以及随之出现的读报人口的急剧增加,却是不争的事实,而其进一步的后果则是舒德森所称的民主市场社会(democratic market society)的形成。班乃特就十分得意于自己报纸的受众超越了阶级、等级的界线:"我们周遭的小报纸单纯地致力于报道较多的政治新闻、戏剧化故事和各种奇事。它们未能引导我们以智慧或知识来了解我们的社会。大报纸则毫无人才或趣味,因此像我们这样的报纸才

---

① Karen L. Slattery, "Sensationalism versus News of the Moral Life: Making the Distinction," *Journal of Mass Media Ethics*, Vol.9, No.1, 1994, pp. 5-15.

有了许多发展空间。我们吸引各个阶层的人,包括商人、有志学习的人,甚至机械工或劳工。"①取得这一成果,不能不归因于煽情性手段的运用。以煽情性手段吸引一般民众阅读新闻,通过阅读了解社会,进而融入社会,参与政治民主,这一逻辑过程尽管缺乏充分的实证证据,舒德森却认为存在着这一可能性。② 作为政治文化,民主意味着多数人的参与。应该说,普通民众之于政治民主的关系受制于主客观因素。就客观方面而言,这一因素是民主制度的建立,其中的关键是选举权。便士报煽情主义新闻兴起的时代正逢英美等国平民主义政治、经济思潮兴盛,英国修改了选举法,增加了有权投票的选举人口,美国总统杰克逊则"对平凡大众有信心,相信政治平等,相信平等的经济机会"。这样,民主政治普遍实现的主观因素,即普通民众参与政治事务的兴趣和能力也就突显出来,而煽情性新闻对此的发扬、培育之功则不容漠视。煽情性的人物特写、犯罪故事、警事法庭新闻等报道社会各阶层的具体风貌,阅读则因此成为知情的过程;不名一文的小人物上升为财富和政治权力拥有者的故事则会激发平民对机会平等与政治民主的本能渴望,这一切都将通过社会化(socialization)的过程体现出来。

正如儿童阅读只可能始于"狼外婆""鹅妈妈"之类浅白而趣味盎然的故事,未经充分教育的一般民众的阅读也只可能始于煽情性的,即主要诉诸受众感性认知能力的故事和新闻。美国芝加哥大学的帕克(Robert E. Park)教授对此进行了精当的分析,并据此对黄色新闻的社会建构意义给予了高度评价。有意思的是,帕克几乎在全美报纸主编协会的《新闻规约》(1923)批评煽情新闻的同一时间做出这样的评

---

① *New York Harold*,引自〔美〕舒德森:《探索新闻:美国报业社会史》,何颖怡译,台北:远流出版公司1993年版,第52—53页。
② 参见上书,第38页。

价。① 便士报与黄色新闻时代正是现代社会的成型时期,包括海外移民归化、农村居民移居城市在内的人口流动打破了等级化的但在其等级之内具有同质性的既有社会秩序,文化多元的异质性人口杂处混居在陌生的、缺乏确定性和安全感的城市密集空间,帕克所注意到的正是煽情性新闻在帮助大众实现社会化、实现在城市中建立类似于故乡家园般的社区生活等方面发挥的功能与具有的价值。帕克认为,就人性而言,人可以分为两类,一些人在自己的生活中发现乐趣,另一些人则觉得自己的生活很单调且希望拥有更加令人兴奋的生活。与此相适应,报纸也应该有两种编辑方针以满足受众的阅读需要:一种方针定位于读者的阅读兴趣在于阅读本身,另一种方针则定位于读者将报纸视为其枯燥生活的避难所,其阅读兴趣是任何有趣的故事,从而通过阅读实现对现实生活的超越。地方性的、刊载社区居民的婚丧嫁娶和集会聚餐的报纸属于前者,而致力于在单调乏味的都市生活中寻找浪漫而生动的故事、戏剧化地讲述犯罪或恶行的细节或社会名流们多少带有神奇色彩的生活习性或风流韵事的都市报纸则属于后者,两者均在大众的社会化方面发挥了作用。其之所以能够如此,帕克认为,原因在于人们的阅读与思考习性。从根本上说,社会化是对某一社会主流生活方式的认同并将这一认同通过自身的日常生活与对外交往活动加以表现。其主要过程包括认知、内化认同与行动等环节,而其关键则是主体的思维能力和思考活动。但帕克发现,对于大多数人来说,在开始"交谈"(talk)之前,并不存在所谓"思考"(think),唯其能够交谈,思考才成为可能,因为思考归根到底是一种个体思想中的交谈和对话。另一方面,交谈和思考必须有其内容和材料,对于新近进

---

① Robert E. Park, "The Natural History of the Newspaper," *The American Journal of Sociology*, Vol.29, No.3, 1923, pp. 273-289.

入城市生活的"陌生人"①来说,这些材料很大程度上来源于报纸等媒介。因此,帕克十分欣赏达纳关于新闻的定义,即"所谓新闻就是那些使人交谈的东西",帕克并指出,出版报纸的目的就应该是促使人们交谈和思考。② 至于报纸如何使人交谈,帕克相信,煽情性新闻是一种有效的途径。与传统报纸的抽象说教相对照,煽情新闻形象化、戏剧性的表现方式,如各种人物特写、轶闻趣事、图片、寓言等,自然就更能广泛地被一般大众阅读,并成为其交谈与思考的材料。与此同时,煽情的新闻故事还将事实作为一种理念植入城市文化,这一文化不容许盲目的社会或知识顺从,只信事实,不信那些空洞无物的现实或价值。③ 如果再将煽情性报纸所刊载的广告在购物等社会生活方面的导引功能考虑进来,煽情性新闻发轫之时在大众化城市社会的形成、在社会新进人员的身份确认和社会化等过程中的意义,自不待言。

这种意义从积极方面界定了煽情新闻的伦理价值。考虑到即使一个稳定的社会结构中也总是有新成员加入,煽情新闻也就不仅仅在社会转型的特定时期才具有社会化功能。但另一方面,长时间以来人们对煽情新闻的种种道德指控也并非毫无根据。这些指控可以概括地表述为,煽情新闻是一种"没有灵魂的新闻"(journalism without a soul)。实际上,煽情新闻的社会腐化作用与建构作用几乎同时发生,而其理由同样是煽情新闻诉诸受众的感性认知而非理智。所谓"没有灵魂",首先是指煽情新闻对于社会理想、目标价值与信念的漠不关心,至少是不够关心。作为人类群体生活方式,社会是人类的自然联合体,这种联合需要遵从一些基本价值规范,也需要一定的共同目标

---

① 这个"陌生人"使用的是西美尔(Georg Simmel)的范畴。见〔德〕盖奥尔格·西美尔:《社会学:关于社会化形式的研究》,林荣远译,北京:华夏出版社2002年版,第512页。
② Robert E. Park, "The Natural History of the Newspaper," *The American Journal of Sociology*, Vol.29, No.3, 1923, p. 285.
③ 见〔美〕舒德森:《探索新闻:美国报业社会史》,何颖怡译,台北:远流出版公司1993年版,第61页。

作为联系纽带,如自由、平等、宽容、同情心,如人们之间的相互尊重,如民主、共同体意识、社会发展与进步等。这些价值不可能寓于煽情新闻骇人听闻的犯罪、恶行等故事之中,相反,这些故事在很大程度上却成为这些共同价值的颠覆性力量。至于报道罪恶和犯罪本身,煽情新闻的热衷者虽然宣称是为了"揪出坏蛋",但在其批评者看来,由于缺少社会批判与道德反思,这种声情并茂的描绘实际上更有为"罪恶、性和暴力开脱"的意味。如果说《纽约先驱报》的犯罪报道被指控为"比犯罪本身还有害"只是同业竞争的攻讦之词,不一定需要认真看待,那么将渲染暴行、夸饰犯罪的煽情新闻称为一种社会祸害却也并不为过。虽然这种祸害不像新闻侵权那样有明确的伤害内容和具体的伤害对象,但如果任由煽情新闻长期泛滥,公众、社会共同体以至新闻事业终将无一例外地成为受害者。沃伦和布兰代斯对"传言八卦"新闻的批评可以普遍地适用于所有的煽情新闻,他们认为,"每个绯闻传言(gossip)都会成为种子,从中生出更多的闲言碎语。流风所及,社会规范与道德风尚都会受到负面影响。绯闻看似无害,但如果听任其广泛而持续地随意扩散,它终将成为邪恶的渊薮。实际上,它既使人猥琐又使人变坏。其所以使人变得猥琐,是因为它颠覆了人们对事物重要性的判断,使人不再追求深刻思想与远大抱负。当绯闻登上高贵的报纸,塞满本应用来服务社区真正利益的版面,无知和愚蠢平庸的东西被误认为非常重要也就毫不奇怪了。人类天性有其软弱的一面,从未因周围人的不幸和错误而有所警醒。不难理解,绯闻传言将阻塞其他事物进入人类头脑的通道,琐碎无聊的东西很快就能摧毁强有力的思想和细腻的情感。受这种颓靡之风熏染,理想、热情不会存在,慨然豪迈之气也无从产生"[①]。但这种伤害较之关于犯罪、事故、火灾、毒品、犯罪集团、幼童伤害等的暴力煽情新闻而言要轻微得多。1998

[①] Samuel Warren & Louis Brandeis, "The Right to Privacy," *Harvard Law Review*, 1890, Vol.4, No.5, p. 196.

年,多年从事媒介研究的"洛基山媒体观察"(Rocky Mountain Media Watch)投书联邦通信委员会(FCC)称,一些电视新闻由于"过分报道了暴力和细节","毒害"了市民,造成了"比坏新闻更糟糕的公共健康问题。"①这正是格雷利批评的现代翻版。仿佛是为"洛基山媒体观察"的观点提供证据,1998年4月30日下午,美国多家电视台中断其常规电视节目,直播了洛杉矶一起自杀事件。②自杀者是一个名为琼斯(Daniel V. Jones)的中年人。为抗议医疗保险组织赢利,琼斯在车流高峰时走上高速公路,与警方发生对峙。对峙僵持近一小时,记者闻讯蜂拥而来,甚至出动直升机对地面的戏剧性场面进行连续拍摄和特写拍摄。在镜头前,该名男子点燃了自己和他的狗,几分钟后又用枪口顶着下巴扣动了扳机。由于被中断播出的节目包括福克斯分支电视台的儿童节目,很多儿童因此也从屏幕上目击了这一可怕的场面而受到精神刺激,福克斯公司不得不派出多名医生对这些儿童进行心理治疗。

尽管煽情新闻自其产生就饱受政府、公众、社会等的批评和限制,但为其做道德辩护也不乏其例。除前述所谓社会化的积极伦理而外,这种辩护的第一个观点是所谓"镜子"理论,或者说"客观反映"说。煽情新闻尽管在细节上多做渲染和夸张,但其基本事实却大体可信,事实而非虚构或错误是煽情新闻的卖点,也是其赖以生存的基石。19世纪90年代,人们指责《世界报》的煽情新闻腐化社会时,普利策理直气壮地回答说:"抱怨新闻道德品位低下的说法很普遍,但并不公正。报纸报道腐败和犯罪,却并未制造出那些事件。假如不这样做,它才真是未尽职守的记录者……报纸就像一面镜子,只能映照镜前之物……让受到镜中景象惊吓的人指责那些镜前人物吧,仅仅反映了其

---

① Lawrence K. Grossman, "Does Local News Need a National Nanny?" *Columbia Journalism Review*, Vol.37, No.1, 1998, p. 33.

② James Sterngold, "After a Suicide, Questions on Lurid TV News," *New York Times*, May 2, 1998, p. A10.

个性与行为的镜子不应该受到指责。"①此即所谓"镜子"理论,其逻辑前提是事实真相的可认知性与事实的意义自明性。然而,严格地分析,这两个支撑煽情新闻镜子式反映的逻辑前提实际上都很成问题。

就其起源来看,新闻的镜子理论与西方中世纪之后尤其是19世纪以来自然科学的空前发展密切相关,它是自然科学发展在社会意识领域里的反映。进化论、细胞学说、能量的转化与守衡等科学发现不仅是人类知识的重大更新,也意味着经验的、实验的研究相对于机械论与形而上学的方法论胜利。受其影响与激励,人们希望能够借鉴自然科学的研究方法,像研究自然现象一样认识人类社会,可以通过观察掌握足够数量的事实、通过分析事实而获得真理,掌握事实因此被认为远比价值判断或抽象思辨更为优先、重要。在这种时代精神的浸染之下,19世纪下半叶以来的记者、编辑多少都把自己视为社会科学家,他们比其前辈如政党新闻的发行人或编辑更自觉、更大胆地以现实主义态度挖掘社会中的经济、政治真相,而这正是煽情新闻/黄色新闻的全盛时期。即使这些记者没有这种科学家的身份想象,他们也深信自己的职业使命是记录事实,事实因而成了这一时期新闻职业的道德依归。《世界报》的卓赛(Theodore Dreiser)写道:"尽管社论部可以长篇累牍地写些人类的价值、进步的价值、宗教道德的重要性与家庭的神圣这类充满宗教或道德说教的文字……而在编辑部,一切的道德外衣均被剥下,人人以一种实事求是的心态来看待这个世界。"②当然,煽情新闻之所以煽情并非因为这种事实性,而是事实与文学生动性、戏剧化理想的纠结。1894年出版的早期新闻入门书《跨入新闻界》(*Steps into Journalism*)就告诉那些新手们,一个文采斐然的记者,

---

① Quoted in J. Herbert Altschull, *From Milton to McLuhan: The Ideas behind American Journalism*, New York: Longman, 1990, p. 269.
② 引自〔美〕舒德森:《探索新闻:美国报业社会史》,何颖怡译,台北:远流出版公司1993年版,第87—88页。

他的不精确可以被原谅,与其一样可以被原谅的是精确的记者笔下的枯燥,而"文采与精确并具,则是成功的不二秘诀"。至于如何实现这种成功,该书作者舒曼(Edwin Shuman)直接鼓励那些"力求追求事实"的记者,"在无关紧要的细节上,尽量发挥他的想象力",因为"各个报纸都认为这样做是合理可行的"①。强调事实的准确却又认可细节虚构的合理性,两者无疑存在原则性冲突。新闻的从业者和研究者也并非没有意识到这种冲突,舒曼就明白道出了虚构细节的危险。严格说来,认可虚构的合理性实际上已经否定了镜子隐喻对煽情新闻的道德论证功能。既然记者不可能获取足够的事实以满足新闻的需要,新闻也就无法像镜子那样客观地反映社会生活。也许报纸真的未曾"制造出那些(腐败和犯罪)事件",但这些事件的细节却很可能是由报纸制造出来的,而渲染细节恰恰是煽情新闻被诟病的主要原因。

不过,现代传播技术的发展在很大程度上已经排除了新闻事实的煽情化报道对细节虚构的依赖性,通过直播实录,广播、电视等音像媒介可以轻松地实现事实的戏剧化再现,煽情新闻与镜子反映之间的可比性也因而明显强化。然而,以镜子隐喻论证煽情新闻的正当性,忽视了这一问题的关键不仅在于事实是否能够被新闻反映,更重要的是新闻反映事实的意义。镜子具有价值固然是因为它可以准确映照镜前事物,新闻之镜的意义却不仅在于其能准确地映照社会生活,更在于镜子的指向,也就是它映照的是何种社会生活。正如事实的准确、真实不是侵犯隐私的正当性依据,镜子式的映照也同样不能保证煽情新闻的正当性。毕竟,并不是每一种事物都值得新闻之镜映照,也并不是每一种事物都应该被新闻之镜映照。但也正是因为事实的确定性,煽情新闻就有了更进一步的道德辩护依据,即公众知情权理论。

---

① 引自〔美〕舒德森:《探索新闻:美国报业社会史》,何颖怡译,台北:远流出版公司1993年版,第81页。

第五章 毋伤害:新闻德性的最低限度

现代公众知情权的完整表述来自美联社总编辑库柏(Kent Cooper),①但其理论源头至少可以追溯到1747年英国《伦敦杂志》(*London Magazine*)批评秘密立法时所说的"每个人不仅有权而且有义务调查议案的目标"的观念。便士报兴起之后,实现"报纸使公众知情的社会责任"也成为其报道煽情性新闻的理由。不过,这一辩护早在格雷利讨伐《纽约先驱报》时就遭到驳斥。格雷利说,"使公众知情"(keep the public informed)只不过是伪善者"罔顾其更高责任伤害公共善"时的"破烂托词",这些更高责任是报纸对社会最大利益、对其同胞的利益以及对庄重的道德与最高正义所应承担的。② 很明显,格雷利并不认为"告知"(inform)或"知情"(be informed)可以独立地成为新闻的目的性价值,在其之上还有许多远为重要的社会或个人价值,还有一些重要的道德原则。现代伦理学也认为,不加区别地笼统地说公众知情权从来就不合适,西塞拉·博克在其研究"隐瞒与揭露的伦理问题"的经典著作《秘密》(*Secret: On the Ethics of Concealment and Revelation*)一书中就将"公众知情权"称为"华丽的废话",因为在她看来,记者拿公众知情权来应付那些招致非议的新闻、为其合理性受到质疑的调查和报道活动做辩护的论证逻辑明显不充分。③ 博克认为,所谓公众知情权只应该限定于与政治自治相关的领域,除此之外公众并无所谓知情权利。实际上,库柏在阐释他的公众知情权理念时,也是诉之于美国新闻业作为公共托管人的传统信念以论证其合法性的,服务于公众

---

① 1945年2月18日,库柏在国际犹太服务组织的会议的演讲中首次发表了公众知情权的观点,并在其1956年出版的《论知情权》(Kent Cooper, *The Right to Know: An Exposition of the Evils of News and Propaganda*, New York: Farrar, Straus Cudahy, 1956)一书中做了系统阐述。

② Quoted in J. Herbert Altschull, *From Milton to McLuhan: The Ideas behind American Journalism*, New York: Longman, 1990, p. 208.

③ Sissela Bok, *Secrets: On the Ethics of Concealment and Revelation*, New York: Pantheon, 1982, p. 254.

的知情权也就是把新闻视为一种公众自治的工具,其前提是公众作为公共权力所有者的政治自治需要。如果坚持此种理解,公众知情权观念非但不能为煽情新闻作道德辩护,反而成为对其进行道德批判的有力武器。既然真正的公众知情权是一种源于公众形成公共意见、参与公共讨论与公共治理的公共需要的知情权,按照米克尔约翰的理论,这种知情权就不仅是一种权利,甚至也是一种权力。新闻发布事实与信息以满足这种知情权也因此就不仅是一种日常事务,甚至也是一种道德义务。这种道德义务给予新闻的自由采集、自由报道和自由批评以充分的道义支持。当然,源于公共需要的知情权并不排除公众知晓、获得其他与这种需要关系不大的新闻的自由,如琼斯自杀之类的警事社会新闻等。甚至班尼特所抨击的"从友情到婚姻到家庭悲剧、宠物等具有强烈视觉冲击力的事件……世界上最可怕的警匪追逐、世界上最可怕的警匪枪战、世界上最滑稽的录像、世界上最让人震惊的时刻、世界上最让人讨厌的邻居、当动物攻击人类时,以及永远最受欢迎的节目:当乖宠物变坏时"等煽情性新闻,①成年公众是否阅读、收听、收看也同样拥有不受任何外部力量约束的自由与权利,但这种知情的自由与权利以及由此而产生的新闻欲求,媒介并没有必须予以满足的道德义务。公众知晓此类新闻的内在动机是人类普遍的好奇心,而不是公共意见、公共讨论和公共治理的公共需要,即使媒介真的具有某种义务去满足公众的好奇心与阅、听欲求,这个义务也与公众的知情权(right/power)无关。而且,由于人们接受、理解信息的总体时间总是恒定的,公众接受其好奇心指向的信息与其知情权指向的信息之间事实上存在着竞争性关系,接受一种信息也就意味着未能接受另一种信息。与此同时,报纸、电视在一定时间里发布新闻的总版面、总

---

① 见〔美〕W.兰斯·班尼特:《新闻:政治的幻象》,杨晓红等译,北京:当代中国出版社2005年版,第137页。

时段也是恒定的,发布一类信息也就意味着未能发布另一类信息。实证研究发现,由于过度追求煽情性,美国电视新闻已经到了"只报道校园枪击事件,不报道学校;只报道火车事故,不报道交通;只报道政治家的丑闻,不报道政治本身;只报道最近的谋杀案,不报道正在降低的犯罪率"的地步,①因此,无论是新闻的发布还是接受,称煽情性新闻在一定程度上"阻塞了普通人所依赖的新闻渠道"并不为过。传播学有关教化(cultivation)的研究表明,大量收看电视新闻与娱乐节目的受众对外部世界的认识多数偏离了世界的真实状况。② 公众的知情权正在因为煽情性新闻而受损。考虑到知情仅仅是受众作为公众参与政治民主的第一步,公众真正的政治自治实际上更依赖于其对信息意义的充分理解,而煽情新闻对此更无所助益。显然,公众的知情需要不可能为煽情新闻提供任何正当性论证。

归根结底,判断一种新闻是否具有价值、是否应该被自由传播的依据在于其是否能让公共善及个体善有所增益。细究煽情新闻的社会效果,不难看出八卦丑闻之于个体尊严与个体善、作为整体的煽情新闻之于公众的知情权与公共善的冲突性关系。据此可以判断,煽情新闻并不是一种意义充分的新闻类型。与这种文化、道德判断迥然不同的是媒介对于煽情新闻的特殊偏好。面对克林顿与莱温斯基的丑闻这样的煽情性素材,所谓严肃媒体和小报的区分、所谓新闻元素和非新闻元素的区分荡然无存。无论是收听全国公共广播网(National Public Radio)的节目还是霍华德·斯特恩(Howard Stern)的脱口秀,或是收看《早安,美国》、美国有线新闻网,人们只能看到一种主题——

---

① Lawrence K. Grossman, "Does Local News Need a National Nanny?" *Columbia Journalism Review*, Vol.37, No.1, 1998, p. 33.

② See George Gerbner & Larry Gross, "Living with Television," *Journal of Communication*, Vol.26, No.2, 1976, pp. 172-199; et al.

权力和性,也只能看到一种报道方式:娱乐和煽情。① 既然举国的新闻人能这样对煽情性素材表现出同一种报道倾向,我们只能认为,煽情新闻还有一种未被明言的动机,而其之所以未被明言,则是因为其与新闻德性的明显冲突。对于这个动机,新闻伦理研究实际上也需要进一步仔细考察。

---

① See Bruce A. Williams & Michael X. Carpini, "Unchained Reaction: The Collapse of Media Gatekeeping and the Clinton-Lewinsky Scandal," *Journalism*, Vol.1, No.1, 2000, p.74.

第六章　新闻德性：基于自由的公共契约

> 德性在我们身上的养成，既不是出于自然，也不是反乎于自然……德性却不同，我们先运用它们而后获得它们。我们通过做公正的事而成为公正的人，通过节制成为节制的人，通过做事勇敢成为勇敢的人……①
>
> ——亚里士多德，前335年

麦金太尔说，当代道德话语的最显著特征，是它"被如此多地用于表达分歧，而这些分歧在其中得以表达之各种争论的最显著的特征则在于其无休无止性"②。由于对当代伦理学的一般情况缺乏总体考察，无法确知麦金太尔这一说法的真伪，但就新闻伦理研究而言，这位著名伦理学家的判断却真实不虚。自克劳福德等人开始学院式新闻伦理研究（1924年），这一研究一度仅仅满足于收集、分析新闻机构的道德规范，甚至达不到麦金太尔所说的"表达"分歧的水平，而仅仅是在收集分歧。经过长时间的积累，进入20世纪后半叶，新闻伦理终于

---

① 〔古希腊〕亚里士多德：《尼各马可伦理学》，廖申白译，北京：商务印书馆2003年版，第36页。
② 〔美〕麦金太尔：《追寻美德：伦理理论研究》，宋继杰译，南京：译林出版社2003年版，第7页。

达到了表达分歧的水平:除了极少数的例外,以原理分析案例的西方经典教科书模式开始成为新闻伦理研究的主流样式,而特定案例之所以被选取,也正是因为相关的伦理思考错综复杂,也就是其争论之"无休无止性"。因此,多种研究"明智"地采取了"开放式"的态度,不再提供答案,只展示案例可能引起的伦理论争及其各自的论证过程。①作为一种应用伦理,这种"表达分歧"的新闻伦理研究的主要意图在于训练新闻从业者的道德意识、道德能力。问题是,这种道德训练所依据的逻辑前提实际上也并没有差强人意的确定性。我们可以不去徒劳地寻找案例所预设的具体情境下唯一确定的正确行动,但如果道德训练的起点也不具有确定性,我们又如何能对这种道德训练的效果有所期待呢?

应该看到,获得确定性乃是一种研究具有价值的关键要素。霍斯曼曾批评那些为伦理问题提供了多种答案的人,"始终没有提出正确的问题,而不是还没有找到正确的答案"②。本研究与霍斯曼一样相信,如果正确地提问,伦理问题并非不能获得确定的答案。基于寻求确定性的研究意向,这里并不讨论诸如隐性采访、匿名信源、支票簿新闻(cheque-book journalism)③、伏击式采访(ambush interview)④以及编

---

① 如,John C. Merrill, *Journalism Ethics*: *Philosophical Foundations for News Media*, New York: St. Martin's Press, 1997; Louis Alvin Day, *Ethics in Media Communications*: *Cases and Controversies*, 北京:北京大学出版社 2004 年影印版;〔美〕克里斯蒂安等:《媒介公正:道德伦理问题真的不证自明吗?》,蔡文美译,北京:华夏出版社 2000 年版;〔美〕帕特森、威尔金斯:《媒介伦理学:问题和案例》,李青藜译,北京:中国人民大学出版社 2005 年版;等等。

② 〔美〕霍斯曼:《良心危机:新闻伦理学的多元观点》,胡幼伟译,台北:五南图书出版公司 1995 年版,第 xiv 页。

③ 即向新闻当事人支付报酬以获取独家内幕的新闻。尽管业界不少人认为获取新闻时是否支付报酬无关紧要,但伦理学者却认为,支票簿新闻催生了虚假新闻的市场。由于越是煽情的新闻越能卖出高价,获利的欲望将诱引信源伪饰或伪造新闻。See Philp M. Seib & Kathy Fitzpatrick, *Journalism Ethics*, Fort Worth, TX: Harcourt Brace College Publisher, 1997, pp. 109-110.

④ 指新闻当事人拒绝记者的采访请求后,记者(尤其是电视记者)有预谋地突然出现在当事人前面,要求采访,并将其拒绝采访时的惊愕、愤怒等表情甚至用手遮挡电视镜头等行为记录下来,作为新闻公开。这种新闻以镜头前新闻相关人的窘状暗示其有过错,因而需要隐瞒。可能真是如此,但伏击式采访真正追求的东西只不过是当事人在镜头前的戏剧化反应。

辑记者做兼职、接受礼物和优惠券、接受免费旅行等其他新闻伦理研究极其关心却又被梅里尔称为小问题(micro-issues)①的日常新闻实践,而去追问一种新闻实践究竟具有了何种品质、特征,才可以被称为合乎道德。虽然关于这种合乎道德的品质、特征也并非没有争议,不过,经过长时间的新闻实践与观念演进,人们对这一问题大致上给出了具有确定性的回答。本研究的主要工作,就是将回答这个品质、特征应当是什么的过程描述出来。

合乎道德的品质、特征,在亚里士多德的伦理学体系中,也就是"使事物的状态好,又使那事物的活动完成得好"的品质,即"德性"。②这里使用的核心范畴,新闻德性,正是依据亚里士多德的界定。不过,这种使"状态好"、"活动完成得好"的判断,并不是内在于事物的品质、特征的,它不是关于事物的品质、特征所具有的事实的判断,而只是人们对这种品质、特征的评价,即价值判断。就是说,某种品质"使事物的状态好,又使那事物的活动完成得好",实质上只是人们认为这种品质、特征"使事物的状态好,又使那事物的活动完成得好"。新闻实践的某种品质、特征之所以合乎道德,也就是说是一种新闻德性,其实质是人们做出了这样的价值判断。也就是说,是人们认为新闻实践的某种品质、特征合乎道德,合乎新闻德性。因此,这里所谓新闻诸德性,即新闻自由、报道真相(讲述真理)、社会正义、毋伤害,只不过是人们认为新闻必须具有这样的品质、特征,才称其为合乎道德。然而,尽管人们可能会同时认为某种品质、特征"使事物的状态好,又使那事物的活动完成得好",但这种判断总是由单个人独自做出的,即是个人主观的,它并不内在于该事物的品质,也与他人的判断缺乏内在、必然的联系。同理,尽管人们可能同时认为新闻实践的某种品质、特征是合

---

① John C. Merrill, *Journalism Ethics: Philosophical Foundations for News Media*, New York: St. Martin's Press, 1997, p. xiii.
② 〔古希腊〕亚里士多德:《尼各马可伦理学》,廖申白译,北京:商务印书馆2003年版,第45页。

乎道德的,这种判断也同样是由这些人单独地、主观地做出的。它既不内在于新闻实践的品质、特征,也与他人的判断缺乏内在、必然的联系。① 伦理学领域著名的"休谟难题"表明了事实判断与价值判断之间的不可论证性。因此,论证某种品质之为事物的德性,新闻的某种品质、特征之为新闻德性,逻辑演绎至此而止。逻辑归纳,即展示"新闻的某种品质、特征合乎道德"这一价值判断的普遍性就成为新闻德性逻辑论证的唯一途径。就新闻德性需要通过描述相应价值判断的普遍性才能获得确认而言,新闻德性近似于一种关于"新闻具有何种品质、特征才是合乎道德的"的公共契约。这一"新闻德性契约论"的假说认为,一种新闻品质、特征之被看作新闻德性,实际上是新闻的相关人,即媒介所有者、新闻从业者、政府、各种社会机构以及泛称的普通公众之间所达成的明示、暗示的公共约定。

缔结契约的首要条件是缔约各方的主体身份,即其对于契约中的相关约定必须具有实施、执行的行为能力。关于新闻德性契约,这种行为能力也就是指新闻德性缔约各方的德性实践或进行道德监督与控制的能力。对于新闻实践的行为者(agent)——媒介所有者与新闻从业者来说,德性实践能力是其进行缔约的基本条件,这个能力也就是指其有能力采取主动的行为实现其德性承诺,因此,新闻自由,尤其是免于外在强制的消极自由就成为媒介所有者与新闻从业者最为关心的价值。在一般的伦理意义上,合乎道德的行动首先必须是自由的行动,基于道德自决的行为。奴隶没有自由,也就无所谓道德。只要受到了政治权力、经济势力、宗教与其他社会机制乃至普通民众的外在强制,新闻便立即丧失了其行为主体性,从而也就丧失了采取任何

---

① 不过,这里所说的缺乏内在的、必然的联系,只是就每个人独自做出这种主观判断这一行为而言。但就人们之所以能够大体上做出相似的价值判断来说,这种内在的、必然的联系却又显然是存在的。康德关于共感的研究表明,人们在认识事物、判断事物与行为的善恶时具有某种共同的意识或者说心理机制。因为共感的存在,每个人独自做出的判断与其他人同样独自做出的判断就不可能不具有内在的联系了。

意义上的道德行动的能力,因此在任何意义上都不可能成为"合乎道德的"新闻——免于强制乃是道德行为成为道德行为的首要条件。凭借免于强制的消极自由这一必不可缺的构成要素,新闻得以确立其道德行为的主体性身份。当我们说自由是新闻的第一德性时,强调的正是消极自由之于新闻德性的基础性意义。也就是说,切实保障消极自由是媒介所有者与新闻从业者作为道德行为主体的底线要求,在这个底线之上,依据积极自由采取行动的新闻实践才是建立新闻德性公共契约的实际领域。正是在这个意义上,弥尔顿针对《许可证法》而提出的出版自由主张、布莱克斯通关于免于事先限制的法律阐释才在极大范围内获得了共识。当政府、公众与社会各机构对新闻实践施加道德控制时,实际上意味着他们已经就新闻的消极自由与媒介所有者、从业者结成了契约,并借助宪法或法律的有关规定做出成文的明示宣告。

另一方面,在媒介与从业者主动行动的领域内,由于免于强制,新闻实践关注的议题可能是私人的,也可能是公共的;可能报道事实,也可能虚构故事;可能作为一种叛逆性文化(adversary culture)批评、监督政府与权势群体,成为主流社会意识与文化秩序的异议者、颠覆者,也可能是官方意识形态的应声虫,成为政府信息发布与意识形态宣讲的喉舌;它可能是严肃、庄重体面的,也可能是轻佻、煽情的,甚至是色情的——这一切构成了积极自由观念下新闻自由的实际内容。比尔德说,新闻自由意味着"新闻栏和社会栏发表的东西既可以是公正的,也可以是不公正的,既可以是有党派性的,也可以是没有党派性的,既可以是真实的,也可以是虚假的";伯格大法官说,"对报纸刊登材料的选择,关于报纸版面、内容限制等决策的制定,对公众问题和公职人员的处理和对待——无论公平与否,都是主编职权范围内的事"——比尔德的现象描述与伯格的法理阐释均表明新闻自由具有广阔的行动领域,新闻德性本质上是新闻从业者依据其道德自觉向公众与社会做出的原则性承诺，即新闻将按照某种特定的方式而不是比尔德和伯格大法官所说的形式使用自由。按照康德主义的自由观念，这种指向道德法则的行动也正是自由的行动："如果道德法则不是预先在我们的理性中被明白地思想到，那么我们就绝不会认为我们有正当理由去认定某种像自由一样的东西。"新闻德性承诺的公开宣示就是新闻专业组织协商制定的"伦理规范"与媒介机构的行为指导原则。

　　同样是在媒介与其从业者主动行动的领域里，政府、公众与各种社会机构也相应地会对媒介如何使用发表、公开的自由提出各自的主张。这些主张之能够成为契约的内容，也同样因为其作为德性契约的主体性身份。作为公共权力掌控者，政府拥有多种手段控制、管制新闻，政府在建立德性契约的过程中的主要问题倒不是其实践德性契约的能力，而是约束自己仅仅作为德性契约的主体而不是新闻实践的强制性管理者的身份自觉。这就要求政府真正尊重媒介及其从业者的道德主体地位，切实保障媒介与从业者的消极自由——实际上，这种自我约束反倒是其成为德性契约主体的重要标志，也就是说自我约束使其成为德性的主体而不是权力的主体，是德性契约的缔约一方，而不是作为公共权力的执行者对新闻进行强制管理。将政府理解为新闻德性契约的缔约方，意味着来自政府的德性主张是可以协商的、可以拒绝的，当然其中合理的主张也是应该接受的。这里之所以大量援引新闻司法案例中的判词（甚至往往不关心具体案情），就是因为其中集中表达了政府关于新闻的"应然"——应该具有的品质、特征，应该表现的状况的主张。尽管司法判案最终表现为一种法律的强制，但这些主张本身却是一种关于"新闻的应然"的契约式表达。

　　比较而言，公众与社会的契约主体性要复杂得多。作为泛称的、抽象的存在，公众与社会先天地缺乏契约主体身份的明晰性。公众的主体性模糊不仅是因为其成员文化与价值认同的多样性，而且就其与媒介的功利性关系而言也是利益多元的。公众的道德意识虽然在很大程度上来自于每个人生活于其间的文化结构,但利益关系无疑也是判断具体新闻实践德性水平的重要根据。利益差别增强了公众德性主张的多元性,甚至具体的个人也可能因为社会与文化身份的不同维度而表现出多样化的甚至自我冲突的德性主张。以隐私类新闻为例。作为受众,社会化的需要、好奇心、打发无聊时间等多种原因都可能使其表现出对他人隐私的明显喜好,进而对新闻的煽情性、娱乐化表达出某种鼓励——媒介之所以热衷于煽情性新闻,迎合受众的这种喜好无疑是根本原因。但作为新闻当事人并成为报道对象时,对个人隐私的公开、曝光又被认为是对其个体权利、个人幸福与尊严的严重冒犯,沃伦和布兰代斯所谓"绯闻看似无害,但如果听任其广泛而持续地随意扩散,它终将成为邪恶的渊薮"的说法,随即有了更为深切的个体认同。就某一社会单元如企业机构来说,当其作为普通的社会机构时,它深知新闻监督政府与其他社会机构的滥权、腐败于建构公平、正义的社会秩序之无上价值,因而对于新闻报道中具体内容的失误可以表现出程度很高的理解与宽容,而当其作为新闻监督对象时,即使真正缺乏实际恶意的新闻失误也变得无法容忍,因而会要求新闻严格地报道真相。由于缺乏一种大体清晰并能保持连贯性的德性主张,确认公众与社会的德性契约主体性身份就需要采取与媒介、媒介从业者及政府不一样的标准:当具体的个人就新闻实践的正误、优劣、善恶发表意见,尤其是建设性的批评时,公众就在参与新闻德性契约的建构。甚至个人就新闻报道向媒介组织提出的申诉、向法庭提出的诉讼,也都是在表达其作为新闻德性契约主体的身份自觉。

以契约主体的自由意志及其实现的可能性为基础,媒介、政府与公众各自表述其对"媒介的应然"的观点,尽管这样的契约缔结并没有一个如同三方会谈式的正式仪式,但可以肯定地说,关于把报道真相、维护正义与毋伤害视为新闻德性,契约各方存在着基本共识。不过,四种新闻德性并不是一个和谐统一、目标一致的价值体系。对于不少人来说,进行道德承诺本身就意味着对自由的限制,而报道真相与毋伤害之间的矛盾更是显而易见——相当数量的真相很可能就构成了对新闻当事人的伤害,如侵犯隐私等。把新闻德性理解成一个基于自由的公共契约,在很大程度上正是为了协调新闻诸德性之间的价值冲突。新闻德性的价值论证提供了新闻诸德性的价值次序,这种次序也构成了协调新闻诸德性内在价值冲突的基本根据。

  自由是新闻作为德性主体的标志,新闻的德性主体性通过自由而实现。不过,对于新闻(包括具有接近媒介机会的公众)而言具有基础性、目的性价值的自由,对于政府与公众而言却只有工具性、功利性价值。尊重新闻的自由表达,实际上是以新闻实现其功利性目标为条件的,也就是德沃金所谓的"集体赌注"。如果新闻坚持所谓自由而肆意妄行,新闻自由委员会的警告也就绝不仅仅是一个空言恫吓:"如果它们(指大众传播机构)缺乏责任感,那么即便是宪法《第一修正案》也不保护它们不受政府控制。如果是这样,该《修正案》将被修正。"[①]委员会认为,没有一个民主社会会无限度地容忍大众传播机构不负责任的自由,尤其是当大众传播机构强大到足以阻碍人民实现愿望,即成为民主政治的障碍时。由于现代传播技术已经使新闻传播成为具有强大影响力,因此也具有社会权力的社会机构,委员会的警告对于西方具有私人企业性质的新闻机构来说,更具有现实意义。如果这种掌握在私人手中的权力只主张一种有权无责的自由,委员会说,"那么政府权力最终将被用来规范它"。毕竟,政府权力也是经过一系列民主程序而建立的公共权力,它比私人掌控的大众传播机构实际上更有公共性基础。就一般公众而言,尽管媒体接近权(the public right to access to the media)只是一种理论,在现代媒介条件下,公众的表达自由与新闻自由之间永远充满矛盾对峙,但一项题为"公众舆论法庭上

[①] 〔美〕新闻自由委员会:《一个自由而负责任的新闻界》,展江等译,北京:中国人民大学出版社2004年版,第51页。

的《第一修正案》与媒介"的研究表明,就目前而言,公众对媒介的表现不满,至于是否支持《第一修正案》与新闻自由则是另外一回事。研究者雅洛夫与道里奇(David A. Yalof & Kenneth Dautrich)认为,对于新闻自由的原则问题,公众依然持有一种积极支持的立场。① 至于1991年全美报纸主编协会委托的民意调查,我们其实可以将其理解为公众对新闻与媒介的不满的激烈表达,但这并不意味着公众真的打算放弃新闻自由与《第一修正案》。霍奇斯(L. W. Hodges)说,"新闻界是经由一种与社会之间的隐含契约来尽一己之责。只要新闻媒体能够满足大众对资讯的需求,社会就允诺新闻媒体拥有新闻自由"②。尽管哲学、伦理学意义上的自由不是一种他人允诺之物,但就消极自由而言,本研究也同样倾向于将新闻自由理解为政府、公众与媒介之间就负责地使用这种自由而形成的一项"隐含契约"。只不过,在道德领域里,所谓"隐含契约"不止于新闻自由。

在这个新闻德性的公共契约中,真理、真相是最具共识性的德性。如果不考虑探索真相时的成本负担,就媒介而言,在报道纯事实、报道真相和讲述虚构故事、传播谣言之间,并没有特殊的倾向性。就其作为一个德性主体而言,记者与媒介很可能更倾向于报道真相(讲述真理)而不是传播谣言或者虚构故事。科瓦奇、罗森斯塔尔的调查为此提供了较新的证据。至于政府与公众,也不可能对作为原则的报道真相有所异议,毕竟,无论作为事实的真相还是作为价值的真理,truth 总是新闻基本的功能性价值,也是新闻实践的主要目标。媒介、政府、公众与社会需要建立契约的领域,则是何谓真相,以及何种真相可以报道。对应于前者的,是虚假和错误;对应于后者的,则是秘密。我们可以很容易意识到前者——真相之于虚假、错误的对应性关系在这个德

---

① David A. Yalof & Kenneth Dautrich, *The First Amendment and the Media in the Court of Public Opinion*, New York: Cambridge University Press, 2002, p. 111.

② 见〔美〕霍斯曼:《良心危机:新闻伦理学的多元观点》,胡幼伟译,台北:五南图书出版公司1995年版,第76页。

性契约中的重要性,而后者,真相之于秘密的对应性关系,却往往被忽视。但何种真相可以报道,也就是何种秘密可以被揭穿、可以公开为人所知,却是关于真相德性的公共契约中的重要内容,因此,关于真相的契约实际上也就是关于正义和毋伤害的德性契约。具体地说,正义论德性关心的是,一些真相必须报道,一些秘密必须揭穿;毋伤害德性规定的是,一些真相不可以说,一些秘密不可以公开,而其依据则是公共领域与私人领域的区分,即公共领域之不得不说(此之谓正义),私人领域之不可多说(此之谓毋伤害)。

对于集中体现为监督价值的正义论德性,公众与政府及其他强势的社会机构具有截然不同的立场。在政府方面,"统治的秘密""国家的神秘性"自来是掌握公共权力者的禁脔。不同社会不同时期的政府认定机密的事务自然有很大程度的差异,但大部分政府,不管其本意如何,均会发现与民众越是保持疏远与分隔就越是安全,而执掌政权的时间越久就越倾向于这么做。控制信息的公开、尽可能地使自己处于秘密状态的例子在行政、立法、法院尤其是外交等政府日常事务中随处可见。威尔逊总统(Woodrow Wilson)虽然曾声称,"秘密意味着不当,是一个公正的假定""腐败在隐秘处繁荣却力避公开",但真正成了总统之后,他的阁僚工作会议、部门报告、政府规划以及个人会谈却并不比前任总统更加公开,而且,正是这位威尔逊总统在1917年通过公共信息委员会(Committee on Public Information)引入了新闻的战时审查制度。① 因此,政府既主张新闻的真理性德性,又竭尽全力控制与己有关的信息公开,其中的悖论性不言自明。与政府相似的是具有社会影响力的各种机构,如,工商企业、教育机构、工会组织、教会以至于媒介本身等。这些机构同样是一面要求他人公开,提供真相,一面自身尽可能隐身于秘密之中,尽可能寻求秘密交易获取利益。最具

---

① See Sissela Bok, *Secrets: On the Ethics of Concealment and Revealation*, New York: Pantheon, 1982, pp. 171-172.

讽刺意味的是,正是在耙粪成为最具影响力的新闻样式的 20 世纪头几年,报纸、期刊与广告商的幕后交易也层出不穷。为了对抗立法管制所谓特效药(proprietary medicine),一家制药商与媒介的广告合同中就插入了这样的条款:"双方同意,一旦报纸所在的州通过了禁止销售专利特效药的法律,本合同随即无效。"①这个合同的实质是,媒介不发表反对特效药的新闻与言论,制药商则向媒介支付巨额的广告费——据估计,美国的媒介在 1900—1906 年间接受的特效药制造商的广告费每年高达一亿美元。显然,这种幕后交易直接损害了公众利益——就特效药的广告交易而言,是直接损害了公众的健康。

因此,在事关公共生活、公共管理的公共信息方面,真正坚决主张新闻的真理性德性的,其实只有泛称的公众,而且还不包括那些被杜威称为"惰性的民众"的自我放逐者。然而,新闻的这种德性主张却是不可挑战的,因为它有着极其深厚的正当性依据,即视公众为公共权力的唯一合法性根据的现代民主政治理论。政治民主赋予了公众对公共权力运作情况的不可让渡的知情权利,揭露被政治权力的实际掌握者刻意隐瞒的真相在很大程度上也正是公众允准新闻自由的条件。尽管公众的知情权利与新闻的监督并非同一种权利,在大众传播机构私人所有的媒介体制下,两者甚至未必有逻辑上的联系,但由于缺乏足够的实现手段,公众知情权往往也只能具体化为新闻的公共监督。随着垄断性的工商企业等社会机构对公众生活的影响力强大到具有支配性意义,新闻监督各类社会机构的运作也就有类似于监督政治权力机关的正义性特征。因此,正义论德性实际上是公众与新闻就某类特定的真相必须报道的约定,政府与强势社会机构在这个约定中则是受影响的第三者。基于公众为政府合法性根据的理论前设,政府不仅

---

① See R. Curtis Litman & D. Saunders Litman, "Protection of the American Consumer: The Muckrakers and the Enactment of the First Federal Food and Drug Law in the United States," *Food, Drug, Cosmetic Law Journal*, Vol.36, No.12, 1981, p. 663.

需要尊重这一由其权力母体缔结的契约,而且需要督促其他强势社会机构采取同样的态度。另一方面,毋伤害德性却是公众与新闻就某类特定的真相之不可报道所形成的限制性约定,作为公共权力的施行者,政府又成为这个约定的仲裁力量。

公众主张新闻的真理性与正义性德性,依据的是其作为公共生活的主体、参与者的公共性立场。公众作为道德自足的个体、以人自身作为目的的私人化立场则将引导其主张一种不受新闻报道骚扰的消极自由,包括作为新闻报道对象不被侵犯隐私与名誉的权利,也包括作为新闻受众的"不知情权"(the right to be not informed),比如不收到那些可能会弄脏早餐桌的新闻。克林顿和莱温斯基的性丑闻或许可以成为茶余饭后的谈资,但向莱温斯基采访总统的性表现、性感受无论如何总有些冒犯了普通人的日常价值观。① 公众诸如此类的德性主张,可以被概括地表述为,"合乎道德"的新闻需要一种不作恶、毋伤害的德性品质。公众表达这种主张的途径包括针对具体新闻报道的批评、投诉以及向媒介评价组织申诉、诉讼至法院等,也包括对媒介总体运作的评价,如口头、书面的评论,或者甚至是停止购买、订阅某类报纸以及关闭电视等根本否定性的评价。就新闻的社会控制形式而言,新闻诉讼显然超出了道德控制的领域而走向了社会强制,但道德是法的基础,刚性的法律条文被引入具体案例时总是涉及对法律的道德解读(moral reading)。凭借公共权力赋予的道义力量,法官的道德解读与判决在很大程度上起着仲裁公众的德性主张与新闻德性实践之间的冲突的作用。经过这种明示或暗示的主张、同意、约定、契约,作为体系的新闻德性便获得了某种程度的确定性,或者说社会共识的特征。

作为理论假说,契约论的新闻德性观并不仅是用来强调新闻德性

---

① See Bill Kovach and Tom Rosenstiel, *The Elements of Journalism*: *What Newspeople should Know and the Public should Expect*, New York: Crown Publishers, 2001, pp. 150-152.

的确定性,或者说不仅是用来解释新闻德性的构成机制或特征,实际上,把新闻德性,即一种新闻实践之所以被认为合乎道德的品质,理解为一种公共契约,根本意图还在于强调新闻德性之于新闻实践的导引意义。新闻德性的公共契约意味着,面对新闻实践中艰难的道德抉择,新闻人,记者或编辑真正需要面对的,其实永远都只是自己的良知,是自己的道德自省能力。新闻机构或新闻从业者组织的伦理规范以个体或集体的名义向公众与社会宣示了其关于道德的承诺,新闻记者或编辑的行为抉择实际上可以简化为守约,或者背约。作为一个自由的行为主体,任何人都可以选择一种并不那么合乎道德规范的行为与生活方式,这种选择唯一的伦理后果也许仅仅是,他从此被标记为"不道德"的人。毕竟,对于拒绝道德自省的人来说,一切德性,一切公共契约,其实根本就不具有意义。

参 考 文 献

1. Adams, Katherin, *Progressive Politics and the Training of America's Persuaders*, Mahwah, N. J.: L. Erlbaum Associates, 1999.
2. Alderman, Ellen, and Kennedy, Caroline, *The Right to Privacy*, New York: Alfred A. Knopf, 1995.
3. Allen, Anita, *The New Ethics: A Guided Tour of the Twenty-First Century Moral Landscape*, New York: Miramax, 2004.
4. Alterman, Eric, *What Liberal Media? The Truth about Bias and the News*, New York: Basic Books, 2003.
5. Altschull, J. Herbert, *From Milton to McLuhan: The Ideas behind American Journalism*, New York: Longman, 1990.
6. Anderson, David, "The Origins of the Press Clause," *University of California Los Angeles Law Review*, Vol. 30, 1983, pp. 455-541.
7. Anderson, Rod, *The Conversation of Journalism*, Westport, CT: Praeger, 1994.
8. Applegate, Edd, *Journalistic Advocates and Muckrakers: Three Centuries of Crusading Writers*, Jefferson, N. C.: McFarland, 1997.
9. Atkins, Joseph B. (ed.), *The Mission: Journalism, Ethics and the World*, Iowa: Iowa State University Press, 2002.
10. Baker, Russ W., "Truth, Lies and Videotape," *Columbia Journalism Review*, Vol. 32, No. 2, 1993, pp. 25-28.

11. Baldasty, Gerald J., and Simpson, Roger A., "The Deceptive 'Right to Know': How Pessimism Rewrote the First Amendment," *Washington Law Review*, Vol. 56, 1981, pp. 365-395.

12. Barkin, Steve M., *American Television News: The Media Marketplace and the Public Interest*, Armonk, N. Y.: M. E. Sharpe, 2003.

13. Barney, Ralph D., and Merrill, John C., *Ethics and the Press: Readings in Mass Media Morality*, New York: Hastings House Pub., 1976.

14. Barron, Jerome A., "Access to the Press: A New First Amendment Right," *Harvard Law Review*, Vol. 80, 1967, pp. 1641-1678.

15. Barron, James H., "Warren and Brandies, The Right to Privacy, 4 Harv. L. Rev. (1890): Demystifying a Landmark Citation," *Suffolk University Law Review*, Vol. 13, No. 4, 1979, pp. 875-922.

16. Barrow, Roscoe L., "The Fairness Doctrine: A Double Standard for Electronic and Print Media," *The Hastings Law Journal*, Vol. 26, 1975, pp. 659-708.

17. Belsey, Andrew, and Chadwick, Ruth(eds.), *Ethical Issues in Journalism and the Media*, London: Routledge, 1992.

18. Bergesen, Albert, and Herman, Max, "Immigration, Race, and Riot: The 1992 Los Angeles Uprising," *American Sociological Review*, Vol. 63, No. 1, 1998, pp. 39-54.

19. Berneye, John, "Slander and Libel," *American Law Review*, Vol. 6, No. 4, 1872, pp. 593-613.

20. Black, Jay, Steele, Bob, and Barney, Ralph D., *Doing Ethics in Journalism: A Handbook with Case Studies*, Allyn & Bacon, 1998.

21. Blasi, Vincent, "The Checking Value in First Amendment Theory," *American Bar Foundation Research Journal*, Vol. 1977, No. 3, 1977, pp. 521-649.

22. Bloustein, Edward J., "Privacy as an Aspect of Human Dignity: An Answer to Dean Prosser," *New York University Law Review*, Vol. 39, 1964, pp. 962-1007.

23. ——"Privacy, Tort Law and the Constitution: Is Warren and Brandies' Tort Petty and Unconstitutional as Well?" *Texas Law Review*, Vol. 46, 1968, pp. 611-629.

24. ——"The First Amendment and Privacy: The Supreme Court Justice and the Philosopher," *Rutgers Law Review*, Vol. 28, 1974, pp. 41-95.
25. Bok, Sissela, *Lying: Moral Choice in Public and Private Life*, New York: Hastings House, 1974.
26. ——*Secrets: On the Ethics of Concealment and Revelation*, New York: Pantheon, 1982.
27. Bogart, Leo, *Commercial Culture: The Media System and the Public Interest*, New York: Oxford University Press, 1995.
28. Bollingre, Lee C., *Images of a Free Press*, Chicago: University of Chicago Press, 1991.
29. Boorstin, Daniel, *The Image: A Guide to Pseudo-Events in America*, New York: Atheneum, 1961.
30. Bowen, Shannon A., and Heath, Robert L., "Narratives of the SARS Epidemic and Ethical Implications for Public Health Crises," *International Journal of Strategic Communication*, Vol. 1, 2007, pp. 73-91.
31. Boyce, G., Curran, J., and Wingate, P.(eds.), *Newspaper History from the Seventeenth Century to the Present Day*, London: Constable, 1978.
32. Bozeman, Barry, *Public Values and Public Interest: Counterbalancing Economic Individualism*, Washington, D. C.: Georgetown University Press, 2007.
33. Breed, Warren, "Social Control in the Newsroom: A Functional Analysis," *Social Forces*, Vol. 33, No. 4, 1955, pp. 326-335.
34. Brennan, William J., "The Supreme Court and the Meiklejohn Interpretation of the First Amendment," *Harvard Law Review*, Vol. 79, No. 1, 1965, pp. 1-20.
35. Brosnahan, James J., "From Times v. Sullivan to Gertz v. Welch: Ten Years of Balancing Libel Law and the First Amendment," *The Hastings Law Journal*, Vol. 26, 1975, pp. 777-796.
36. Burt, Elizabeth V., *The Progressive Era: Primary Documents on Events from 1890 to 1914*, Westport, Conn.: Greenwood Press, 2004.
37. Bybee, Carl, "Can Democracy Survive in the Post-factual Age?" *Journalism and*

Communication Monographs, Vol. 1, No. 1, 1999, pp. 27-66.

38. Calvert, Clay, "Clashing Conceptions of Press Duties: Public Journalism and the Courts," *Communication Law and Policy*, Vol. 2, 1997, pp. 441-475.

39. Campbell, Angela J., "A Public Interest Perspective on the Impact of the Broadcasting Provisions of the 1996 Act," *Federal Communications Law Journal*, Vol. 58, No. 3, 2006, pp. 455-476.

40. Carey, James, "The Mass Media and Democracy: Between the Modern and the Postmodern," *Journal of International Affairs*, Vol. 47, 1993, pp. 1-21.

41. Carter, T. Barton, Dee, Juliet L., and Harvey L. Zuckman, *Mass Communication Law*, 5th ed., 北京:法律出版社 2003 年影印版。

42. Chafee, Zechaiah Jr., *Free Speech in the United States*, New York: Atheneum, 1969.

43. Chalmers, David M., "The Muckrakers and the Growth of Corporate Power: A Study in Constructive Journalism," *American Journal of Economics and Sociology*, Vol. 18, No. 3, 1959, pp. 295-311.

44. ——*The Social and Political Ideas of the Muckrakers*, New York: The Citadel Press, 1964.

45. Champlin, Dell P., and Knoedler, Janet T., "The Media, the News, and Democracy: Revisiting the Dewey-Lippmann Debate," *Journal of Economic Issues*, Vol. 40, No. 1, 2006, pp. 135-152.

46. Charity, Arthur, *Doing Public Journalism*, New York: Guilford Press, 1995.

47. Christians, Clifford G., "Review Essay: Current Trends in Media Ethics," *European Journal of Communication*, Vol. 10, No. 4, 1995, pp. 545-548.

48. Christians, Clifford G., Ferré, John P., and Mark Fackler, *Good News: Social Ethics and the Press*, New York: Oxford University Press, 1993.

49. Clark, Kenneth, "Hidden Meaning: Increasing Use of Secret Cameras and Microphones Raise Ethical Question about TV Journalism," *Chicago Tribune*, Jun. 20, 1992.

50. Clegg, Cyndia Susan, *Press Censorship in Elizabethan England*, New York: Cambridge University Press, 2003.

51. Cooke, Janet, "Jimmy's World," *Washington Post*, Sept. 28, 1980, p. A1.
52. Cooper, Kent, "The Right to Print: Keystone of Freedom," *Journal of Educational Sociology*, Vol. 19, No. 4, 1945, pp. 218-229.
53. Cooper, Kent, *The Right to Know: An Exposition of the Evils of News Suppression and Propaganda*, New York: Frarrar, Straus and Cudahy, 1956.
54. Cooper, Thomas W. (et al.), *Communications Ethics and Global Change*, New York: Longman, 1989.
55. Croteau, David R., and Hoynes, William, *The Business of Media: Corporate Media and the Public Interest*, Thousand Oaks, Calif.: Pine Forge Press, 2001.
56. Davis, Frederick, "What Do We Mean by Right to Privacy," *South Dakota Law Review*, Vol. 4, 1959, pp. 1-24.
57. Day, Louis Alvin, *Ethics in Media Communications: Cases and Controversies*, 4th ed., 北京:北京大学出版社 2004 年影印版。
58. Dewey, John, "Public Opinion," *New Republic*, Vol. 30, 1922, pp. 286-288.
59. ——*The Public and Its Problem*, New York: Holt, Rinehart and Winston, 1927.
60. De Vore, P. Cammeron, and Nelson, Marshall, "Commercial Speech and Paid Access to the Press," *The Hastings Law Journal*, Vol. 26, 1975, pp. 745-775.
61. Dorrien, Gary, *The Making of American Liberal Theology: Imagining Progressive Religion 1805-1900*, Louisville, Kentucky: Westminster John Knox Press, 2001.
62. Dicken-Garcia, Hazel, *Journalistic Standards in Nineteenth Century America*, Madison: University of Wisconsin Press, 1989.
63. Eksterowicz, Anthony J., and Roberts, Robert N. (ed.), *Public Journalism and Political Knowledge*, Lanham, Md.: Rowman & Littlefield Publishers, 2000.
64. Elliott, Deni (ed.), *Responsible Journalism*, Beverly Hills, Calif.: Sage Publications, 1986.
65. ——"All Is Not Relative: Essential Shared Values of the Press," *Journal of Mass Media Ethics*, Vol. 3, No. 1, 1988, pp. 28-32.
66. ——"The Essential Role for News Media," *Phi Kappa Phi Forum*, 2004, pp. 32-35.

67. Emerson, Thomas I., "Toward a General Theory of the First Amendment," *The Yale Law Journal*, Vol. 72, No. 5, 1963, pp. 877-956.
68. ——*The System of Free Expression*, New York: Vintage Books, 1970.
69. ——"Legal Foundations of the Right to Know," *Washington University Law Quarterly*, No. 1, 1976, pp. 1-24.
70. Erns, Breisach, *American Progressive History: An Experiment in Modernization*, Chicago: University of Chicago Press, 1993.
71. Feintuck, Mike, *The Public Interest in Regulation*, New York: Oxford University Press, 2004.
72. Fenby, Jonathan, *The International News Services*, New York: Schocken Books, 1986.
73. Feldstein, Mark, "A Muckraking Model: Investigative Reporting Cycles in American History," *Harvard International Journal of Press/Politics*, Vol. 11, No. 2, 2006, pp. 105-120.
74. Fink, Conrad C., *Media Ethics: In the Newsroom and Beyond*, New York: McGraw-Hill, 1988.
75. Fisher, James, Gunz, Sally, and John McCutcheon, "Private/Public Interest and the Enforcement of a Code of Professional Conduct," *Journal of Business Ethics*, Vol. 31, No. 3, 2001, pp. 191-207.
76. Friend, Cecilia, and Singer, Jane B., *Online Journalism Ethics: Traditions and Transitions*, New York: M. E. Sharpe, Inc., 2007.
77. Fuller, Jack, *News Values: Ideas for an Information Age*, Chicago: University of Chicago Press, 1997.
78. Gans, Herbert J., *Deciding What's News: A Study of CBS Evening News, NBC nightly News, Newsweek, and Time*, New York: Vintage, 1979.
79. Garnett, James L., and Kouzmin, Alexander, "Communicating throughout Katrina: Competing and Complementary Conceptual Lenses on Crisis Communication," *Public Administration Review*, Vol. 67, 2007, pp. 171-188.
80. Gerbner, George, and Gross, Larry, "The Scary World of TV Heavy Viewer,"

Psychology Today, 1976, pp. 41-45.

81. —— "Living with Television," *Journal of Communication*, Vol. 26, No. 2, 1976, pp. 172-199.

82. Gibbons, Willioam Futhey, *Newspaper Ethics: A Discussion of Good Practice for Journalists*, Ann Arbor, Mich.: Edwards Bros., 1926.

83. Goodale, James C., "Branzburg V. Hayes and the Developing Qualified Privilege for Newsman," *The Hastings Law Journal*, Vol. 26, 1975, pp. 709-743.

84. —— "Legal Pitfalls in the Right to Know," *Washington University Law Quarterly*, No. 1, 1976, pp. 29-36.

85. Goldstein, Steve, "How about Term Limits for the Unelected Elite," *Columbia Journalism Review*, Vol. 33, 1994, pp. 34-36.

86. Glasser, Theodore Lewis (ed.), *The Idea of Public Journalism*, New York: Guilford Press, 1999.

87. Groseclose, Tim(et al.), "A Social-Science Perspective on Media Bias," *Critical Review*, Vol. 17, No. 3-4, 2005, pp. 305-314.

88. Grossman, Lawrence K., "Does Local News Need a National Nanny?" *Columbia Journalism Review*, Vol. 37, No. 1, 1998, p. 33.

89. Hallen, John E., "Character of Belief Necessary for the Conditional Privilege in Defamation," *Illinois Law Review*, Vol. 25, 1931, pp. 865-876.

90. Harding, Carol Gibb (ed.), *Moral Dilemmas: Philosophical and Psychological Issues in the Development of Moral Reasoning*, Chicago: Precedent Pub., 1985.

91. Hart, Stephen, *Cultural Dilemmas of Progressive Politics: Styles of Engagement among Grassroots Activists*, Chicago: University of Chicago Press, 2001.

92. Hickey, Neil, "So Big: The Telecommunications Act at Year One," *Columbia Journalism Review*, Vol. 35, No. 5, 1997, pp. 23-28.

93. Hindman, Elizabeth B., *Rights vs. Responsibilities: The Supreme Court and the Media*, New York: Greenwood Press, 1997.

94. Holdsworth, W. S., "Defamation in the Sixteenth and Seventeenth Centuries (Ⅰ)," *The Law Quarterly Review*, Vol. 40, 1924, pp. 302-315.

95. ——"Defamation in the Sixteenth and Seventeenth Centuries(Ⅱ)," *The Law Quarterly Review*, Vol. 40, 1924, pp. 397-412.

96. ——"Defamation in the Sixteenth and Seventeenth Centuries(Ⅲ)," *The Law Quarterly Review*, Vol. 40, 1925, Vol. 41, pp. 13-31.

97. Holley, Joe,"Should the Coverage Fit the Crime?" *Columbia Journalism Review*, Vol. 35, No. 1, 1996, pp. 27-32.

98. ——"Old Values, New Life," *Columbia Journalism Review*, Vol. 35, No. 5, 1997, pp. 29-32.

99. Jackson, Jessica E.,"Sensationalism in the Newsroom: Its Yellow Beginnings, the Nineteenth Century Legal Transformation, and the Current Seizure of the American Press," *Notre Dame Journal of Law/ Ethics & Public Policy*, Vol. 19, No. 2, 2005, pp. 789-816.

100. Jensen, Jay, *Freedom of the Press:A Concept in Search of Philosophy*, Milwaukee: Marqutte University Press, 1962.

101. John, Sue Lockett(et al.),"Going Public, Crisis after Crisis: The Bush Administration and the Press from September 11 to Saddam," *Rhetoric & Public Affairs*, Vol. 10, No. 2,2007, pp. 195-220.

102. Jones, J. Clement, *Mass Media Codes of Ethics and Councils: A Comparative International Study on Professional Standards*, Paris:UNESCO.,1980.

103. Jones, Marya,"Does Quality Cost? Yes, but not in the Way You Think," *Columbia Journalism Review*, Vol. 37, 1999, p. 79.

104. Kalven, Harry Jr.,"The New York Times Case: A Note on The Central Meaning of the First Amendment," *Supreme Court Review*, Vol. 1964, 1964, pp. 191-221.

105. ——"Privacy in Tort Law: Were Warren and Brandeis Wrong?" *Law and Contemporary Problems*, Vol. 31, No. 2, 1966, pp326-341.

106. ——"The Reasonable Man and the First Amendment: Hill, Butts, and Walker," *Supreme Court Review*, Vol. 1967, 1967, pp. 267-309.

107. Kennedy, Sheila S.,*Free Expression in American: A Documentary History*, Westport, Conn.: Greenwood Press, 1999.

108. Kieran, Matthew, *Media Ethics*, New York: Routledge, 1998.
109. Klaidman, Stephhen, and Beauchamp, Tom L., *The Virtuous Journalist*, New York: Oxford University Press, 1987.
110. Knowlton, Steven R., and Patrick, R. Parsons (ed.), *The Journalist's Moral Compass: Basic Principles*, Westport, Conn.: Greenwood Press, 1995.
111. ——*Moral Reasoning for Journalists: Cases and Commentary*, Westport, Conn.: Praeger, 1997.
112. Kohut, Andrew, "Public Support for the Watchdogs is Fading," *Columbia Journalism Review*, Vol. 40, No. 1, 2001, p. 52.
113. Kovach, Bill, and Rosenstiel, Tom, *The Elements of Journalism: What Newspeople should Know and the Public should Expect*, New York: Crown Publishers, 2001.
114. ——"Are Watchdogs an Endangered Species?" *Columbia Journalism Review*, Vol. 40, 2001, pp. 50-53.
115. Kultgen, John, *Ethics and Professionalism*, Philadelphia: University of Pennsylvania Press, 1988.
116. Kurtz, Howard, "When the Press Outclasses the Public," *Columbia Journalism Review*, Vol. 33, No. 1, 1994, pp. 31-36.
117. Labunski, Richard E., *Libel and the First Amendment: Legal History and Practice in Print and Broadcasting*, New Brunswick, N. J.: Transaction Books, 1986.
118. Lambeth, Edmund B., *Committed Journalism: An Ethic for the Profession*, Bloomington: Indiana University Press, 1986.
119. Lambeth, Edmund B. (et al.), "Media Ethics Teaching in Century 21: Progress, Problems, and Challenges," *Journalism & Mass Communication Educator*, Vol. 59, No. 3, 2004, pp. 244-258.
120. Laventhol, David, "Profit Pressures: A Question of Margins," *Columbia Journalism Review*, Vol. 40, No. 1, 2001, pp. 18-19.
121. Lebacqz, Karen, *Professional Ethics: Power and Paradox*, Nashville, Tenn.: Abingdon, 1985.

122. Lewis, Carol W., "In Pursuit of the Public Interest," *Public Administration Review*, Vol. 66, No. 5, 2006, pp. 694-701.

123. Leys, Colin, *Market-driven Politics: Neoliberal Democracy and the Public Interest*, New York: Verso Books, 2001.

124. Lippmann, Walter, *Liberty and the News*, Princeton: Princeton University Press, 1920/2008.

125. ——*A Preface of Morals*, New Yor: Macmilan, 1929.

126. Litman, R. Curtis, and Litman, D. Saunders, "Protection of the American Consumer: The Muckrakers and the Enactment of the First Federal Food and Drug Law in the United States," *Food, Drug, Cosmetic Law Journal*, Vol. 36, No. 12, 1981, pp. 647-668.

127. Malek, Abbas, and Kavoori, Anandam P.(eds.), *The Global Dynamics of News: Studies in International News Coverage and News Agenda*, Stanford, Conn.: Ablex Pub., 2000.

128. Marshall, Sandra E., "Public Bodies, Private Selves," *Journal of Applied Philosophy*, Vol. 5, No. 2, 1988, pp. 147-158.

129. Massing, Michael, "About-face on El Salvador," *Columbia Journalism Review*, Vol. 22, No. 4, 1983, pp. 42-49.

130. May, Ernest R., *The Progressive Era*, New York: Time-Life Books, 1974.

131. May, Randolph, "The Public Interest Standard: Is It too Indeterminate to be Constitutional?" *Federal Communications Law Journal*, Vol. 53, No. 3, 2001, pp. 427-467.

132. McCann, Michael W., *Taking Reform Seriously: Perspectives on Public Interest Liberalism*, Ithaca: Cornell University Press, 1984.

133. McGerr, Michael E., *A Fierce Discontent: The Rise and Fall of the Progressive Movement in America, 1870-1920*, New York:Free Press, 2003.

134. McIntyre, Jerilyn S., "Repositioning a Landmark: The Hutchins Commission and Freedom of the Press," *Critical Studies in Mass Communication*, Vol. 4, No. 6, 1987, pp. 136-160.

135. McQuail, Denis, *Mass Communication Theory*, 4th ed., London: Sage Publications, 2000.
136. Meiklejohn, Alexander, "The First Amendment Is an Absolute," *The Supreme Court Review*, Vol. 1961, 1961, pp. 245-266.
137. Merrill, John C., *The Imperative of Freedom: A Philosophy of Journalistic Autonomy*, New York: Freedom House, 1990.
138. ——*The Dialectic in Journalism: Toward a Responsible Use of Press Freedom*, Baton Ronge: Louisiana State University Press, 1993.
139. ——*Journalism Ethics: Philosophical Foundations for News Media*, New York: St. Martin's Press, 1997.
140. Meyer, Philip, "In Defense of the Marketing Approach," *Columbia Journalism Review*, Vol. 16, 1978, pp. 60-62.
141. Moos, Malcolm, "The Need to Know and the Right to Tell: Emmet John Hughes, The Ordeal of Power-A Discussion," *Political Science Quarterly*, Vol. 79, No. 2, 1964, pp. 161-183.
142. Molotch, Harvey, and Lester, Marilyn, "News as Purposive Behavior: On the Strategic Use of Routine Events, Accidents, and Scandals," *American Sociological Review*, Vol. 39, No. 1, 1974, pp. 101-112.
143. ——"Accidental News: The Great Oil Spill as Local Occurrence and National Event," *The American Journal of Sociology*, Vol. 81, No. 2, 1975, pp. 235-260.
144. Mowry, George, *Theodore Roosevelt and the Progressive Movement*, Madison, Wis.: University of Wisconsin Press, 1946.
145. Murray, Michael D., *The Political Performers: CBS Broadcasts in the Public Interest*, Westport, Conn.: Praeger, 1994.
146. Nimmer, Melville B., "Is Freedom of the Press a Redundancy: What Does It Add to Freedom of Speech?" *The Hastings Law Journal*, Vol. 26, 1975, pp. 639-658.
147. Nitsche, Ingrid, *Broadcasting in the European Union: the Role of Public Interest in Competition Analysis*, Hague, Netherlands: TMC Asser Press, 2001.
148. Overbeck, Wayne, *Major Principles of Media Law*, 北京:北京大学出版社 2004

年影印版。

149. Owen, Bruce, *Economics and Freedom of Expression*, Cambridge MA: Ballinger, 1975.

150. Peterson, Theodore (et al.), *The Mass Media and Modern Society*, New York: Holt, Rinehart and Winston, 1965.

151. Park, Robert E., "The Natural History of the Newspaper," *The American Journal of Sociology*, Vol. 29, No. 3, 1923, pp. 273-289.

152. Post, Robert, "The Social Foundations of Defamation Law: Reputation and the Constitution," *California Law Review*, Vol. 74, No. 3, 1986, pp. 691-751.

153. Pritchard, Michael, "Human Dignity and Justice," *Ethics*, Vol. 82, No. 4, 1972, pp. 299-313.

154. Prosser, William L., "Intentional Infliction of Mental Suffering: A New Tort," *Michigan Law Review*, Vol. 37, No. 6, 1939, pp. 874-892.

155. ——"Privacy," *California Law Review*, Vol. 48, No. 3, 1960, pp. 383-423.

156. Protess, David L.(et al.), *The Journalism of Outrage: Investigative Reporting and Agenda Building in American*, New York: Guilford, 1991.

157. Reader, Bill, "Distinctions That Matter: Ethical Difference at Large and Small Newspaper," *Journalism and Mass Communication Quarterly*, Vol. 83, No. 4, 2006, pp. 851-864.

158. Roosevelt, Theodore, "The Man with the Muck-rake," 1906, full text available at http://www.pbs.org/wgbh/amex/presidents/26_t_roosevelt/psources/ps_muck-rake.html.

159. Rosen, Jay, *What are Journalists for?* New Haven: Yale University Press, 1999.

160. Rosen, Jeffrey, *The Unwanted Gaze: The Destruction of Privacy in America*, New York: Random House, 2000.

161. Rosenstiel, Tom, Gottlieb, Carl, and L. Ann Brady, "Local TV News: What Works, What Flops and Why," *Columbia Journalism Review*, Vol. 37, No. 5, 1999, p. 65.

162. Schoenfeld, Gabriel, "All the News That's Fit to Prosecute," *The Weekly Stand-

ard, Vol. 11, No. 41, 2006, pp. 19-21.

163. Schudson, Michael, *The Power of News*, Combridge: Harvard University Press, 1995.

164. Schultz, Stanley K., "The Morality of Politics: The Muckrakers' Vision of Democracy," *The Journal of American History*, Vol. 52, No. 3, 1965, pp. 527-547.

165. Seib, Philip M., *Campaigns and Conscience: The Ethics of Political Journalism*, Westport, Conn.: Praeger, 1964.

166. Seib, Philip M., and Fitzpatrick, Kathy, *Journalism Ethics*, Fort Worth, TX: Harcourt Brace College Publisher, 1997.

167. Sklar, Martin J., *The United States as a Developing Country: Studies in U. S. History in the Progressive Era and the 1920s*, New York: Cambridge University Press, 1992.

168. Solove, Daniel J., "Conceptualizing Privacy," *California Law Review*, Vol. 90, No. 4, 2002, pp. 1087-155.

169. Sterngold, James, "After a Suicide, Questions on Lurid TV News," *New York Times*, May 2, 1998, p. A10.

170. Slattery, Karen L., "Sensationalism versus News of the Moral Life: Making the Distinction," *Journal of Mass Media Ethics*, Vol. 9, No. 1, 1994, pp. 5-15.

171. Steffens, John, *The Autobiography of Lincoln Steffens*, New York: Harcourt, Brace, 1931.

172. Stewart, Potter, "Or of the Press," *The Hastings Law Journal*, Vol. 26, 1975, pp. 631-637.

173. Tarbell, Ida M., *The History of the Standard Oil Company*, New York: McClure, Phillips & Co., 1904, full text available at http://www.history.rochester.edu/fuels/tarbell/MAIN.HTM.

174. Thompson, John B., *The Media and Modernity: A Social Theory of the Media*, Cambridge: Polity Press, 1995.

175. Tuchman, Gaye, "Objectivity as Strategic Ritual: An Examination of Newsmen's Notions of Objectivity," *The American Journal of Sociology*, Vol. 77, No. 4,

1972, pp. 660-679.

176. ——"The Technology of Objectivity: Doing 'Objective' TV News Film," *Urban Life and Culture*, Vol. 2, No. 1, 1973, pp. 3-26.

177. Underwood, Doug, "The Very Model of the Reader-Driven Newsroom?" *Columbia Journalism Review*, Vol. 32, No. 4, 1993, pp. 42-44.

178. Veeder, Van Vechten, "History and Theory of the Law of Defamation(Ⅰ)," *Columbia Law Review*, Vol. 3, No. 8, 1903, pp. 546-573.

179. ——"History and Theory of the Law of Defamation(Ⅱ)," Vol. 4, No. 1, 1904, pp. 33-57.

180. Wade, John W., "Tort Liability for Abusive and Insulting Language," *Vanderbilt Law Review*, Vol. 4, No. 1, 1950, pp. 63-115.

181. ——"Defamation and the Right of Privacy," *Vanderbilt Law Review*, Vol. 15, 1962, pp. 1093-1125.

182. Wasburn, Philo C., *The Social Construction of International News: We're Talking about Them, They're Talking about Us*, Westport, Ct.: Praeger, 2002.

183. Ward, Stephen, *The Invention of Journalism Ethics: the Path to Objectivity and Beyond*, Montreal, Que.: McGill-Queen's University Press, 2004.

184. Warren, Samuel D., and Brandeis, Louis D., "The Right to Privacy," *Harvard Law Review*, Vol. 4, No. 5, 1890, pp. 193-220.

185. West, Robin, *Re-imagining Justice: Progressive Interpretations of Formal Equality, Rights, and the Rule of Law*, Aldershot, Hants: Ashgate Pub., 2003.

186. Williams, Bruce A., and Carpini, Michael X., "Unchained Reaction: The Collapse of Media Gatekeeping and the Clinton-Lewinsky Scandal," *Journalism*, Vol. 1, No. 1, 2000, pp. 1-85.

187. Yackle, Larry W., *Regulatory Rights: Supreme Court Activism, the Public Interest, and the Making of Constitutional Law*, Chicago.: University of Chicago Press, 2007.

188. Yalof, David A., and Dautrich, Kenneth, *The First Amendment and the Media in the Court of Public Opinion*, New York: Cambridge University Press, 2002.

189. Zachariah, Aruna, *Media Power*：*People*，*Politics and Public Interest*，New Delhi：Kanishka Publishers, 1999.

190. Zeleny, John D., *Cases in Communications Law*：*Liberties*，*Restraints*，*and the Modern Media*，4th ed.，北京：北京大学出版社 2004 年影印版。

191.《旧约全书·新约全书》,中国基督徒协会印制,1994 年版。

192.〔英〕阿克顿:《自由的历史》,王天成等译,贵阳:贵州人民出版社 2001 年版。

193.〔法〕阿尔贝等:《世界新闻简史》,许崇山、果永毅、李峰译,北京:中国新闻出版社 1985 年版。

194.〔美〕阿伦特:《人的境况》,王寅丽译,上海:上海世纪出版集团 2009 年版。

195.〔美〕阿特休尔:《权力的媒介:新闻在人类事务中的作用》,黄煜、裘志康译,北京:华夏出版社 1989 年版。

196.〔德〕埃里亚斯:《个体的社会》,翟三江、陆兴华译,南京:译林出版社 2003 年版。

197.〔美〕埃默里等:《美国新闻史:大众传播媒介解释史》,展江译,北京:中国人民大学出版社 2004 年版。

198.〔美〕安德森:《想象的共同体:民族主义的起源与散布》,吴叡人译,上海:上海人民出版社 2003 年版。

199.〔英〕巴雷特等编:《媒介研究的进路:经典文献读本》,汪凯等译,北京:新华出版社 2004 年版。

200.〔美〕W.兰斯·班尼特:《新闻:政治的幻象》,杨晓红、王家全译,北京:当代中国出版社 2005 年版。

201.〔美〕博曼:《公共协商:多元主义、复杂性与民主》,黄相怀译,北京:中央编译出版社 2006 年版。

202.〔美〕伯恩斯等:《美国式民主》,谭君久等译,北京:中国社会科学出版社 1993 年版。

203.〔英〕伯林:《自由论》,胡传胜译,南京:译林出版社 2003 年版。

204.〔美〕贝尔:《社群主义及其批评者》,李琨译,北京:三联书店 2002 年版。

205.〔美〕贝戈蒂克安:《媒体垄断》,吴靖译,石家庄:河北教育出版社 2004 年版。

206.〔美〕波兹曼:《娱乐至死》,章艳译,桂林:广西师范大学出版社 2004 年版。

207. 〔古希腊〕柏拉图:《游叙弗伦·苏格拉底的申辩·克力同》,严群译,北京:商务印书馆 1983 年版。

208. ——《理想国》,郭斌和、张竹明译,北京:商务印书馆 1986 年版。

209. 陈家纲编:《协商民主》,上海:上海三联书店 2004 年版。

210. 〔美〕德沃金:《自由的法:对美国宪法的道德解读》,刘丽君译,上海:上海人民出版社 2001 年版。

211. ——《至上的美德:平等的理论与实践》,冯克利译,南京:江苏人民出版社 2003 年版。

212. 〔法〕笛卡尔:《谈谈方法》,王太庆译,北京:商务印书馆 2000 年版。

213. 〔美〕杜威:《杜威五大演讲》,胡适口译,合肥:安徽教育出版社 1999 年版。

214. ——《经验与自然》,傅统先译,南京:江苏教育出版社 2005 年版。

215. ——《确定性的寻求》,傅统先译,上海:上海世纪出版集团 2005 年版。

216. 〔美〕埃里克·方纳:《美国自由的故事》,王希译,北京:商务印书馆 2002 年版。

217. 〔英〕费尔克拉夫:《话语与社会变迁》,殷晓蓉译,北京:华夏出版社 2003 年版。

218. 〔英〕费夫尔:《西方文化的终结》,丁万江、曾艳译,南京:江苏人民出版社 2004 年版。

219. 〔美〕费斯:《言论自由的反讽》,刘擎、殷莹译,北京:新星出版社 2005 年版。

220. 〔美〕费斯克:《关键概念:传播与文化研究辞典》,李彬译,北京:新华出版社 2004 年版。

221. 〔美〕利昂·弗林特:《报纸的良知:新闻事业的原则和问题案例讲义》,萧严译,李青黎、展江校,北京:中国人民大学出版社 2005 年版。

222. 〔法〕福柯:《知识考古学》,谢强、马月译,北京:三联书店 1998 年版。

223. ——《词与物:人文科学考古学》,莫伟民译,上海:上海三联书店 2001 年版。

224. 〔美〕盖恩斯:《调查性报道》,刘波、翁昌寿译,北京:中国人民大学出版社 2005 年版。

225. 〔法〕贡斯当:《古代人的自由与现代人的自由:贡斯当政治论文选》,阎克文、刘满贵译,北京:商务印书馆 1999 年版。

226. 辜晓进:《走进美国大报:透视 21 世纪报业趋势的必读之作》,广州:南方日报出版社 2004 年版。

227. 〔德〕哈贝马斯:《公共领域的结构转型》,曹卫东译,上海:学林出版社 1999 年版。

228. ——《在事实与规范之间:关于法律和民主法治国的商谈理论》,童世骏译,北京:三联书店 2003 年版。

229. 〔加〕哈克特、赵月枝:《维系民主?西方政治与新闻客观性》,沈荟、周雨译,北京:清华大学出版社 2005 年版。

230. 〔美〕汉密尔顿等:《联邦党人文集:关于美国宪法的论述》,程逢如译,北京:商务印书馆 1980 年版。

231. 〔美〕霍斯曼:《良心危机:新闻伦理学的多元观点》,胡幼伟译,台北:五南图书出版公司 1995 年版。

232. 〔美〕赫尔顿:《美国新闻道德问题种种》,刘有源译,北京:中国新闻出版社 1988 年版。

233. 〔英〕黑尔:《道德语言》,万俊人译,北京:商务印书馆 2004 年版。

234. 黄旦:《传者图像:新闻专业主义的建构与消解》,上海:复旦大学出版社 2005 年版。

235. 〔英〕霍布豪斯:《自由主义》,朱曾汶译,北京:商务印书馆 1996 年版。

236. 〔英〕霍布斯:《利维坦》,黎思复、黎廷弼译,杨昌裕校,北京:商务印书馆 1985 年版。

237. ——《论公民》,应星、冯克利译,贵阳:贵州人民出版社 2003 年版。

238. 〔英〕基恩:《媒体与民主》,邨继红、刘士军译,北京:社会科学文献出版社 2003 年版。

239. 〔英〕卡瑞等:《英国新闻史》,栾轶玫译,北京:清华大学出版社 2005 年版。

240. 〔德〕卡西尔:《人论》,甘阳译,北京:西苑出版社 2003 年版。

241. 〔美〕凯瑞:《作为文化的传播》,丁未译,北京:华夏出版社 2005 年版。

242. 〔德〕康德:《判断力批判》(上卷),宗白华译,《宗白华全集》第 4 卷,合肥:安徽教育出版社 1994 年版,第 217—403 页。

243. 〔德〕康德:《实践理性批判》,韩水法译,北京:商务印书馆 1999 年版。

244.〔美〕克里斯蒂安等:《媒介公正:道德伦理问题真的不证自明吗?》,蔡文美等译,北京:华夏出版社 2000 年版。

245.〔法〕库蕾:《古希腊的交流》,邓丽丹译,桂林:广西师范大学出版社 2005 年版。

246.〔意〕拉吉罗:《欧洲自由主义史》,杨军译,长春:吉林人民出版社 2001 年版。

247.〔英〕拉兹:《自由的道德》,孙晓春、曹海军、郑维东等译,长春:吉林人民出版社 2006 年版。

248.〔法〕勒庞:《乌合之众:大众心理研究》,冯克利译,北京:中央编译出版社 2004 年版。

249.〔美〕李普曼:《公众舆论》,阎克文、江红译,上海:上海人民出版社 2002 年版。

250.李瞻:《新闻道德:各国报业自律比较研究》,台北:三民书局 1982 年版。

251.林子仪:《言论自由与新闻自由》,台北:元照出版公司 1999 年版。

252.〔法〕卢梭:《社会契约论》,何兆武译,北京:商务印书馆 1980 年版。

253.〔美〕罗尔斯:《正义论》,何怀宏等译,北京:中国社会科学出版社 1988 年版。

254.〔英〕罗素:《宗教与科学》,徐奕春、林国夫译,北京:商务印书馆 1982 年版。

255.〔英〕洛克:《人类理解论》,关文运译,北京:商务印书馆 1959 年版。

256.——《政府论(下)》,叶启芳、瞿菊农译,北京:商务印书馆 1964 年版。

257.——《论宗教宽容:致友人的一封信》,吴云贵译,北京:商务印书馆 1982 年版。

258.〔法〕马特:《论柏拉图》,张竝译,上海:华东师范大学出版社 2008 年版。

259.〔爱尔兰〕麦克布赖德等:《多种声音一个世界》,中国对外翻译出版公司第二编译室译,北京:中国对外翻译出版公司 1981 年版。

260.〔美〕麦克马那斯:《市场新闻业:公民自行小心?》,张磊译,北京:新华出版社 2004 年版。

261.〔美〕麦克切斯尼:《富媒体穷民主:不确定时代的传播政治》,谢岳译,北京:新华出版社 2004 年版。

262.〔美〕麦金太尔:《追寻美德:伦理理论研究》,宋继杰译,南京:译林出版社 2003 年版。

263. 〔美〕门彻:《新闻报道与写作》,展江译,北京:华夏出版社 2003 年版。

264. 〔英〕弥尔顿:《论出版自由》,吴之椿译,北京:商务印书馆 1958 年版。

265. 〔美〕米德:《心灵、自我与社会》,赵月瑟译,上海:上海译文出版社 1992 年版。

266. 〔美〕米克尔约翰:《表达自由的法律限度》,侯健译,贵阳:贵州人民出版社 2003 年版。

267. 〔英〕密尔:《论自由》,程崇华译,北京:商务印书馆 1959 年版。

268. 〔法〕莫内:《自由主义思想文化史》,曹海军译,长春:吉林人民出版社 2004 年版。

269. 〔法〕莫斯科维奇:《群氓的时代》,许列民等译,南京:江苏人民出版社 2003 年版。

270. 〔美〕帕特森、威尔金斯:《媒介伦理学:问题和案例》,李青黎译,北京:中国人民大学出版社 2005 年版。

271. 邱小平:《表达自由:美国宪法第一修正案研究》,北京:北京大学出版社 2005 年版。

272. 〔法〕让纳内:《西方媒介史》,段慧敏译,桂林:广西师范大学出版社 2005 年版。

273. 单波:《重建新闻客观性原理》,《现代传播》1999 年第 1 期,第 28—35 页。

274. 〔英〕莎士比亚:《奥赛罗》,梁实秋译,北京:中国广播电视出版社 2001 年版。

275. 〔英〕桑德斯:《道德与新闻》,洪伟、高蕊、钟文倩译,上海:复旦大学出版社 2007 年版。

276. 〔美〕史密斯:《新闻道德评价》,李青黎译,北京:新华出版社 2001 年版。

277. 〔美〕斯东:《苏格拉底的审判》,董乐山译,北京:三联书店 1998 年版。

278. 〔美〕斯拉姆等:《报刊的四种理论》,中国人民大学新闻系译,北京:新华出版社 1980 年版。

279. 〔美〕施兰姆:《大众传播的责任》,程之行译,台北:远流出版公司 1992 年版。

280. 〔美〕舒德森:《探索新闻:美国报业社会史》,何颖怡译,台北:远流出版公司 1993 年版。

281. 〔美〕塔奇曼:《做新闻》,麻争旗译,北京:华夏出版社 2008 年版。

282. 〔法〕涂尔干(又译迪尔凯姆):《社会学方法的准则》,狄玉明译,北京:商务印书馆2006年版。

283. ——《职业伦理与公民道德》,渠东、付德根译,上海:上海人民出版社2006年版。

284. 〔法〕托克维尔:《论美国的民主》,董果良译,北京:商务印书馆1988年版。

285. 〔德〕韦伯:《新教伦理与资本主义精神》,于晓、陈维纲译,北京:三联书店1987年版。

286. ——《社会科学方法论》,韩水法、莫茜译,北京:中央编译出版社2005年版。

287. ——《学术与政治》,冯克利译,北京:三联书店2005年版。

288. 〔美〕沃特金斯:《西方政治传统:近代自由主义之发展》,李丰斌译,北京:新星出版社2006年版。

289. 〔美〕席勒:《大众传播与美利坚帝国》,刘晓红译,上海:上海译文出版社2006年版。

290. 〔德〕西美尔:《社会学:关于社会化形式的研究》,林荣远译,北京:华夏出版社2002年版。

291. 〔美〕新闻自由委员会:《一个自由而负责的新闻界》,展江、王征、王涛译,北京:中国人民大学出版社2004年版。

292. 〔英〕休谟:《人性论》,关文运译,郑之骧校,北京:商务印书馆1980年版。

293. ——《道德原则研究》,曾晓平译,北京:商务印书馆2006年版。

294. 〔古希腊〕亚里士多德:《政治学》,吴寿彭译,北京:商务印书馆1965年版。

295. ——《尼各马可伦理学》,廖申白译,北京:商务印书馆2003年版。

296. 张新宝:《新闻(媒体)侵权否认说》,《中国法学》2008年第6期,第183—189页。

297. 西方国家有关新闻的纲领性文献若干

　　01. 英国《权利法案》(1689年);

　　02. 法国《人权与公民权利宣言》(1789年);

　　03. 美国宪法(1787年)及权利法案(1791年)。

298. 新闻职业道德规范若干:

　　01. 1911年威廉斯《报人守则》;

02. 美国报纸主编协会《新闻规约》(Cannons of Journalism)(1922、1975);

03. 美国职业记者协会《伦理规范》(Code of Ethics)(1926、1973、1984、1987、1996 年修订);

04. 1954 年联合国新闻自由委员会制定的《国际新闻道德信条(草案)》;

05. 1954 年联合国国际新闻记者联合会通过的《记者行为原则宣言》;

06. 美联社的主编伦理规范(Associated Press Managing Editors Code of Ethics);

07. 《纽约时报》的新闻伦理政策(The N. Y. Times Company Policy on Ethics in Journalism);

08. 英国新闻申诉委员会的实践规范(Code of Practice,2007)。

299. 研究相关网页若干:

01. 美国职业记者协会主页:http://www.spj.org/spjhome.htm

02. 英国新闻申诉委员会主页:http://www.pcc.org.uk

03. 美国 IIT 专业伦理(媒介)研究中心主页:http://ethics.iit.edu/codes/media.html

04. 美联社网站主页 http://www.ap.org

05. 纽约时报网主页:http://www.nytco.com/company-properties-times-coe.html

后 记

交代本书的写作缘起,或许可以用上一个诗情画意的句子:"春三月,轻风微雨,樱花盛开。"在十数年前这样一个诗意的时空里,我第一次见到导师单波教授。之所以将写作源起追溯得如此久远,是因为老师当时对学术研究的提法成了我多年来不敢或忘的箴言:"知识广度,思想深度,论证的逻辑性,观点的原创性。"虽然现在拿出来的这本小册子与这二十字箴言相差千里万里,但至少在构思行文时的战战兢兢、在出版与否问题上的犹疑不定都可以证明,我并未违背领受老师教诲时的初心:我的问题是否成立、它的论证是否充分?这样提问与论证的意义何在?它是在提供一种原创性新知,还是只不过在复述常识?即使在论文答辩七年后的今天,论文修订成为论著,这种自我质疑也并未消除。

产生这种自我质疑的原因是,本书讨论的几乎都是新闻学研究经常涉及的基本概念,比如新闻自由,比如真相或真实性,比如名誉与隐私,卑之无甚高论。不过,随着接触到更多的伦理学与知识理论,我越来越相信这种讨论并非没有意义。作为一种新闻伦理专题研究,本书既不关心现实新闻实践的道德状况,也几乎不涉及这一状况改进的可能性。实际上,本书几乎不涉及日新月异的新闻实践。总体而言,本书的问题关怀是理论的、观念性的,围绕新闻学研究经常讨论的基本概念展开。不过,在本书之中,这些概念并不被视为新闻实在性质的描述性概念,而是被看作表现"新闻的应然"的规范性概念——人们经常依据这些概念裁判新闻实践的道德状况。我意识到,这种"经常依据"或"经常讨论"并不是天经地义、自然而然的事情,被讨论这一事实本身所蕴含的意义并不少于人们讨论的具体内容。讨论意味着期待,意味着认同。这种讨论与新闻伦理的基本命题——"新闻的应然"具有高度的关联性。描述这一讨论在长时段、多语境下的发生状况,在很大程度上能够呈现"新闻的应然"这一规范性知识。这些描述"新闻的应然"的概念,被我命名为"新闻德性"。

美国当代著名伦理学家麦金太尔曾经想象一个发生过热核战争的"新世界"。他认为,现代社会的伦理学思想与这个新世界极其相似:在这个世界中,一切图书馆、大学都被摧毁了,传承知识的知识分子也全部灭绝,过去具有逻辑脉络的知识只剩下些残缺碎片散布于瓦砾堆中,劫后余生的人们不得不使用这些失去了逻辑关系的知识残片进行交流和思想。对于新闻伦理,我也有着类似于麦金太尔的感知。我们关心新闻实践,关心新闻伦理,并使用一些概念、一些观念对新闻实践做道德评价与伦理论争,但在这些评价与论争中,这些概念、观念却并非如一般知识理论所熟知的,不仅有其历史累积的意义层次,也在不同的意义层次上形成了互补、互构、对话、冲突等多样的逻辑关系。毋宁说,这些概念、观念的意义及其逻辑关系经常是支离破碎、残缺而混乱的。如果指望对新闻实践做有效的、有意义的道德判断或伦理思考,理顺这些意义层次与逻辑关系或许是必须经过的学术研究阶段。

因此,严格说来,本书是一种关于新闻伦理的思想史研究。尽管这一研究很可能是粗糙而幼稚的,但它承载着作者在新闻伦理领域进行学术原创的期待。从新闻道德实践中提取诸德性概念做历史考察与逻辑分析,本书试图为新闻伦理研究建立可以严肃思考的逻辑基础,而新闻伦理的思想史研究本身也在一定程度上支持这一研究的前提假设:这些概念的古老意义并未因为新意义的生成而失去影响力——它实际上常常会成为潜伏于新闻伦理思想发展史中的隐性基因,并以各种变体在日常新闻道德实践中表现出来,例如,前苏格拉底的真相观与新闻客观性实践就有着扯不断的逻辑相关性。如此这般在历史与逻辑的编织中殚精竭虑,我也渐渐鬓发染霜。其间虽然吟着"三月樱花六月雨,一窗烟霞半床书",诗意盎然,实情却常常是终日对着电脑,辗转往复,落不下一个字来。回头想来,如果没有老师的理解、引导和鼓励,真不知道这一生能否走出这 PHD 的深渊。至于老师种种为我的学业忧、为我的生计忧,他虽然没说出来,我其实也都知道。

  本书从博士论文开题、答辩直至最终修订定稿,收到多种反馈。这些反馈既不乏鼓励,也有不少批评。批评方面,武汉大学哲学学院何萍教授曾反对本书的水平式结构,复旦大学新闻学院黄旦教授则对讨论中未能深入诸概念的历史—社会语境表示遗憾,更有学者对书中"德性"一词的使用提出异议。另一方面,南京大学新闻传播学院段京肃教授、安徽大学新闻与传播学院芮必峰老师、复旦大学新闻学院殷晓蓉教授分别对问题的原创性、研究的深广度与语言的审美性表示了肯定。此外,武汉大学新闻与传播学院秦志希教授、夏琼教授、王翰东教授,武汉大学外语学院刘军平教授,湖北大学新闻传播学院曾宪明教授等,分别在论文的开题、预答辩与答辩阶段就论文的选题与写作提出了许多中肯的意见和建议;中国人民大学新闻学院刘海龙教授则在本书申请出版时给予了肯定性学术鉴定,使其得以在北京大学出版社出版。对于这些批评与鼓励、意见与建议,作者在此表示深深的谢意。

关于本书,另有一些叙事也许要追溯得更为久远。这一叙事涉及的是合肥市西区今天被称为安徽大学龙河校区的旧时求学之地,时间则是20世纪的最后几年。至今与我保持着深厚情谊的上海大学新闻系沈荟教授、安徽大学新闻与传播学院姜红教授便是相识于彼时彼地,而我所以会进入新闻传播学研究园地,也是在步她们的后尘。只是,站在20年时光的这一端,我一次次凝望的,却不是同学年少的游学嬉戏,而是硕士生导师杨忻葆教授对我的关心爱护,以及与他的惨痛别离。硕士第三年,杨老师染病,原准备回上海就医,只因惦记着我的论文,才一直未能成行。及至我论文答辩结束,他的病体已不堪远行,只能就近手术。万料不到这场手术竟导致杨老师不幸离世,而我的硕士论文却不过是些敷衍搪塞的破烂东西。每忆至此,我都是肝肠悔断,哀伤不已。我只能用认真做事来表达对早逝师长的无尽哀思。希望能借这薄薄一册文字,得到先师些许谅宥。

也是因为有着这一重悲伤的记忆,当责任编辑周丽锦女士以严谨得近乎苛刻的编校标准处理这本小册子时,我多次表示的"谢谢"就不仅仅是一种客套了。与丽锦女士一字一句"锱铢必较"的合作,也让我越来越明白编辑工作的专业性、严肃性。作者或许会因为专注于思想开掘而忽视了表达,编辑则力求文从字顺、语义通达以确保可读性、确保思想的良好传播。就此而言,丽锦女士就不仅是在校改书中多处表述与细节疏忽,更是在尽力纠正我冗长拖沓的文风,使其勉强可读。在这里,我力邀读者诸君为丽锦女士"点赞"。

2010年离开珞珈山之后,我一路向西,入职四川外国语大学新闻传播学院。本书的出版获得了重庆市社会科学规划博士项目(2012BS16)、四川外国语大学校级学术专著后期资助项目(SISU201427)及四川外国语大学新闻传播学重庆市"十二五"重点学科建设经费资助。蜗居歌乐山,四川外国语大学从学院院长严功军教授以至副校长董洪川教授、研究生院院长王仁强教授,以至学院副院长张幼斌教授、郭赫男教授、刘国强教授及皮传荣教授等多位同事,为我的学术研究和日常生活提供了各种便利,这都需要给予特别的感谢。离故乡千万里远,歌乐山的泉边林下,曾有一片土地容我耕作、沉思。回首四十余年的人生,无限往事,心怀感激。

王金礼

2016年深秋于歌乐山